高等院校
市场营销
新 形 态
系列教材

市场营销
从理论到实践
微课版 第3版

苏朝晖／编著

MARKETING
MANAGEMENT

人民邮电出版社
北 京

图书在版编目（CIP）数据

市场营销：从理论到实践：微课版 / 苏朝晖编著
. -- 3版. -- 北京：人民邮电出版社，2024.6
高等院校市场营销新形态系列教材
ISBN 978-7-115-64073-4

Ⅰ. ①市… Ⅱ. ①苏… Ⅲ. ①市场营销学－高等学校
－教材 Ⅳ. ①F713.50

中国国家版本馆CIP数据核字(2024)第064346号

内 容 提 要

本书借鉴和吸收了国内外市场营销的理论和最新研究成果，内容包括导论、市场营销环境、消费者购买行为、影响消费者购买行为的因素、组织购买行为、目标市场营销战略、市场竞争战略、产品策略、定价策略、分销策略、促销策略、互联网营销共 12 章内容。

本书配有丰富的教学资源，用书教师可登录人邮教育社区（www.ryjiaoyu.com）进行下载。

本书可作为本科、高职高专院校工商管理类等专业相关课程的教材，也适合从事企业经营管理活动的人士阅读与参考。

◆ 编　著　苏朝晖
　　责任编辑　陆冠彤
　　责任印制　胡　南
◆ 人民邮电出版社出版发行　　北京市丰台区成寿寺路 11 号
　　邮编　100164　电子邮件　315@ptpress.com.cn
　　网址　https://www.ptpress.com.cn
　　大厂回族自治县聚鑫印刷有限责任公司印刷
◆ 开本：787×1092　1/16
　　印张：14.25　　　　　　　2024 年 6 月第 3 版
　　字数：326 千字　　　　　　2025 年 6 月河北第 3 次印刷

定价：56.00 元

读者服务热线：(010)81055256　印装质量热线：(010)81055316
反盗版热线：(010)81055315

党的二十大报告指出，构建高水平社会主义市场经济体制。

我们知道，对于企业来说，只要能够生产出一件产品，就能够生产出无数件产品，只需投入相当的生产资料和劳动力即可。但是，生产出来的产品能卖得出去吗？产品能够卖得很多吗？显然，这些都是关乎企业生存与发展的重大问题。

偏偏还有不少人认为"卖"是有求于人，其实大可不必。企业以营利为目的，不"卖"怎么行！没有"卖"怎么回收成本进而获利？所以，关键是怎么"卖"，是磨破嘴皮、跑断腿地"卖"，还是雪中送炭、满足翘首以盼需求地"卖"？在大规模生产供应不成问题的今天，产品能够"卖"出去是不容易的，这恰恰凸显了"卖"的价值和可贵！

市场营销学就是解决"卖给谁，卖什么，卖多少钱，在哪儿卖，谁来卖，怎样才能卖得快、卖得多"等问题的学问。市场营销重在"营"，重在谋划，是使企业的生产经营活动得到市场的认可与接受的活动。市场营销的思想是让消费者主动上门——不要去追一匹马，而是用追马的时间种草，待到春暖花开时，就会有很多骏马任你挑选；你若盛开，蝴蝶自来；桃李不言，下自成蹊；栽下梧桐树，引得凤凰来！

为了系统阐述市场营销的基本理论，本书首先介绍了导论；其次介绍了市场营销环境、消费者购买行为及影响消费者购买行为的因素、组织购买行为等；接着论述了目标市场营销战略、市场竞争战略；然后阐述了市场营销的组合策略，即产品策略、定价策略、分销策略、促销策略；最后介绍了互联网营销，包含新媒体营销、视频营销等。

本书将理论与实务相结合，篇章布局合理、内容简洁紧凑，深入浅出、通俗易懂，并且配有大量典型生动的案例，便于读者更好地领会市场营销的真谛。

本书配有丰富的教学资源，教师可登录人邮教育社区（www.ryjiaoyu.com）进行下载。

由于本人水平有限，书中难免有不足之处，恳请读者不吝赐教和批评指正。意见与建议请发送至电子邮箱822366044@qq.com。

再次感谢所有曾经给过我支持和帮助的人！

苏朝晖

2024年3月

目录 ———————————————————— CONTENTS

目 录

目 录

目录

第一章
导论

视频导学

引例：**穿不穿鞋**

两家鞋业制造公司分别派出一位业务员去开拓市场，这两位业务员一位叫杰克逊，另一位叫板井。在同一天，他们两个人来到了太平洋的一个岛国。到达当日，他们就发现当地人全都赤足——从国王到平民，从老人到小孩，竟然无人穿鞋子！

当晚，杰克逊给国内总部的老板发消息说："天啊，这里的人从不穿鞋子，有谁会买鞋子呢？我明天就回去。"

板井也给国内总部的老板发消息说："太好了，这里的人没有鞋子穿，我决定把家搬来，在此长期驻扎！"

两年后，这里的人都穿上了鞋子。

我们经常会听到许多人抱怨没有市场、没有商业机会，而事实上，有时候市场就在你的面前，只不过你没能发现，自然也就抓不住商业机会了。

第一节 市场与市场营销

一、市场

（一）市场的定义

市场，最早是指买主和卖主聚集在一起进行产品交换的场所，即进行产品买卖的场所，如集市、庙会、店铺、货栈、交易所、百货商店、百货公司、超级市场和连锁商店等。古人云："日中为市，致天下之民，聚天下之货，交易而退，各得其所。"

经济学家将"市场"这一术语表述为卖主和买主的集合，指产品交易的行为和活动。而在市场营销学家看来，卖主构成行业，买主则构成市场，市场是现实购买者和潜在购买者的集合体。美国市场营销协会（American Marketing Association，AMA）认为，市场是某种货物或劳务的所有潜在和现实购买者的集合需求。美国著名的市场营销学家菲利普·科特勒认为，市场是对某种产品或劳务有需求、有支付能力并希望进行某种交易的人或组织。

（二）市场的构成要素

市场有 3 个构成要素，即人/组织、购买力和购买欲望。也就是说，市场是由具有购买力和购买欲望的人或组织所构成的。

人或组织是市场的基础，只有人或组织才能让市场得以形成并发展。

购买力是市场的另一个构成要素，没有购买力就无法形成市场，它受收入、支出、信贷条件、物价等因素的影响。

购买欲望也是市场的一个构成要素，没有购买欲望同样无法形成市场，它受需求、购买力等因素的影响。

（三）市场的划分

1. 从产品用途角度划分

根据产品的用途，市场可分为消费品市场、工业品市场。

（1）消费品市场

消费品市场即满足个人和家庭为了消费的需要所构成的市场。

（2）工业品市场

工业品市场即满足企业为了加工生产的需要所构成的市场。

2. 从购买者角度划分

根据购买者的任务、目的和特点，市场可分为消费者市场、生产者市场、分销商市场、政府采购市场、非营利组织市场、国际市场。其中，生产者市场、分销商市场、政府采购市场、非营利组织市场又被统称为组织市场。

（1）消费者市场

消费者市场即消费者个人和家庭成员为了个人和家庭的消费而购买所构成的市场。消费者市场又称最终产品市场，因为只有消费者市场才是产品的最终归宿，其他市场虽然购买的产品数量很多，但最终服务对象还是消费者市场，因此产品的生产要以最终消费者的需求和偏好为转移。可以说，消费者市场是一切市场的基础，是最终起决定作用的市场。

（2）生产者市场

生产者市场即企业为了加工生产而购买所构成的市场。生产者市场主要由制造厂、加工厂、建筑公司、运输公司等构成，它们的购买是为了进一步生产和经营。

（3）分销商市场

分销商市场主要由批发商、零售商构成，是它们为了转卖而购买所构成的市场。

（4）政府采购市场

政府采购市场即政府机构为了履行职责而购买所构成的市场。政府采购市场是一个极其庞大的市场，政府采购目前主要涉及工程建设、土地出让、产权交易、公共服务、国家安全等方面。

（5）非营利组织市场

非营利组织市场即由不以营利为目的的组织，如事业单位、慈善机构、社团组织等所构成的市场。

（6）国际市场

国际市场即由国外的消费者、生产者、分销商、政府机构、非营利组织等所构成的市场。

3. 从市场地位角度划分

根据市场所处地位，市场可分为买方市场、卖方市场。

（1）买方市场

买方市场即买方在交换过程中处于主导地位的市场。

（2）卖方市场

卖方市场即卖方在交换过程中处于主导地位的市场。

二、市场营销

（一）"Marketing"的释义

我国在最早引进"Marketing"一词时选择了"市场学"的翻译，如 1934 年丁馨伯编译的《市场学原理》和 1935 年侯厚吉编译的《市场学》；又如 1979 年何永祺教授在暨南大学、中山大学开设"市场学"课程，后编译出版的《市场学》教科书等。1984 年成立的中国高等院校市场学研究会（Chinese Marketing Association of Universities，CMAU），也采用"市场学"这一说法。但 1985 年上海人民出版社在出版菲利普·科特勒的 *Marketing Management* 一书时，译者将"营销管理"作为书名。

目前，"市场营销"是 Marketing 在国内最普遍的中译表达。但遗憾的是，有时候"营销"一词会给人带来许多负面的联想，Marketing 常常被误解成"为了销售而钻营"的学问。还有的人把"营销"与"推销"混为一谈，这显然完全背离了 Marketing 的本意和初衷，影响和妨碍了 Marketing 在我国的健康发展。

事实上，Marketing 是一门研究通过市场调查发现未被满足的需求，然后根据这种需求构思、研发、制造、提供相应的产品，再制定有吸引力的价格策略、分销策略、促销策略等，从而实现企业经营目标的学问。

菲利普·科特勒在 *Marketing Management* 一书中开宗明义地指出"Marketing 是通过满足消费者需求来获利的"。彼得·德鲁克（Peter F. Drucker）曾旗帜鲜明地指出"Marketing 就是要让推销成为多余"。

（二）狭义的市场营销

狭义的市场营销是指一个企业为将其产品以营利的方式出售给它的消费者所采取的活动。

美国市场营销协会认为，市场营销是关于构思、货物和服务的设计、定价、促销和分销的规划与实施过程，目的是创造能实现个人和组织目标的交换活动。在交换双方中，如果一方比另一方更主动、更积极地寻求交换，则主动的一方被称为市场营销者，另一方被称为潜在消费者。

2007 年 10 月，美国市场营销协会公布了市场营销的最新定义：市场营销是为消费者、委托人、合作者和社会提供创造、沟通、传递和交换供给品的系列活动、职能和过程的总和。

菲利普·科特勒认为，市场营销是指以满足人类的各种需要和欲望为目的，通过市场变潜在交换为现实交换的一系列活动和过程；市场营销是选择目标市场，并通过创造、交付和传播优质的消费者价值，来获得消费者、留住消费者和提升消费者的科学与艺术；市场营销的对象可以是产品、服务、体验、人物、组织、事件、地点、信息、观念、财产权等。

知识拓展　　　　　　**市场营销与推销、销售的区别**

销售是坐等消费者上门购买现有产品并提供相关服务的活动，如导购等。

推销是主动上门找消费者或者是当消费者到店后犹豫不决时积极努力地促其购买现有产品的活动。

市场营销则是通过市场调查发现未被满足的需求及梦寐以求、翘首以盼的需求，然后根据这种需求构思、研发、制造、提供相应的产品，再策划制定有吸引力的价格策略、分销策略、促销策略等，从而让消费者主动购买的一系列活动。可见，如果市场营销做得好，那么推销就是多余的。也就是说，产品不需要推销就可以销售出去。

市场营销重在"营"，重在谋划，是需要智慧的活动，是促使企业的生产活动得到市场的认可与接受的活动。

市场营销的思想是让消费者主动上门——不要去追一匹马，而是用追马的时间种草，待到春暖花开时，就会有很多骏马任你挑选；你若盛开，蝴蝶自来；桃李不言，下自成蹊；栽下梧桐树，引得凤凰来！

（三）广义的市场营销

如今，无论是厂商、分销商，还是银行、保险公司、媒体、政府、学校及慈善机构都需要做市场营销。可见，市场营销已经延伸到人们生活的各个领域。

日本市场营销协会认为：市场营销是包括教育机构、医疗机构、行政管理机构等在内的各种组织，基于与消费者、委托人、业务伙伴、个人、当地居民、雇员及有关各方达成的相互理解，根据对社会、文化、自然环境等领域的细致观察，对组织内外部的调研、产品、价格、促销、分销、消费者关系、环境适应等进行整合、集成和协调的各种活动。

美国学者威廉·D. 皮诺特和E.J. 麦卡锡在《营销精要》一书中指出："营销观念对非营利组织来说同样重要。事实上，营销适用于各种公众的与私人的非营利组织——包括政府机关、卫生福利组织、教育机构，以及慈善团体、政治党派和公益组织。"

例如，政府营销是指政府在管理社会公共事务和向公众提供产品或服务的过程中，运用营销理念来推广政府政策、树立政府形象，为本国的社会、经济、文化的发展创造良好的环境，从而建立与居民、企业、社会团体及其他国家的良好关系，提高公众的满意度并实现社会的全面发展。政府营销的主体是各级政府及其工作人员，政府营销的对象是社会公众、企业、社会团体等。对于开放型国家而言，政府营销的对象也应包括外国的公众、政府、企业、社会团体等。政府营销的国内目标是：保证政府制定的各种政策、规定、措施得以贯彻执行，并获得公众的支持和拥护，实现国家的长治久安、社会的持续健康发展、人民的安居乐业。政府营销的国际目标是：推广国家、民族形象，消除误解，不断提高本国的国际地位，使本国获得较高的国际知名度、关注度、美誉度，赢得良好的国际环境。

本书认为，从广义上说，市场营销是个人或组织为了争取外界对其实现自身目标的响应、认同、支持而采取的各种行动。通俗地说，市场营销就是你为了让市场支持你（包括你的产品或服务或行为/观念）而采取的各种行动。

对企业来说，市场营销就是企业为了争取市场对其实现盈利目标的支持所采取的各种行动。

对个人来说，市场营销就是个人为了争取社会对其实现自身愿望的支持所采取的各种行动。例如，对竞选者来说，市场营销就是竞选者为了争取社会对其投赞成票所采取的各种行动。

延伸阅读　　　　　　　　　　　**创造需求**

　　市场需求通常受认识水平的限制，而认识水平又往往受技术水平的限制。所以，企业必须强调市场导向、满足需求，不能停留在满足现有需求上，不能忽视技术的进步和创新，不能忽视创造需求。成功的企业完全可以通过宣传或者技术创新引导消费者产生新需求，并使消费者的新需求得到满足。

　　例如，在苹果公司推出智能手机之前，人们没有对智能手机的购买需求。这并不是人们不想要更好的手机，而是人们想不到还会有比自己当下使用的手机更好的手机。而苹果公司突破思维定式，推陈出新地创造和引导了人们对智能手机的需求。

　　史蒂夫·乔布斯有句名言："有些人总说'要满足用户的需求'，我就不这么干。我们的任务是在用户想清楚要什么之前先研究出能够满足他们需求的产品……因为人们经常不知道自己想要什么，看到了才知道。"

　　戴比尔斯将钻石这一奢侈品与浪漫和婚姻联系起来，开拓了更广阔的市场。一样的钻石，消费者只是经过引导，就认为钻石有了新的意义和价值。

　　总之，企业不但要尽力满足需求，而且要善于创造需求、引导需求。

第二节　市场营销学的产生与发展

菲利普·科特勒认为，市场营销学是一门建立在经济科学、行为科学、现代管理理论基础之上的应用科学。然而，今天的市场营销学已经从经济学中分离出来，成了一门属于管理学范畴的应用科学。

一、市场营销学的产生

美国管理学大师彼得·德鲁克认为，市场营销最早的实践者是 17 世纪中叶日本三井家族的一位成员。他在东京开设了一家百货商店，并为该商店制定了一些经营原则。其基本内容是：为消费者设计和生产适合其需要的产品；无条件退货退款；为消费者提供丰富多样的产品，而不仅仅是一种工艺或一种产品等。

在西方，直到 19 世纪中期，市场营销才在美国国际收割机公司出现。该公司把市场营销当作公司的中心职能，并把满足消费者需求当作管理的专门任务。公司创始人赛勒斯·麦考密克创造性地提出了市场调研与市场分析、市场定位、定价政策、向消费者提供零部件和各种相关服务等现代市场营销的基本手段和理念，这标志着市场营销学的产生。

二、市场营销学的发展

1950 年，美国营销专家尼尔·鲍顿提出了"市场营销组合"的概念，确定了营销组合的 12 个要素，开始了市场营销理论体系的构建。同年，美国学者乔尔·迪安在他关于有效定价的讨论中提出了"产品生命周期"的概念，阐述了关于市场开拓期、市场扩展期、市场成熟期的思想。

1955年，西德尼·莱维提出了"品牌形象"的概念。这个概念演绎了企业广告投入的价值与理由，随后更是因广告大师大卫·奥格威而发扬光大。品牌营销逐渐成为当今市场营销界具有深远影响的营销流派。

1956年，美国市场营销学家温德尔·史密斯创造性地提出了营销学的又一重要概念——市场细分。按照市场细分的思想，不但市场上的产品有差异，市场本身也有差异；消费者需求各异，营销方法也应该有所不同。

1960年，美国营销学大师杰罗姆·麦卡锡继承了其师理查德·克莱维特教授关于营销要素的思想，概括性地提出了市场营销中著名的4P营销组合策略的主张，即产品（Product）、价格（Price）、渠道（Place）、促销（Promotion）。

1967年，菲利普·科特勒出版了《营销管理：分析、计划执行和控制》一书。该书更全面、系统地发展了现代市场营销理论。他精准地给营销管理下了定义：营销管理就是通过创造、建立和保持与目标市场之间的有益交换和联系，以达到组织的各种目标而进行的分析、计划、执行和控制的过程。他还提出，市场营销管理过程包括分析市场营销机会，开展营销调研，选择目标市场，制定营销战略和战术，制订、执行及调控市场营销计划。菲利普·科特勒突破了传统市场营销学认为营销管理的任务只是刺激消费者需求的观点，进一步阐述了营销管理还应影响需求的水平、时机和构成，提出了营销管理的实质是需求管理的观点，还提出了市场营销是与市场有关的人类活动，既适用于营利组织，也适用于非营利组织的观点，从而扩大了市场营销学的范围。

1971年，菲利普·科特勒和杰拉尔德·蔡尔曼提出了"社会营销"的概念，强调企业在追求利润目标、满足消费者需求的同时，还要关注社会的整体利益和长远利益，即保持三方利益的平衡。这种关心社会利益，重视履行社会责任，强调保护环境、节约能源、保障产品安全的营销理念得到了社会和政府的普遍认可。

1972年，美国营销大师阿尔·里斯和营销战略家杰克·特劳特发表了题为《定位时代》的系列文章，标志着"定位理论"的产生。定位理论认为，产品和品牌都会在消费者的心目中占据一定的位置，企业应该首先分门别类地进行传播以抢先占领这个特定的位置并获取竞争优势。定位理论强调，企业应该创造与众不同的价值和定位，并且以这个定位来引领企业的战略和运营活动。

1990年，美国学者劳特朋从消费者的角度出发，提出了与传统4P营销组合策略相对应的4C营销组合策略，拉开了20世纪90年代营销创新的序幕。

三、4P与4C营销组合策略

（一）4P营销组合策略

麦卡锡提出的4P营销组合策略，产品、价格、渠道、促销是市场营销过程中可以控制的因素，也是企业进行市场营销活动的主要手段，它们之间相互依存、相互影响和相互制约。4P营销组合策略最大的优点是直观性、可操作性和易控制性，它可以直观地解析企业的整个营销过程——企业生产经营什么产品，制定什么价格，选择什么销售渠道，采用什么促销方式。

此外，4P 营销组合策略紧密联系产品，从产品的生产加工一直到交换消费，企业容易掌握与监控相关情况；无论哪个环节出现问题，企业都能及时地对其进行诊断与纠正。当然，4P 营销组合策略的缺陷也是比较明显的，它以企业为中心，以追求利润最大化为原则，这势必会引发企业与消费者之间的矛盾。

综上所述，4P 营销组合策略直观阐述了产品策略、定价策略、分销策略、促销策略。实际上，它们不只是营销策略，还是企业经营的基本策略和底层逻辑——任何一家企业都必须直面生产经营什么产品、制定什么价格、选择什么销售渠道、采用什么促销方式等问题。

当前虽然涌现出一些营销组合或者概念，但是往往不够全面：有的没有解决产品问题，有的没有解决定价问题，有的没有解决分销问题，有的没有解决促销问题。所以，企业的经营活动、营销活动都离不开 4P，只要企业经营状态存续，4P 就不会过时，而且是主旋律、重头戏。

（二）4C 营销组合策略

劳特朋提出的 4C 营销组合策略具体如下。

第一个 C——consumer wants and needs（消费者的欲望与需求），指企业必须重视消费者的欲望与需求，把消费者的欲望与需求放在第一位，强调创造消费者比开发产品更重要，满足消费者的欲望与需求比增加产品的功能更重要。

第二个 C——cost to satisfy those wants and needs（满足消费者的欲望与需求的成本），指消费者获得满足的成本或消费者为满足自己的欲望与需求愿意付出的全部成本。它包括：企业的生产成本和销售成本，即企业生产能满足消费者的欲望与需求的产品成本，以及把产品送达消费者手中的成本；消费者的购物成本，不仅指购物的货币支出，还有耗费的时间、体力、精力以及承担的风险等。其中，企业的生产成本和销售成本决定了产品的价格成本，对消费者的购买行为有重要的影响。

第三个 C——convenience to buy（方便购买），指购买的方便性，也就是企业在产品的生产和销售等环节，强调为消费者提供便利，让消费者能在方便的时间、地点以方便的方式购买产品。

第四个 C——communication（沟通），指与消费者的沟通交流。企业可以通过与消费者就产品进行多方面的沟通交流，尤其应注重与消费者的情感、思想交流，使消费者对企业及其产品有更好的理解和认同。这对促进消费者的持续购买有很大作用。

4C 营销组合策略强调企业要研究消费者的欲望与需求，制造和销售消费者想购买的产品；要研究如何降低消费者为满足其欲望与需求必须付出的成本；要使消费者的购买和使用更加便利；要通过沟通让消费者更好地了解产品，学会正确选择产品。4C 营销组合策略注重以消费者需求为导向，克服了 4P 营销组合策略只为企业考虑的局限。

但是，从企业的营销实践和市场的发展趋势来看，4C 营销组合策略也有一些不足。首先，它立足于消费者导向而不是竞争导向。在市场竞争中，要想取得成功，既要考虑消费者，也要考虑竞争者。其次，4C 营销组合策略在强调以消费者需求为导向的时候没有结合企业的实际情况。最后，4C 营销组合策略仍然没有体现既赢得消费者，又长期维持与消费者关系的营销思想，被动适应消费者需求的色彩较浓，没有解决满足消费者需求的操作性问题。

第三节　市场营销观念的演变

市场营销观念从 20 世纪初开始形成，到目前已经历了生产观念、产品观念、推销观念、市场营销观念、社会市场营销观念 5 个演变。不同的市场营销观念是在不同的条件下产生并发展的，其关注点和内容各不相同。

一、生产观念

生产观念是在卖方市场的条件下产生的，由于生产的产品无法完全满足市场的需求，所以人们只注重生产，根本不考虑市场的需求状况。

20 世纪 20 年代以前，虽然现代工业已基本形成，但生产技术相对落后，生产效率不高，人们无论是产品品种方面的需求，还是产品数量方面的需求都远没有得到充分的满足，生产观念因此得以流行。

在生产观念的主导下，人们的经营行为是"我生产什么产品，就卖什么产品"，想法是"有人卖就会有人买"。

二、产品观念

20 世纪 20 年代以后，西方社会已经基本脱离贫困，人们追求的主要目标是改进产品质量、增加产品功能，因而致力于使产品精益求精成为这一时期企业经营管理的主要思想。

产品观念的基本观点是：消费者会欢迎质量最优、功能最多的产品，并愿意为此付更多的钱。因此，企业应当重视产品的质量、功能、程序、特色等方面的研究和应用。

三、推销观念

推销观念盛行于 20 世纪三四十年代，由于产品过剩，企业想方设法要把产品卖出去，开始注重产品销售及推销的方法和技巧。此时，推销观念产生。

推销观念认为，消费者具有购买惰性或抗衡心理，企业必须积极推销并进行大力度的促销活动，以刺激消费者购买本企业产品。换句话说，企业努力推销什么产品，消费者就会更多地购买什么产品。

四、市场营销观念

在推销观念的主导下，产品仍然处于供过于求的状态，于是企业开始注重开展以满足消费者的欲望与需求为中心的市场营销活动。市场营销观念形成于 20 世纪 50 年代。市场营销观念认为，企业应比竞争者更有效地满足消费者的欲望与需求。消费者需要什么产品，企业就应当生产、销售什么产品。

从本质上来说，市场营销观念是一门以消费者的欲望与需求为导向的学问，奉行的是"消费者是上帝""你就是主人""发现欲望，并满足他们""热爱消费者而非产品"等理论。可以说，市场营销观念是消费者主权论在企业营销管理中的体现。在这种观念的指导下，企业十分重视市场调研，以期从消费者需求的动态变化中不断发现那些尚未得到满足的市场需求，并集中一切资源和力量，千方百计地适应和满足这种需求，从而在消费者满意的条件下不断扩大产品销售，获得丰厚的利润。

延伸阅读   **"营销短视症"**

    "营销短视症"是著名的市场营销专家、美国哈佛大学管理学院西奥多·莱维特（Theodore Levitt）教授 1960 年在《哈佛商业评论》上发表的成名作《营销短视症》中提出的。他在文中指出，企业衰退的原因在于它们所重视的是"产品"，而不是"顾客"；而产品，只是满足顾客持久需求的一个现有手段；一旦有更好的产品出现，它们便会取代现有的产品。他曾这样教导他的学生：人们其实不想买一个 1/4 英寸（1 英寸=2.54 厘米）的钻头，他们只想要一个 1/4 英寸的洞！

    所谓"营销短视症"，是指企业对自己生产的产品和技术盲目乐观与自信，认为只要产品质量好、性能优越，就一定会有市场，一味执着于对现有产品的改进，而忽视消费者的需求及其变化，对替代品和潜在竞争者的威胁浑然不觉或无视，最终使自己陷入困境。

    可以说，从功能、用途、性能、外观、包装的角度来理解产品是狭隘的。实际上，消费者的购买是为了获得所需的"解决方案"。产品本身并不会使任何人感兴趣，它不过是满足、创造或引导市场消费者需求的一种载体。例如，消费者购买汽车不是为了观赏，而是因为它可以提供交通服务；购买推土机不是为了摆设，而是出于降低成本、提高生产率、增加施工面积、承包更多工程，从而赚更多钱的考虑；购买化妆品和洗发水是为了带来美的形象，否则买来就没有意义。

    正如菲利普·利特勒所说，旅馆实际上卖给消费者的是"休息与睡眠"；对唇膏，消费者实际上购买的是"希望"；没有人真的想要买一辆汽车，而是想要得到出行服务。"露华浓"品牌的创建者查尔斯·里夫逊也说："在工厂，我们生产化妆品，在化妆品商店，我们出售梦想。"

    因此，如果生产者钟爱自己的产品甚于关心其所提供的利益，即忽略消费者购买产品是为了满足特定的需求这样一个事实，就会患上"营销短视症"。

    "营销短视症"是生产导向、产品导向和推销导向，不是营销导向。大量事实证明，经久耐用、货真价实的产品并不会永远畅销。因为市场始终在选择更好的解决方案——没有最好，只有更好！一旦有更能充分满足消费者需求的新产品出现，现有的产品就会被淘汰。例如，计算尺制造商以为工程人员需要的是计算尺而非计算工具，导致计算尺最终被淘汰出局。这是因为，再精确的计算尺也绝非电子计算器的对手！

    "营销短视症"不但存在于人们的思想观点之中，而且会渗透进组织层面。例如，患有"营销短视症"的企业经营者几乎只会围绕生产活动、研发活动来设计组织结构，从而使制造部门或者工艺技术部门成为组织的中心。

五、社会市场营销观念

    市场营销观念回避了消费者需求、消费者利益和长期社会福利之间隐含的冲突。

社会市场营销观念是对市场营销观念的重要修改和补充。它于20世纪70年代西方资本主义国家出现能源短缺、通货膨胀、失业增加、环境污染严重、消费者保护运动盛行的新形势下产生。

社会市场营销观念的基本内容是：企业提供的产品，不但要满足消费者的欲望与需求，而且要符合消费者和社会的长远利益；企业要关心与增加社会福利，开展的营销活动要有利于并能促进企业的持续发展。

社会市场营销观念要求企业注意环境保护、环境污染、资源短缺、通货膨胀、社会福利和社会责任等，要求市场营销者在制定市场营销策略时要统筹兼顾企业利润、消费者需求和社会利益3个方面。

延伸阅读　　　　　　　　　**绿色营销**

20世纪90年代以来，绿色营销风靡全球，使企业营销步入了集企业责任与社会责任于一体的理想化阶段。绿色营销观念是注重社会利益、企业社会责任和社会道德的营销观念。它要求企业在营销中要考虑消费者利益、企业自身利益、社会利益及环境利益，并将这4个方面的利益结合起来，实现企业的社会责任。

广义的绿色营销体现了社会价值观、伦理道德观，即自觉维护自然生态平衡、自觉抵制各种有害营销的企业营销活动。因此，广义的绿色营销也称伦理营销。

狭义的绿色营销是指企业在营销活动中谋求消费者利益、企业利益与环境利益的协调。企业既要充分满足消费者的需求，实现企业的利润目标，也要充分注意自然生态平衡。因此，狭义的绿色营销也称生态营销或环境营销。

绿色营销强调营销组合中的绿色因素，即注重绿色消费需求的调查与引导，注重开发和经营符合标准的绿色产品，注重在生产与消费过程中减少公害，注重定价、渠道、促销等营销过程中的绿色因素。

绿色产品是企业实施绿色营销的支撑点。企业应利用新科技、新设备，开发无公害的新型能源及各种新型可替代能源，研发节能的新途径及新工艺，提高能源和资源的利用率，在产品及其包装方面力求减少资源消耗和对环境的污染，注重对废弃物的回收和综合利用。

绿色价格应该反映生态环境成本。企业在制定绿色产品的价格时，一是要树立"污染者付费""环境有偿使用"的观念，把企业在环保方面的支出计入成本，使其成为价格的一部分，确立"环境与生态有价"的基本观念；二是注重打造绿色产品在消费者心目中的形象，利用人们求新、求异、崇尚自然的心理，结合消费者心中的感知价值来定价，以提高效益。

绿色渠道是指企业要选择绿色的、信誉好的分销商，可以在大中型城市建立绿色产品销售中心、绿色产品连锁商店、绿色产品专柜或专营店。另外，对一些易腐烂变质或容易丧失活性的绿色食品，要选择能避免污染、损耗的储存条件；最好是采取直销方式，尽量缩短流通渠道，以免产品遭受污染和损坏。

绿色促销是指推销人员必须了解消费者的绿色消费需求，回应消费者所关心的环保问题，突出企业产品的绿色表现及企业经营过程中的绿色表现。企业可通过提供免费试用样品、组织竞赛、赠送礼品等方式来鼓励消费者试用新的绿色产品，提高企业知名度；也可运用广告战略，宣传绿色消费，强化和提高消费者的环保意识。广告要突出绿色产品的特点，广告的投放和频率要适度，防止过度、高频投放造成的资源浪费、噪声污染、光污染等。

第四节　市场营销组织的建构

市场营销必须依托一定的机构或部门——市场营销组织进行，其负责制定和实施市场营销战略与策略。因此，企业必须考虑如何建构市场营销组织。

一、市场营销组织建构的原则

（一）任务与目标原则

任务与目标原则，即每一个市场营销组织和这个组织的每一部分，都与特定的营销任务、目标有关，否则它就没有存在的价值。

（二）精干高效原则

精干高效原则，即企业所建立的市场营销组织应该是精干的、高效的。

（三）相对封闭原则

相对封闭原则，即企业的市场营销组织系统内的管理手段和工具（机构、制度、人和信息），必须构成一个连续、封闭的循环回路。这样才能形成有效的管理运动，才能使企业自如地开展营销活动。

（四）兼顾企业现状与未来发展原则

兼顾企业现状与未来发展原则表现在：一是企业所建构的市场营销组织必须在科学规范的前提下，适应企业目前的发展状况、营销特点和资源条件；二是市场营销组织的建构要在组织结构的调整方面为企业未来的发展预留空间，以使企业的市场营销组织能够随着企业的发展不断得到调整、完善，而并不需要对原有组织结构进行"大动干戈"式的改革，从而有效降低企业经营成本。

二、市场营销组织建构的步骤

首先，围绕企业营销目标进行营销事务与流程的总体规划，并使流程最优化。这是企业的市场营销组织建构的出发点。

其次，按照优化后的营销事务与流程设计营销岗位，根据营销岗位数量和专业化分工的原则设计营销管理岗位和部分机构。

最后，对各岗位进行定职、定员、定编。经过科学的市场营销组织结构设计，整个企业的市场营销组织应达到如下标准：第一，有直接的、明确的权力和职责线路；第二，有连续的运作体系和逻辑线路；第三，市场营销组织中各个层级向上、向下和横向传递信息迅速而协调；第四，市场营销组织中的每位成员都能胜任工作，并有高昂的士气和高度的工作满足感。

三、市场营销组织结构的模式

企业的实际营销状况不同，所建立的市场营销组织结构也应不同。也就是说，在实际的策划过程中，企业所设计的市场营销组织结构应该是个性化的。

（一）基于不同职能的市场营销组织结构

这种市场营销组织结构是最常见的市场营销组织结构，适用于产品种类有限、市场区域覆盖面较窄的企业。它需要在分管市场营销的副总经理的领导下，设置战略和计划、市场研究和预测、广告、促销、公共关系、消费者服务等职能科室。

有些企业将销售部与市场营销部并列，主要是因为销售部通常需要众多的人手，如售货人员、送货人员、行政雇员等工作在销售第一线的人员；而市场营销部则偏重策划，人员应具备专业知识和全局观念。一般将两个部门分开是为了精简市场营销部门的人员，突出其策划职能，使其从烦琐的销售工作中脱身，致力于市场开发和管理。

这种市场营销组织结构的优点是方便管理——每个职能部门都各具专长，并且在各自的领域有较高的水平。

但是，随着产品的增多和市场的扩大，这种组织模式的功用会逐渐降低。首先，在基于不同职能的营销组织结构中，没有人会对一种产品或者一个市场负全部责任，因而企业可能缺少按产品或市场制订的完整计划，使得有些产品或市场被忽略；其次，各部门为了争取更多的预算、得到更高的地位，相互间产生竞争，导致分管市场营销的副总经理的协调任务非常繁重；最后，各职能部门要为每个产品、每个品牌、每个市场构思针对性的市场营销计划，如果企业的市场已经十分细化，并且品牌系列完备，这些部门很快就会被任务压垮。

（二）基于不同产品或品牌的市场营销组织结构

这种营销组织结构适用于产品种类较多，而且产品之间存在明显的消费者需求差异的企业。生产多种产品或拥有多个品牌的企业，往往会按产品或品牌建构市场营销组织，即为每个产品或每个品牌指定一个营销负责人。这种组织模式首先于 1931 年被美国的宝洁公司采纳，现在已经十分普及，尤其是在大宗消费产品企业中。

这种市场营销组织结构的优势是：能够及时反映特定产品（品牌）在市场上出现的问题；产品（品牌）经理各自负责自己管理的产品（品牌），可以保证每一种产品（品牌）都不会被忽视；产品（品牌）经理能够将产品营销组合的各个要素较好地协调起来，更快地对市场上出现的问题做出反应；有助于培养人才——产品（品牌）管理涉及企业经营、市场营销的方方面面，是锻炼人才的优质岗位。

这种市场营销组织结构的劣势是：会造成一些冲突，由于产品（品牌）经理的权力有限，他们不得不依赖于与广告、推销、制造等部门之间的合作，但这些部门可能不会对其予以重视；产品（品牌）经理虽然容易成为自己负责的特定产品（品牌）的专家，但是不一定熟悉其他业务，如广告、促销等，因而会影响其综合协调能力的提升；建立和使用产品（品牌）管理系统的成本往往比预期的要高。

（三）基于不同地理区域的市场营销组织结构

这种市场营销组织结构是按照地理区域来组织、管理营销人员的。

这种市场营销组织结构适用于在广泛的地理区域开发产品市场的企业，特别适用于产品种类有限并具有同质特点，而且需要迅速覆盖许多地区的企业。

（四）基于不同细分市场的市场营销组织结构

这种市场营销组织结构是按照细分市场来组织、管理营销人员的。

这种市场营销组织结构适用于具有较多细分市场，并且各个细分市场的独特性较强的企业。

课后练习

一、判断题

1. 市场是由具有购买力和购买欲望的人或组织所构成的。（　　）
2. 购买力受收入、支出、信贷条件、物价等因素的影响。（　　）
3. 购买欲望受需求、购买力等因素的影响。（　　）
4. 市场营销的对象可以是产品、服务、体验、人物、组织、事件、地点、信息、观念、财产权等。（　　）
5. 如果市场营销做得好，那么推销就是多余的。（　　）

二、选择题

1. 在社会市场营销观念中，所强调的利益是（　　）。
    A. 企业利益　　　　　　　　　B. 消费者利益
    C. 社会利益　　　　　　　　　D. 企业、消费者与社会的整体利益
2. 某彩电厂商将其积压产品大幅降价销售，这一行为所体现的营销观念是（　　）。
    A. 生产观念　　　　　　　　　B. 推销观念
    C. 现代市场营销观念　　　　　D. 社会营销观念
3. 构成市场的要素是（　　），只有它们同时具备时，市场才成立。
    A. 人口　　　B. 购买力　　　C. 购买欲望　　　D. 购买数量
4. 市场营销组织建构的原则是（　　）。
    A. 任务与目标原则　　　　　　B. 精干高效原则
    C. 相对封闭原则　　　　　　　D. 兼顾企业现状与未来发展的原则
5. 市场营销组织结构的模式有（　　）。
    A. 基于不同职能的市场营销组织结构
    B. 基于不同产品或品牌的市场营销组织结构
    C. 基于不同地理区域的市场营销组织结构
    D. 基于不同细分市场的市场营销组织结构

三、填空题

1. _____市场是一切市场的基础，是最终起决定作用的市场。
2. _____市场即满足企业为了加工生产的需要所构成的市场。
3. _____市场即由国外的消费者、生产者、分销商、政府机构、非营利组织等

所构成的市场。

4. "我生产什么产品，就卖什么产品"是＿＿＿＿＿＿＿＿＿观念。

5. "发现欲望，并满足他们"是＿＿＿＿＿＿＿＿＿观念。

四、简答题

1. 什么是狭义的市场营销？什么是广义的市场营销？

2. 市场营销与推销、销售的区别是什么？

3. 市场营销组织建构的原则是什么？

4. 市场营销组织结构有哪几种模式？

第二章
市场营销环境

视频导学

引例：麦当劳如何提高奶昔销量

麦当劳曾经发起过一个项目，目的是提高店内奶昔的销量。麦当劳邀请了哈佛大学商学院教授克莱顿·克里斯坦森（Clayton Christensen）（《创新者的窘境》一书作者）和他的团队一起来解决这个问题。

通过一系列的观察、记录和访谈，克莱顿的团队发现了一个有趣的现象：几乎有一半的奶昔是早上卖掉的，来买奶昔的消费者几乎都是单独一个人且只买奶昔，几乎所有的消费者买完奶昔都是开车打包带走的。他们进行了进一步的访谈调查，发现原来所有的消费者每天一大早都有同样的事情要做：他们要开很久的车去上班，路上很无聊，所以需要做些事情让路途变得有意思一点；他们当时还没有饿，但是如果不买奶昔的话，他们知道大约 2 个小时后，也就是上午到中午这段时间，他们的肚子就会咕咕叫了。

他们一般怎样解决这些问题呢？

有消费者吃过香蕉，但发现香蕉消化得太快了，很快就又饿了；也有消费者吃过面包圈，但面包圈太脆，边吃边开车时，会弄得满车都是；还有消费者吃过士力架、巧克力，但早餐吃巧克力总感觉不是很健康。

奶昔呢？它无疑是它们当中最好的。用细细的吸管吸稠稠的奶昔要花很长时间，并且基本上能抵挡住一上午阵阵来袭的饥饿感。有个消费者脱口而出："这奶昔真稠！我要花 20 分钟才能把奶昔用那细细的吸管吸干净。谁会在乎里面的成分呢？我就不在乎。我只知道我整个上午都不会饿了，而且奶昔杯子刚好与我的茶杯座配套。"他一边举着空空的奶昔杯子，一边说着。

在了解了以上信息之后，到底如何改进奶昔就显而易见了。可以让奶昔再稠一些，让消费者吸的时间更长一些，帮消费者更好地打发无聊的通勤时间。此外，还可以加上一点点果肉，给消费者一些小惊喜；把制作奶昔的机器搬到柜台前，让消费者不用排队而是可以直接刷卡自助取用等。这些举措大大提高了麦当劳奶昔的销量。

企业不能离开市场而独立存在，市场营销环境是存在于企业外部的、影响企业营销活动及成效的不可控因素和力量。因此，企业只有深入分析市场营销环境，才能根据市场营销环境及其变化制定相应的市场营销策略。

市场营销环境包括宏观营销环境、微观营销环境，企业可通过市场调查与预测来了解与认识市场营销环境，且必须重点研究市场的购买力量——微观营销环境中的消费者与组织。

第一节　宏观营销环境

宏观营销环境主要由人口环境、政治和法律环境、经济环境、社会文化环境、技术环境、自然资源环境等组成。

一、人口环境

人口是构成市场的最基本要素，决定了市场需求及其需求量，也决定了企业生存和发展的空间。人口的规模、年龄结构、性别比例、地理分布、家庭结构、婚姻状况等都是企业应当充分考虑的指标。

例如，人口规模是表明市场潜力的基本指标。一般来说，人口规模大，市场潜力就大，但这并不等于现实市场也大。因此，企业还需要考察人们的购买力及购买欲望。

又如，从年龄结构看，当前全球人口出生率下降，儿童数量日益减少，老年人数量日益增多，全球已有多个国家进入老龄化社会，这使得全球市场的需求结构发生了变化。由此，老年人的医疗用品和保健用品、眼镜、旅游、娱乐等产品的市场需求量相应增加。

从地理分布来看，我国人口分布的总特点是：东部多，西部少；平原、盆地多，山地、高原少；农业地区多，林牧业地区少；温湿地区多，干寒地区少；开发早的地区多，开发晚的地区少；沿江、沿海、沿交通线的地区多，交通不便的地区少。居住在不同地区的人，由于地理位置、气候条件、生活习惯不同，其消费习惯和购买行为也有差异。

另外，我国有大量农业人口，这一客观社会结构决定了企业在国内市场中，应充分考虑农村这个大市场。尤其是一些中小企业，更应注意开发价廉物美的产品以满足农业人口的需要。

再如，家庭是社会的细胞，也是产品购买、消费的基本单位。家庭的数量直接影响着某些产品的数量，家庭成员的人数也影响着许多家庭用品的形态。目前，我国家庭具有两个显著特点：一是家庭规模趋于小型化，"三四口之家"的家庭模式十分普遍；二是非家庭住户（单身住户、集体住户）增加。这些特点必然会刺激家具、家用电器、炊具等需求的快速增长，相关行业蕴藏巨大的商机。此外，家庭结构变小和人均收入增加，对促进家庭消费、提升消费水平和消费档次、增加产品购买的数量有推动作用。

二、政治和法律环境

政治环境和法律环境主要包括政府的政策和法律法规，以及各种政治团体对企业活动所采取的态度和行动等。

政治环境对企业市场营销活动的影响主要表现为政府制定的方针政策，如人口政策、能源政策、物价政策、财政政策、货币政策等。例如，国家通过降低利率来刺激消费；通过征收个人所得税来调节收入的差异，从而影响购买力。一个国家的政局是否稳定、政府是否管制等都会直接影响企业的生产和销售。

法律环境是指国家或地方政府所颁布的各项法规、法令和条例等，是企业经营活动的准则。企业只有依法进行各种经营活动，才能受到国家法律的有效保护。同时，法律、法规也从多方面对企业经营活动进行引导、制约和监管。为适应经济体制改革和对外开放的需要，我国陆续制定和颁布了一系列法律、法规，如《中华人民共和国产品质量法》《中华人民共和国民法典》《中华人民共和国商标法》《中华人民共和国专利法》《中华人民共和国广告法》《中华人民共和国环境保护法》《中华人民共和国反不正当竞争法》《中华人民共和国消费者权益保护法》等。例如，1994 年 1 月 1 日起生效的《中华人民共和国消费者权益保护法》，是我国第一次以立法的形式全面确认消费者的权利，对保护消费者的权益、规范经营者的行为具有十分重要的意义。企业的经营管理者必须熟知有关的法律条文，才能保证企业经营的合法性，才能运用法律武器来保护企业与消费者的合法权益。

政治环境影响着企业经营活动的方向，法律环境则为企业规定了经营活动的行为准则。政治环境与法律环境相互联系，共同对企业的市场营销活动产生影响和发挥作用。

延伸阅读　　　《中华人民共和国消费者权益保护法》中规定经营者的义务[①]

第十六条　经营者向消费者提供商品或者服务，应当依照本法和其他有关法律、法规的规定履行义务。经营者和消费者有约定的，应当按照约定履行义务，但双方的约定不得违背法律、法规的规定。经营者向消费者提供商品或者服务，应当恪守社会公德，诚信经营，保障消费者的合法权益；不得设定不公平、不合理的交易条件，不得强制交易。

第十七条　经营者应当听取消费者对其提供的商品或者服务的意见，接受消费者的监督。

第十八条　经营者应当保证其提供的商品或者服务符合保障人身、财产安全的要求。对可能危及人身、财产安全的商品和服务，应当向消费者作出真实的说明和明确的警示，并说明和标明正确使用商品或者接受服务的方法以及防止危害发生的方法。宾馆、商场、餐馆、银行、机场、车站、港口、影剧院等经营场所的经营者，应当对消费者尽到安全保障义务。

第十九条　经营者发现其提供的商品或者服务存在缺陷，有危及人身、财产安全危险的，应当立即向有关行政部门报告和告知消费者，并采取停止销售、警示、召回、无害化处理、销毁、停止生产或者服务等措施。采取召回措施的，经营者应当承担消费者因商品被召回支出的必要费用。

第二十条　经营者向消费者提供有关商品或者服务的质量、性能、用途、有效期限等信息，应当真实、全面，不得作虚假或引人误解的宣传。经营者对消费者就其提供的商品或者服务的质量和使用方法等问题提出的询问，应当作出真实、明确的答复。经营者提供商品或者服务应当明码标价。

第二十一条　经营者应当标明其真实名称和标记。租赁他人柜台或者场地的经营者，应当标明其真实名称和标记。

第二十二条　经营者提供商品或者服务，应当按照国家有关规定或者商业惯例向消费者出具发票等购货凭证或者服务单据；消费者索要发票等购货凭证或者服务单据的，经营者必须出具。

第二十三条　经营者应当保证在正常使用商品或者接受服务的情况下其提供的商

---

① 中国人大网。

品或者服务应当具有的质量、性能、用途和有效期限；但消费者在购买该商品或者接受该服务前已经知道其存在瑕疵，且存在该瑕疵不违反法律强制性规定的除外。经营者以广告、产品说明、实物样品或其他方式表明商品或者服务的质量状况的，应当保证其提供的商品或者服务的实际质量与表明的质量状况相符。经营者提供的机动车、计算机、电视机、电冰箱、空调器、洗衣机等耐用商品或者装饰装修等服务，消费者自接受商品或者服务之日起六个月内发现瑕疵，发生争议的，由经营者承担有关瑕疵的举证责任。

第二十四条　经营者提供的商品或者服务不符合质量要求的，消费者可以依照国家规定、当事人约定退货，或者要求经营者履行更换、修理等义务。没有国家规定和当事人约定的，消费者可以自收到商品之日起七日内退货；七日后符合法定解除合同条件的，消费者可以及时退货，不符合法定解除合同条件的，可以要求经营者履行更换、修理等义务。依照前款规定进行退货、更换、修理的，经营者应当承担运输等必要费用。

第二十五条　经营者采用网络、电视、电话、邮购等方式销售商品，消费者有权自收到商品之日起七日内退货，且无需说明理由，但下列商品除外：（一）消费者定作的；（二）鲜活易腐的；（三）在线下载或者消费者拆封的音像制品、计算机软件等数字化商品；（四）交付的报纸、期刊。除前款所列商品外，其他根据商品性质并经消费者在购买时确认不宜退货的商品，不适用无理由退货。消费者退货的商品应当完好。经营者应当自收到退回商品之日起七日内返还消费者支付的商品价款。退回商品的运费由消费者承担；经营者和消费者另有约定的，按照约定。

第二十六条　经营者在经营活动中使用格式条款的，应当以显著方式提请消费者注意商品或者服务的数量和质量、价款或者费用、履行期限和方式、安全注意事项和风险警示、售后服务、民事责任等与消费者有重大利害关系的内容，并按照消费者的要求予以说明。经营者不得以格式条款、通知、声明、店堂告示等方式，作出排除或者限制消费者权利、减轻或者免除经营者责任、加重消费者责任等对消费者不公平、不合理的规定，不得利用格式条款并借助技术手段强制交易。格式条款、通知、声明、店堂告示等含有前款所列内容的，其内容无效。

第二十七条　经营者不得对消费者进行侮辱、诽谤，不得搜查消费者的身体及其携带的物品，不得侵犯消费者的人身自由。

第二十八条　采用网络、电视、电话、邮购等方式提供商品或者服务的经营者，以及提供证券、保险、银行等金融服务的经营者，应当向消费者提供经营地址、联系方式、商品或者服务的数量和质量、价款或者费用、履行期限和方式、安全注意事项和风险警示、售后服务、民事责任等信息。

第二十九条　经营者收集、使用消费者个人信息，应当遵循合法、正当、必要的原则，明示收集、使用信息的目的、方式和范围，并经消费者同意。经营者收集、使用消费者个人信息，应当公开其收集、使用规则，不得违反法律、法规的规定和双方的约定收集、使用信息。经营者及其工作人员对收集的消费者个人信息必须严格保密，不得泄露、出售或者非法向他人提供。经营者应当采取技术措施和其他必要措施，确保信息安全，防止消费者个人信息泄露、丢失。在发生或者可能发生信息泄露、丢失的情况时，应当立即采取补救措施。经营者未经消费者同意或请求，或者消费者明确表示拒绝的，不得向其发送商业性信息。

三、经济环境

经济环境是影响企业市场营销活动的主要环境，具体包括宏观经济运行态势、国民生产总值、经济增长率、产业结构及其调整、市场总需求与总供给、货币流通与物价总水平、通货膨胀率、利率、消费者收入支出水平、储蓄率、信贷条件等。

例如，国民生产总值是一个国家或地区经济发展的主要标志，其反映了国家的经济规模、市场规模和市场需求。人均国民生产总值是国民生产总值除以人口总数得到的数值，其反映了一国人民的生活水平和购买力水平。一般来说，国民生产总值大且增长率高及人均国民生产总值高的，其市场容量和消费水平也相对高。

又如，较高的储蓄率会推迟现实的消费支出，加强潜在购买力；信贷的期限与规模会影响现实购买力的大小，也会影响信贷产品的销售量。

四、社会文化环境

任何企业都是在一定的社会文化环境中生存和发展的，因此其市场营销活动必然要受到自身所在社会文化环境的影响和制约。

社会文化环境主要由人们对事物的态度或看法、人们的信仰、价值观念、道德规范、审美观念、受教育程度、行为方式、生活方式、文化传统、社会风俗和习惯等构成。社会文化环境影响着人们的消费观念、消费倾向、需求与欲望、消费行为。

世界上各个民族都有自己的文化传统，同一民族的人拥有相似的思想、认知和消费行为，而不同的民族间则会有较大差异。比如，有的民族对于某些动物、花卉、图案敬若神明，视其为高贵的象征；而有的民族则可能相反，视其为丧气或禁忌之物。

语言是文化的基本要素和主要载体，也是跨文化传播的必备要件。在跨文化传播中，由于文化差异的存在，语言会导致消费者产生新的焦虑和不确定性。许多经营失误都是由缺乏对语言跨文化差异的了解造成的。例如，我国曾出口一种名为"芳芳"的口红到北美，其中文拼音为"fangfang"，但在英语中"fang"意为蛇的毒牙。可想而知，当地消费者自然不愿意购买"毒牙牌"口红了。

延伸阅读　　　　　　　**国际市场营销环境**

国际市场营销与国内市场营销最大的不同就是营销环境的不同。每个国家都有其自身的政治、法律、经济、社会文化和科技环境，这使得国际市场营销的复杂性远高于国内市场营销。

首先，国家政局稳定是企业顺利进行营销活动的基本前提。例如，中东地区的政局动荡、战事频繁，导致中东各国生产石油的价格波动，从而对许多国家的经济及汽车消费等行业产生了重要的影响。

其次，各国不同的政治体制、海关制度及法律法规，包括关税与非关税壁垒、价格限制法规、反倾销法等都会给国际市场营销带来阻碍。例如，德国和希腊禁止优惠券，而优惠券在美国的消费品促销活动中是十分常见的形式。另外，不同国家对广告媒体及发布广告的时段和形式有不同的要求。为此，开展国际市场营销的企业应熟知各种国际公约和国际惯例，以及解决国际商务纠纷的法律途径。

再次，社会文化的不同表现在语言障碍、文化差异、风俗习惯等方面。这不仅会给国际市场营销增加困难，也容易导致交易双方沟通不畅、接洽不便等诸多问题。此外，在跨文化背景下，国外消费者对广告信息的理解也不同，企业的广告设计必须努力与之相适应。

最后，国际金融市场的汇率受多种因素影响而自由浮动。企业选择某种货币作为计价货币时，往往会因为汇率波动而销售收入有所不同。由于国际市场营销进行的是跨国界的交易活动，很多情况不易把握，不确定因素多，由此产生的风险，如信用风险、汇率变动风险、运输风险、政治风险、商业风险等都远远高于国内市场营销。

五、技术环境

技术环境是指影响企业的经营活动、给企业带来机会或造成威胁的技术因素。技术环境对企业市场营销活动的影响体现在以下几个方面。

首先，技术发展促进社会经济结构的调整。每一种新技术的发现、推广都会给一些企业带来新的市场机会，促进新行业的出现；同时，也会对某些行业、企业造成威胁，使这些行业、企业受到冲击甚至被淘汰。近30年的新技术革命，特别是信息技术、生物技术、海洋技术、空间技术、新材料技术、新能源技术等，已经给全球市场带来了翻天覆地的变化。新技术在淘汰旧技术和旧行业的同时，也催生了许多新产品、新行业。可以说，新技术是一种"创造性的毁灭力量"。

其次，技术发展影响企业营销组合策略的创新。科技发展使新产品不断涌现，产品生命周期明显缩短，影响着企业内部的生产和经营。这就要求企业必须关注新产品的开发，加速产品的更新换代。例如，曾经辉煌一时的录像机、传呼机、"傻瓜"照相机、胶卷、VCD、DVD、"大哥大"等，如今早已被取代，黯然退场。市场需求通常受认识水平的限制，而认识水平又往往受技术水平的限制。所以，企业必须强调市场导向、满足需求，不能停留在满足现有需求上，不能忽视技术进步和创新，不能忽视创造需求。成功的企业完全可以通过宣传或者技术创新来引导消费者产生新需求，并使这些新需求得到满足。

最后，技术发展促进企业营销管理的现代化。技术发展为营销者提供了越来越多的工具和手段，如计算机、传真机、电子扫描仪等设备以及互联网营销、大数据营销等，对推进企业市场营销的现代化起到了重要作用。随着技术的发展，虚拟现实开始从小众化走向大众化，以"VR+"的形式渗透到各行各业。例如，不少汽车公司推出展厅式VR体验，使消费者能在虚拟空间内行走，观看各款汽车，甚至能进行试驾。又如，位于北京的海底捞智慧餐厅，有传菜机器人、智能配锅（根据消费者需求订制专属口味锅底，系统会为消费者建立专属锅底档案）、后厨自动化生产（智慧总厨大脑，实时监控、管理）等黑科技，从点单到配菜再到上桌，实现后厨自动化生产，可以节约后厨近37%的人力成本。

此外，传统的传播媒介，如电视、广播、杂志由于其硬植入性，很容易直接被消费者忽略或招致消费者反感。而虚拟现实技术则是让消费者沉浸到商家设定的环境中，用最低的成本来帮助消费者触碰真实场景，并与消费者产生互动，从而最大限度地展现出产品的魅力，引发消费者的购买行为。例如，宜家App中应用了虚拟现实技术，让消费者能直观看到家具摆放在自己家里的效果；消费者还可在商场工作人员的帮助下，在计算机上建立住宅的三维模型，并根据自己的喜好将宜家的各类家居产品布置在模型中；宜家 App 还能够进行动态展示，甚至直接生成系列图纸和购物清单，帮助消费者轻松实现低风险购物。

> **案例　　　　　　　　京东无人商店**
>
> 在京东无人商店购物过程如下：首先，刷脸进店，自动识别消费者的身份，关联消费者的京东账户；其次，消费者随便逛，随便拿，没有导购员在后面亦步亦趋，热情推荐，为消费者提供私密选购的空间；再次，没有收银员，消费者将要买的东西放在结算台上，就能自动识别、自动称重、自动算出价格，从而完成支付，不用担心遇到情绪或状态不佳的收银员，影响购物心情；最后，出店刷脸，识别之后点击"开门"按钮，完成购物。整个购物过程中没有导购员、收银员，从进店到出店，一切都是自助完成的，一气呵成。

六、自然资源环境

自然资源环境是指自然界提供给人类的各种形式的物质资料，如阳光、空气、水、森林、土地等。由于自然资源的类型复杂多样，分布不均，因此企业到某地做市场营销前必须了解当地的自然资源状况。

自然资源环境可以通过很多方式影响企业的市场营销活动，最明显的是原材料和能源的可得性，这将直接影响企业生产和销售活动的开展。从世界范围来看，自然资源日益短缺，其表现为土壤沙化与退化、淡水越来越短缺、矿产资源加速消耗、生物资源越来越少、物种灭绝的速度加快、清洁能源日益紧张等。环境污染表现为大量的水污染、空气污染、噪声污染等，垃圾数量增长惊人、垃圾处理管理复杂。当前，环境污染已严重影响到人们的生活及消费观念、消费行为和消费习惯。

第二节　微观营销环境

微观营销环境主要由企业本身、购买者、竞争者、供应商、分销商、社会公众等组成。

一、企业本身

企业要开展市场营销活动，必须首先考虑到自身的条件及实力等因素。例如，企业本身的人财物资源、竞争优势、行业地位，以及各种产品所处生命周期的阶段、市场份额、价格水平、成本结构、利润率、销量和潜力等都是影响企业市场营销活动的重要因素。

二、购买者

购买者包括消费者与组织。

消费者是企业市场营销活动的最终目标，消费者的数量、规模、购买力、购买欲望、市场消费行为和变化趋势直接影响着企业的市场营销活动。

例如，"润妍"润发系列产品是宝洁公司针对东方人发质发色设计的中草药配方。这款产品在 2000 年被推出，针对 18~35 岁的城市高知女性，以黑发为诉求理念。然而事实上，18~35 岁的城市高知女性多是时尚的示范者或追求者，在染发之风越刮越烈的时候，润妍的这种黑发理念成了一种过时的卖点。结果刚推出市场，"润妍"就背负着品牌老化的重担，艰难维持到 2002 年便黯然退出市场。

企业的市场营销对象不仅包括广大消费者，也包括各类组织，如企业、政府及非营利组织，这些组织构成了原材料、零部件、生产设备、办公设备和企业服务等的庞大市场。

三、竞争者

竞争者是指那些与本企业提供的产品类似，并且所服务的目标消费者也相似，会对本企业的市场份额、利润产生影响的其他企业。

竞争是市场经济的必然现象，任何企业在开展经营活动时，都不可避免地会遇到竞争者的挑战。竞争者的经营策略及经营活动的变化会直接影响企业经营，最为明显的是竞争者的产品价格、广告宣传、促销手段的变化，以及产品的开发、销售服务的加强都将直接对企业造成威胁。因此，企业要想在竞争中取胜，必须做到以下两点。

第一，企业必须清楚自己的竞争者是谁，目标市场中有哪些竞争者，竞争者的实力如何，竞争者中是否有一个在市场中占据绝对优势的领导者。面对所有的竞争者，企业还要分辨谁是主要竞争者、谁是次要竞争者；谁是现实竞争者、谁是潜在竞争者。一般来说，与企业的各个方面，如产品、技术、价格、目标市场等越相似的对手，越有可能是企业的主要竞争者。

第二，企业必须评估竞争者的优势与劣势，并通过各种方法获取以下信息：竞争者的产品种类，生产规模与生产成本，生产能力与供货能力，质量与成本控制能力，研究与开发实力，设施、设备技术的先进性；竞争者的产品价格，产品的适销性，市场占有率及市场地位，在消费者、分销商那里的口碑；竞争者的销售渠道、效率与实力，销售渠道的服务能力；竞争者的广告及传播推广情况；竞争者的资金实力、筹资能力、现金流、资信度、财务比率、财务管理能力；竞争者的组织情况、队伍情况、成员素质，组织的适应性及应变能力；竞争者的领导素质，管理能力、激励能力、协调能力，管理决策的灵活性、适应性、前瞻性等。只有这样，企业才能"知己知彼，百战不殆"，才能扬长避短、有针对性地制定经营战略与策略。

四、供应商

供应商是向企业及其竞争者提供原材料、辅助材料、设备、能源、劳务、资金、服务等资源的组织或个体，如原材料供给企业、市场调研企业、广告公司、金融机构、运输企业等。保证原材料、零部件、能源及机器设备等货源的供应，是企业市场营销活动顺利开展的前提。

供应商对企业市场营销活动的影响主要表现在 3 个方面：其一，价格变动的影响。供应的货物价格发生变动会直接影响企业产品的成本，如果供应商提高原材料价格，必然会引起企业产品的成本上升，如果生产企业提高产品价格，必然会影响产品的销售。其二，供应商的可靠性。供应资源是否及时和稳定，将极大地影响企业的生产。其三，供应资源的质量水平。供应商能否供应质量有保证的生产资料，不仅会直接影响企业产品的质量，还会进一步影响产品的销售、利润及企业信誉。

为此，企业要与供应商保持长期、稳定的关系，同时也要建立广泛的购货渠道。此外，企业还必须了解供应商的产品质量、供货能力、信誉等。

五、分销商

分销商是协助企业把产品或服务销售给最终消费者的组织或个体。很多时候，企业只有通过分销商才能顺利将产品送达消费者手中，从而实现企业的市场营销目的。

六、社会公众

社会公众是在企业的经营活动中与企业发生关系的各种群体的总称。社会公众对企业的态度，会给企业的经营活动带来巨大的影响，它既可能帮助企业树立良好的形象，也可能损害企业的形象。所以，企业必须处理好与主要社会公众的关系，争取他们的支持和偏爱，为自己营造和谐、宽松的经营环境。

社会公众一般有金融公众、媒体公众、政府公众、社团公众、社区公众及内部公众等。金融公众主要包括银行、投资公司、证券公司、股东等，他们对企业的融资能力有重要的影响；媒介公众主要包括报纸、杂志、电台、电视台等传播媒介，他们掌握着传媒工具，有着广泛的社会联系，能直接影响社会舆论，从而影响公众对企业的认识和评价；政府公众主要指与企业经营活动有关的各级政府部门，他们所制定的方针、政策，对企业经营活动而言，或是限制，或是机遇；社团公众主要指与企业经营活动有关的非政府机构，如消费者组织、环境保护组织，以及其他公众团体，企业经营活动涉及社会各方面的利益，因此来自社团公众的意见、建议往往对企业经营决策有着十分重要的影响；社区公众主要指企业所在地附近的居民和社区团体，社区是企业的邻里，企业保持与社区的良好关系、为社区的发展做出一定的贡献，会受到社区居民的好评，他们的口碑能帮助企业在社会上树立良好的形象；内部公众指企业内部的管理人员及一般员工，企业的经营活动离不开内部公众的支持，企业应该处理好与他们的关系，调动起他们开展市场经营活动的积极性和创造性。

总而言之，企业应积极、认真地处理与公众的关系，为自己营造和谐、宽松的经营环境，从而树立自己良好的形象。

第三节　市场调查与预测

信息是决策的基础，如果企业对市场信息掌握不全、不准，就会判断失误，也就无法制定正确的经营战略和策略。

企业进行市场调查与预测的目标就在于准确把握和直面来自政治、法律、经济、社会、文化、科学技术、行业竞争等领域的机会和挑战，从而为自己确定目标市场、产品组合、定价策略、分销策略、营销策略等提供依据。

一、市场调查的主要内容

以市场营销为目的的市场调查的主要内容实际上就是前文所述企业的宏观营销环境和微观营销环境，既包括对人口环境、政治和法律环境、经济环境、技术环境、自然资源环境、社会文化环境等的调查，也包括对企业本身、购买者、竞争者、供应商、分销商、社会公众等的调查。

二、市场调查的类型

（一）探测性调查

探测性调查是指对市场情况不十分明了时，为了明确进一步深入调查的具体内容和重点而进行的非正式调查。探测性调查不如正式调查严密，一般不制订详细的调查方案。它主要是利用现有的历史资料、业务资料和核算资料，或政府公布的统计数据、长远规划和学术机构的研究报告等第二手资料进行研究，或邀请熟悉业务活动的专家、学者和专业人员对市场有关问题做初步的研究。探测性调查可以灵活采用访问法、观察法、实验法等。

（二）描述性调查

描述性调查是指对需要调查的现象进行事实资料的收集、整理和分析。它主要用于描述调查现象的各种数据表现和有关情况；所回答的问题是"是什么"，为市场研究提供基本资料。例如，消费者需求描述性调查主要是收集有关消费者收入、支出、产品需求量、需求倾向等方面的基本信息。

（三）因果关系调查

因果关系调查又称相关性调查，是指为了探测有关现象或市场变量之间的因果关系而进行的市场调查。它所回答的问题是"为什么"，其目的在于找出事物变化的原因和现象间的相互关系，并找出影响事物变化的关键因素。因果关系调查既可运用描述性调查的现有资料进行因果关系分析，也可收集各种变量的资料，并运用一定的方法对其进行综合分析、推理判断，在诸多的联系中揭示市场现象之间的因果关系。因果关系调查一般能够建立数学模型，如回归方程模型、结构方程模型（Structural Equation Model，SEM）等。

（四）预测性调查

预测性调查是指为了预测市场供求变化趋势或企业生产经营前景而进行的具有推断性的调查。它所回答的问题是"未来会怎么样"，其目的在于掌握未来市场的发展趋势，为市场营销决策提供依据。预测性调查可以充分利用描述性调查和因果关系调查的现有资料，但要求收集的信息要能预测市场的发展趋势。

三、市场调查的基本方法

（一）访问法

访问法是由调查者先拟订调查提纲，然后用提问的方式请被调查者回答，以收集信息和资料的方法。访问法还可细分为以下几种。

1. 面谈访问法

调查者采用这种方法时，可以一个人单独面谈，也可以几个人集体面谈；可以进行一次面谈，也可以进行多次面谈。这种方法能使调查者直接与被调查者见面，听取其意见并观察其反应，从而挖掘出重要信息。面谈访问法能使面谈双方互相启发，得到的资料也比较真实。

但是，这种调查方法的成本高，调查结果受调查者临场发挥水平的影响较大。

2. 电话访问法

电话访问法是由调查者用电话向被调查者提出询问，听取其意见的方法。这种调查方法收集资料的速度快、成本低，并能以统一格式进行询问，所得资料便于统一处理。但是，这种方法只能对已掌握其电话号码的被调查者使用。同时不易取得被调查者的信任，也不便询问较为复杂的问题。

3. 邮寄访问法

邮寄访问法又称通信调查，就是将预先设计好的询问表格邮寄给被调查者，请他们按表格的要求填写后寄回。这种方法的调查范围较广，被调查者有充裕的时间来考虑并回答问题，不受调查者的影响；通过这种方法收集的意见、情况较为真实。这种方法的缺点是表格的回收率较低，时间往往拖得较长，还有可能使被调查者误解表格中问题的含义。

4. 网络访问法

网络访问法即在互联网上直接调查的方法。网络访问法的优点是分发速度快、分发及处理的成本较低、转交时间更短。如果要调查时间性很强的问题，网络访问法是最佳选择。其中，电子问卷的分发及回复速度就是其最主要的优势。

（二）观察法

观察法是调查者通过到现场观察被调查者的行为来收集资料，或者通过安装仪器进行收录和拍摄（如使用照相机、摄像机、录音机或者某些特定的仪器）来获取信息的方法。

这种方法能客观地获得准确性较高的第一手资料，但调查面较窄，花费时间较长，对调查者的要求也较高。此外，在人们越来越关注隐私的现代社会，应该在使用摄影设备的场合做出明确提示，同时保护好被调查者的个人权利。

（三）实验法

实验法是在特定地区、特定时间向市场投放一部分产品进行试销，然后观察和收集被调查者的反应来获得资料的方法。

这种方法常用于新产品开发、价格制定、营销效果测量、广告效果研究等的调查。目前，一些产品展销会、新产品试销门市部等都采用实验法。

四、市场调查的步骤

市场调查是一种科学的工作方法，必须尊重科学、尊重客观规律。为了使市场调查取得良好的预期效果，企业必须制订周密的调查计划，按步骤做好必要的准备工作。市场调查一般分为调查准备、调查设计、调查实施、调查资料处理 4 个阶段。

（一）调查准备阶段

首先，界定调查的问题。界定调查的问题主要是明确调查主题和调查范围。调查主题是市场调查所要说明或解决的问题，必须具体、明确，不能过于笼统。调查范围一般可以从地区上确定市场的区域范围，从产品使用上确定调查的群体范围。

其次，进行文案调查（又称"二手资料调查"），是指利用各种信息，如年鉴、报纸、杂志、报表等，对调查内容进行分析研究。

最后，编写市场调查方案。市场调查方案的内容包括：调查主题、调查背景、调查目的；第二手资料、第一手资料、评价标准和原则；调查地点、调查时间安排、调查者、被调查者、调查的具体内容；调查方法、样本设计、回访设计；调查的数据统计和分析方法；调查费用预算和责任；等等。

（二）调查设计阶段

首先，确定调查项目。调查项目包括被调查者的基本特征项目、调查主题的主体项目、调查问题的相关项目等。例如，对消费者的需求调查，既要包括消费者的基本特征项目（年龄、性别、职业、文化程度、家庭人口等），又要包括消费者的需求量、购买动机、购买行为等主体项目，还要包括消费者的收入、消费结构、储蓄、就业、产品价格等可能引起需求变动的相关项目。

其次，设计调查方式。从样本角度来说，目前的调查方式有普查、重点调查、典型调查和抽样调查4种。调查方式的选择取决于调查的目的、内容及时间、地点、费用等条件。

再次，设计调查问卷。确定好调查项目以后，就可以设计调查问卷了。调查问卷既可作为书面调查的记载工具，又可作为口头询问的提纲。调查问卷的设计应以调查项目为依据，能够确保调查数据和资料的有效收集，提高调查质量。问卷设计要考虑被调查者的能力和态度，要注意对其隐私的保护。问卷界面要友好、简洁、美观，具备人性化的版面设计。

最后，进行非正式调查。非正式调查是指对初步设计出的问卷在小范围内进行试验性调查，以便弄清问卷初稿存在的问题，了解被调查者是否对所有问题都乐意回答或能够回答，哪些问题是多余的，还有哪些遗漏或不完善的地方。一旦发现问题，设计人员应立即修改，使问卷更加完善。非正式调查是正式调查成功的重要前提和基础，经过一轮或者多轮的非正式调查和问卷修改，才可印制正式问卷。

（三）调查实施阶段

这个阶段主要由调查者分头开展调查活动，全面广泛地收集有关信息资料。

（四）调查资料处理阶段

首先，收集分析资料。收集整理调查资料一般由专人进行，对资料进行编号保存，问卷需要审核和编码，录入计算机形成数据库，然后制成相应的图表，以供统计分析资料时使用。

其次，撰写调查报告。调查报告一般有两种类型：一种是专业性报告，要求内容详尽，介绍调查的全过程，并说明采用何种调查方式、方法，对信息资料如何进行取舍，怎样得到调查结果等；另一种是一般性调查报告，要求重点突出，介绍情况客观、准确、简明扼要，避免使用专业术语。

最后，追踪调查结果。再次通过市场活动实践，检验报告所反映的问题是否准确，所提建议是否可行、效果如何，并总结市场调查的经验教训，以提高市场调查的能力和水平。

五、市场预测的主要内容

预测是根据过去和现在的实际资料，运用科学的理论和方法，分析研究对象在今后可能的发展趋势，并做出估计和评价，以减少未来事件的不确定性。

市场预测是在市场调查的基础上，运用统计、定性分析等科学的预测方法，对影响市场供求状况的各因素进行分析研究，进而对产品生产、流通、销售的未来发展趋势进行科学推测与判断，从而为市场营销提供可靠的决策依据的过程。市场预测的主要内容如下。

（一）市场供给和需求的发展变化

市场供给是指一定时期内可以投放市场以供出售的产品。市场供给预测是指对投放市场的产品总量及其构成、各种产品的市场可供量及变化趋势的预测。市场供给预测主要包括生产能力预测及产品竞争力预测。市场需求预测是对本企业产品的销售变化趋势或销售量进行的预测。由于影响市场需求状况的许多因素本身也在不断发展变化，因此为了准确预测市场需求的变化，企业要预测一些影响因素的变化。

（二）产品生命周期发展阶段的变化与产品的更新换代

产品生命周期可分为自然生命周期和经济生命周期。对产品生命周期加以预测有利于企业做出正确的经营决策和制订正确的经营计划，促进新产品的研制和开发，推动产品的更新换代，从而增加产品的销售以减少产品的积压。

（三）价格变动及其影响

价格变动是企业进行市场竞争的一种方法，会影响产品成本、销售量和经济收益。因此，预测价格变动及其影响对企业进行市场决策同样重要。

（四）竞争发展趋势

企业预测竞争发展趋势，必须同时考虑两方面的情况：一是本企业的竞争能力，包括产品的质量、价格、外观，也包括产品的售前售后服务、营销措施所能收到的效果、企业及其产品在消费者心中的信誉等，同时还要考虑上述各种因素的变化情况；二是竞争企业的竞争能力，包括竞争企业数量及其产量的变化，主要指产品质量、价格、外观、服务以及竞争策略的变化。

（五）消费者心理变化趋势

消费者心理变化趋势一般包括消费者需求倾向与购买行为的变化。消费者心理是引起或影响消费者行为的内在原因，而时代的飞速发展又使消费者的观念发生显著的变化，从而影响消费者行为以及消费者需求。

然而，企业通常习惯性地根据自己的主观意愿去判断消费者的心理变化和需求，由此导致市场决策失误。运用科学的统计分析方法进行消费者心理变化趋势的预测，能够帮助企业掌握消费者心理变化的一般规律和发展趋势，为企业决策提供可靠的信息。

（六）意外事件的影响

意外事件是指企业在制订计划、做出市场决策的过程中发生的难以预想到的事件。这些事件的发生会打乱正常的经济秩序，使市场的发展脱离原来所预测的轨道。企业要想减小意外事件的影响，就必须对它们的影响进行预测。

六、市场预测的类型

市场预测按照不同的分类标准，可分为不同的类型。按时间跨度分类，市场预测可以分为短期预测、中期预测和长期预测；按性质分类，市场预测可以分为定量预测和定性预测；按地域分类，市场预测可以分为国际市场预测和国内市场预测；按范围分类，市场预测可以分为宏观预测和微观预测。

七、市场预测的方法

市场预测的方法如下。

（一）德尔菲法

德尔菲法（Delphi Method）又称专家意见法，是由美国兰德公司在20世纪40年代末创造的一种预测方法。这种方法采用"背对背"的方式征询专家小组成员的预测意见，即任何专家之间都不发生直接联系，一切活动都由工作人员与专家单独接触进行；经过几轮征询，专家小组的预测意见趋于一致，这样的预测具有很强的独立性和较高的准确性。

（二）集中意见法

集中意见法是将业务、销售、计划等相关人员集中起来交换意见，共同讨论市场变化趋势，提出预测方案的一种方法。例如，对销售量的预测，可组织企业的业务人员、企划人员、销售人员共同分析、研究市场情况，提供销售量的预测方案。这种方法的优点是：在市场的各种因素变化剧烈时，能够考虑到各种因素的作用，从而使预测结果更接近现实。采用这种方法要求选择人员时要慎重，一般要选择有独立见解的人员，还要选择具有丰富经验、对市场情况相当熟悉并有一定专长的人员，如经济分析人员、会计人员、统计人员等。

（三）时间序列法

时间序列法是将过去的历史资料和数据，按时间顺序排列起来形成一组数字序列的方法。例如，按年份排列企业年产量、按季度或月份排列企业产品销售量等。

时间序列法的特点是：假定影响未来市场需求和销售量的各种因素与过去的影响因素大体相似，且产品的需求变化有一定的规律，那么企业只要对时间序列的倾向性进行统计分析，并加以延伸便可以推测出市场需求的变化趋势，从而做出预测。常用的时间序列法有简单平均法、加权平均法、指数平滑法、移动平均法和季节指数调整法等。时间序列法简单易行，应用较为普遍。但经济事件的未来状态不可能是对过去的简单重复，因此这种方法更适用于短期预测或中期预测。如果时间序列的数据随时间的变化波动很大或市场环境变化很大，或者国家的经济政策有重大变化、经济增长出现转折，则一般不采用这种方法。

（四）回归模型法

回归模型法又称计量经济模型法，是建立在大量实际数据的基础上，寻求随机性背后的统计规律性的一种方法。客观事物或经济活动中的许多因素是相互联系、相互制约的，也就是说它们的变化在客观上存在着一定的关系。通过对所占有的大量实际数据进行分析，可以发现数据变化的规律，从而找出其变量之间的关系。回归分析研究的内容是：从一组数据出发，确定变量间的定量关系；对这些关系式的可信度进行统计检验；从影响某一个量的许多变量中，判断哪些变量的影响是显著的，哪些变量的影响是不显著的；利用所得的关系式对设计、生产和市场需求进行预测。

（五）市场试销法

市场试销法又称销售实验法，是指采用试销手段向某一特定的地区或对象投放新产品或改进后的老产品，取得销售资料并用其进行销售预测的一种方法。由于市场试销法要求消费者直接付款进行购买，所以能够真实地反映出市场需求情况，其结果比较准确。但是，采用这种方法要花费较多的费用和时间。

八、市场预测的步骤

（一）确定预测要求

确定预测的目标要求、时效要求、精度要求、应用要求。

（二）收集、整理资料

资料是预测的基础，企业要进行预测，必须做好资料的收集工作。收集什么资料，是由预测的要求决定的。企业要对所收集到的资料进行认真的审核，对不完整和不适用的资料进行必要的推算和调整，以保证资料的准确性、系统性、完整性和可比性。

（三）选择预测方法

进行市场预测的各种方法都有自己的适用范围和局限性。选择预测方法时，要考虑预测的要求、预测时间的长短、占有历史统计资料的数量及完整程度、产品生命周期和行业发展周期等。

（四）提出预测模型

预测模型是对预测对象发展规律的近似模拟。企业在收集和整理资料阶段，应收集足够多的可供建立模型的资料，并采用一定的方法加以处理，尽量使它们能够反映出预测对象未来发展状况的规律性。

（五）评价和修正预测结果

市场预测毕竟只是对未来市场供需情况及变化趋势的一种估计和设想。由于市场需求状况的动态性和多变性，预测结果与未来的实际情况总是有差距的。每种预测方法算出的预测结果的精确度都是不同的，如果预测结果的误差过大，企业就要重新进行预测；如果预测结果的误差在可接受的范围之内，则企业可通过对预测误差的进一步分析来修正预测结果。

（六）编写预测报告

经过预测之后，企业要及时编写预测报告。预测报告要把历史和现状结合起来进行比较，既要进行定性分析，又要进行定量分析，尽可能利用统计图表和统计方法进行描述，做到数据真实准确、论证充分可靠。

知识拓展　　　　　　　　**SWOT 分析法**

企业通过市场调查与预测后，可运用 SWOT 分析法对企业面临的市场环境进行深入的分析和研究。

SWOT 分析法是指将与研究对象密切相关的各种优势（strength）和劣势

（weakness）、机会（opportunity）和威胁（threat）等因素相互匹配加以分析，从中得出一系列相应结论或对策的方法。

优势和劣势主要指企业内部相对于竞争者而言存在的长处和短处。优势因素具体包括：有利的竞争态势，充足的资金来源，良好的企业形象，先进的技术力量，规模经济效应，过硬的产品质量，领先的市场份额，成本优势，广告优势等。劣势因素具体包括：设施老化，管理混乱，缺少关键技术，研究、开发落后，资金短缺，经营不善，员工素质低，竞争力差等。

机会和威胁主要指企业营销环境中对企业营销有利和不利的因素。机会因素具体包括：新市场、新需求的产生，外国市场壁垒解除，竞争对手失误等。威胁因素具体包括：新的竞争对手的进入，替代产品的增多，市场紧缩，行业政策变化，经济衰退，消费者偏好改变，突发事件等。

课后练习

一、判断题

1. 微观营销环境中的消费者与组织是市场的购买力量，必须重点研究其购买行为。
（　　）

2. 市场营销环境是存在于企业外部的、影响企业营销的活动及成效的不可控因素和力量。
（　　）

3. 企业可通过市场调查与预测来判断、发现营销环境中给企业带来的机会和挑战。（　　）

4. 当经济繁荣时，消费者的消费水平相对较高。（　　）

5. 当收入减少时，消费者往往会节约开支，减少消费。（　　）

二、选择题

1. 竞争对手的（　　）等都可能给企业带来威胁。
   A. 数量　　　　　B. 规模　　　　　C. 优势　　　　　D. 劣势

2. 社会公众一般包含（　　）、社区公众及内部公众等。
   A. 金融公众　　　B. 媒体公众　　　C. 政府公众　　　D. 社团公众

3. 社会文化环境影响着人们的（　　）、购买行为。
   A. 消费观念　　　B. 消费倾向　　　C. 消费欲望　　　D. 消费特点

4. 下列选项中不属于实地研究的是（　　）。
   A. 面谈访问　　　　　　　　　　　B. 电话访问
   C. 观察　　　　　　　　　　　　　D. 从商业或政府部门搜集统计数据

5. 市场调查的类型有（　　）。
   A. 探测性调查　　B. 描述性调查　　C. 因果关系调查　　D. 预测性调查

三、填空题

1. _____是构成市场的最基本要素，决定了市场需求及其需求量，也决定了企业生存和发展的空间。

2.　_____是指那些与本企业提供的产品类似，并且所服务的目标消费者也相似，会对本企业的市场份额、利润产生影响的其他企业。

3.　_____是企业市场营销活动的最终目标，消费者的数量、规模、购买力、购买欲望、市场消费行为和变化趋势直接影响着企业的市场营销活动。

4.　_____是协助企业把产品或服务销售给最终消费者的组织或个体。

5.　_____是在企业的经营活动中与企业发生关系的各种群体的总称。

四、简答题

1．宏观营销环境由哪些方面构成？它们各有什么特点？

2．微观营销环境由哪些方面构成？它们各有什么特点？

3．市场调查的基本方法有哪几种？

4．市场调查与预测的主要内容有哪些？

第三章
消费者购买行为

视频导学

引例：可口可乐更换配方风波

1985 年，可口可乐公司向世人展示了比老可口可乐口感更柔和、口味更甜、泡沫更少的新可口可乐样品。在将新产品推向市场之前，可口可乐公司花费了 400 万美元进行口味测试，结果表明新可口可乐更受欢迎。于是，可口可乐公司便大做广告，把新可口可乐全面推向市场。

然而，新可口可乐刚推出不久，西雅图一群忠于老可口可乐的消费者就成立了"美国老可口可乐饮用者"组织，准备发动全美范围内的"抵制新可口可乐运动"；洛杉矶一些消费者也威胁说："如果推出新可口可乐，以后再也不买可口可乐了……"原来，这些消费者认为老可口可乐的配方代表了一种传统的美国精神，可口可乐公司放弃老配方就意味着对美国精神的背叛。

面对众多的批评者，可口可乐公司不得不开通 83 部热线电话，雇请大批公关人员来安抚愤怒的消费者。在随后进行的又一次消费者意向调查中，30% 的人说他们喜欢新可口可乐，而 60% 的人明确拒绝新可口可乐。最终，公司决策者不得不放弃更换配方，恢复了老配方的可口可乐的生产。

第一节　消费者购买行为的特点、类型及模式

消费者是市场上重要的购买力量，全面、动态地了解与掌握消费者购买行为的特点、类型及模式是企业生存与发展的重要前提。

一、消费者购买行为的特点

（一）购买需求的零星性

第一，消费者市场的购买者众多，涉及千家万户和社会上的所有成员。

第二，购买频率较高，但每次购买的数量较少。

（二）购买需求的多样性

消费者市场的购买者是受众多因素影响的个人或家庭，由于他们在年龄、性别、职业、文化水平、经济条件、个性特征、地理区域、生活方式等方面存在差别，因此购买需求呈现

出较明显的多样性。而且随着消费者购买力的不断提高，消费者会更加注重个性消费，购买需求的多样性将呈现出不断扩大的趋势，表现为消费者的购买行为、偏好以及选择产品的方式等各有侧重、互不相同。此外，在不同时期、不同环境、不同情境、不同产品的选择上，同一消费者的购买行为也呈现出很大的差异性。

延伸阅读 **酒店商务客人需求与观光客人需求的比较**

在酒店的各类客人中，商务客人和观光客人所占比重最大。所以一家酒店能否在当今竞争激烈的市场中站稳脚跟，最主要的就是看能否抓住这两类客人。为此，酒店要掌握这两类客人的需求差异。

商务客人的需求。首先，由于大堂代表了整个酒店的形象，代表了入住酒店客人的品位，所以豪华气派且典雅、有文化艺术特色的酒店大堂更符合商务客人的需求；其次，由于商务客人经常会在客房内办公，所以他们需要一些办公必需的用品及设施，如舒适的桌椅、明亮的灯光、干净整洁的环境、办公所需的文具等；最后，商务客人有时候会在酒店会见一些重要的客人，所以他们对服务的要求较高。

观光客人的需求。观光客人多是外出观光旅游的人，其目的主要是放松心情，感受当地的风土人情和文化。他们到酒店主要就是为了住宿，消除游玩一天之后的疲惫。因此，观光客人对酒店的设施设备没有特殊的要求，有日常生活所需的设备即可，最主要的是客房要舒适温馨，有家的感觉。此外，大多数观光客人都是自己支付旅行费用，所以他们会非常关注酒店客房价格是否经济实惠。

（三）购买需求的多变性

随着时代的变迁、科技的进步、消费者收入的提高，消费者的需求也会经历一种由低级到高级、由简单到复杂、由粗犷到精细的变化发展过程，而不会永远停留在一个水平上。

（四）购买需求的波动性

需求的波动性体现为有规律的需求波动和无规律的需求波动。

1. 有规律的需求波动

受文化、习惯以及作息时间的影响，消费者在很多情况下会产生步调一致的需求，于是就出现了用餐高峰、交通高峰、旅游高峰，用餐低谷、交通低谷、旅游低谷。有时还会出现一小时前服务大厅还是"门前冷落鞍马稀"，但一小时后却已是座无虚席，甚至排起长队的现象。

虽然消费者的需求可能在一天的不同时间、一周的不同日子、一月的不同周或日子、一季的不同月份或日子、一年的不同季节或日子都有所差异，但这些需求大多是有规律可循的——它们往往出现在上班（开学）前、下班（放学）后、节假日的前后与节假日期间等。

例如，人们对补习班、夏令营、冬令营的需求往往发生在长假中，工矿产区的餐馆知道工人发工资后的几天是生意最好的时候，医院发现未预约的患者或急诊病人似乎在周一更为集中，而在其他工作日则会少一些。

风景区、住宿、游乐场、零售机构的需求既与节假日密切相关，也与一年中的气候变化有关。例如，假期和适合出游的季节出游客人数会增加。

汽车经销商发现周末看车的消费者非常多，而周一、周二看车的消费者非常少——因为消费者双休日才有时间看车，如果双休日看了车，一周的前两天再来看车的可能性就非常小。4S店发现"十一黄金周"前、春节前车辆检查的需求水平陡然上升，因为消费者需要为长途旅行做准备。

总之，市场上的一些需求是存在周期性、阶段性、季节性等有规律的变化的，可能是每日循环（变化按时发生）、每周循环（变化按日发生）、每月循环（变化按周或日发生）、每季循环（变化按月或日发生）、每年循环（变化按季或月或日发生）。如果能识别出这部分有规律的需求，就可以对需求进行预测和引导，并采取相关措施满足需求。

2. 无规律的需求波动

有时，需求的变化是与突发性事件相关的，但消费者又不能提前预测这种无规律的需求。

例如，设备维修机构发现，其维修业务一部分来自常规合同，而另一部分则是临时业务。这些临时业务往往发生在突发事件后，如雷雨天之后，而雷雨天的出现是没有规律的。又如，本来春天是出游的好季节，但如果突然出现沙尘天气，就会使消费者宁愿待在家里。

（五）购买行为的复杂性

购买行为的复杂性，首先表现为消费者的购买动机往往是隐蔽的、复杂的。可见，同一购买行为可以是由多种动机所驱使的。

另外，购买行为还受到经济环境、社会文化环境、个性特征和生活方式等因素的影响。这些因素对消费者行为的影响，有的是直接的，有的是间接的；有的是单独的，有的是交叉的或交互的。这些影响因素的多样性和复杂性决定了购买行为的复杂性。

延伸阅读　　　　　　　　　　**心理账户**

心理账户是芝加哥大学行为科学教授、2017 年诺贝尔经济学奖得主理查德·塞勒（Richard Thaler）提出的概念。理查德·塞勒在经典的"演出实验"中，揭示了人们做出经济决策时会在心理上记账，而这种记账是非理性的。

假如今天晚上你打算去听一场演唱会，票价是 500 元。就在要出发的时候，你发现最近买的一张价值 500 元的购物卡丢了，那么你是否还会去听这场演唱会？实验结果表明，大部分人仍旧会去听。可是如果情况变一下，即你发现丢的是演唱会门票，要是还想去听，就得重新花 500 元钱买演唱会门票，那么你是否还会去听？实验结果表明，大部分人不会去听了。可是，不管丢的是购物卡还是演唱会门票，都是丢失了 500 元，从损失上看并没有区别。

为什么会出现上面两种不同的结果？原因就是大多数人的心理账户有问题。消费者在脑海中把购物卡和演唱会门票归到了不同的账户中。丢失了购物卡不会影响演唱会所在账户的预算和支出，大部分人仍旧选择去听演唱会。但是丢了的演唱会门票和再购买门票被归到了同一个账户中，所以看上去就好像要花 1000 元听一场演唱会，人们当然觉得这样不划算了。

一般来说，人们都有两个账户：一个是经济学账户，另一个是心理账户。在经济学账户中，每部分的钱是可以替代的，只要绝对量相同。所谓心理账户，指的是消费者会根据财富的来源不同把等价的支出或收益在心理上归到不同的账户中。在心理账户中，每部分的钱是不同的，人们会视每部分钱的不同采取不同的态度。人们会为辛苦赚来的报酬订制严谨的储蓄和投资计划，但是对意外获得的钱却有不同的态度。人们可能会挥霍来得容易的钱，但会珍惜来之不易的钱。

例如，1 万元的工资、1 万元的年终奖和 1 万元的彩票中奖本质上并没有区别，都是收获 1 万元，可是，人们对辛辛苦苦赚来的工资和奖金往往会舍不得花，而对买彩票获得的奖金可能就会乱花。

消费行为生命周期理论应用心理账户来解释现实中消费者的消费行为。消费者往往根据财富的来源和形式，将它们划分为三个心理账户——现金收入账户、现期资产账户、未来收入账户。消费行为生命周期理论认为，不同账户的财富对消费者的决策行为是不同的：现金收入账户消费的诱惑力最大，因此将这个账户的收入不消费而储蓄起来的心理成本也最大；现期资产账户的诱惑力和储蓄的心理成本居中；未来收入账户的诱惑力和储蓄的心理成本最小。由于这三个不同的心理账户对消费者的诱惑不同，所以消费者倾向于较多通过现金收入账户消费，而较少通过现期资产账户消费，几乎不通过未来收入账户消费。

（六）购买行为的非专业性

购买产品的消费者大多缺乏相应的产品知识和市场信息，其购买行为属于非专业性购买。

（七）购买行为的可引导性

消费者有时并不能清楚地意识到自己的需要，而容易受广告宣传等因素的影响。为此，企业可以通过提供合适的产品来激发消费者，也可以通过有效的广告宣传、营销推广等促销手段来刺激消费者，使他们产生购买欲望，甚至影响他们的购买行为，改变他们的消费习惯，更新他们的消费观念。

二、消费者购买行为的类型

通常，可以根据购买频率以及购买态度与要求对消费者购买行为进行划分。

（一）根据消费者的购买频率划分

1. 经常性购买行为

经常性购买行为是购买行为中最简单的一类，指购买消费者日常生活所需、消耗快、购买频率高、价格低廉的产品，如油盐酱醋茶、洗衣粉、味精、牙膏、肥皂等。消费者一般对产品比较熟悉，加上价格低廉，他们往往不必花很多时间和精力去收集资料和选择产品。

2. 选择性购买行为

选择性购买行为指消费者购买时往往愿意花较多的时间进行比较选择，如购买服装、鞋帽、小家电产品、手表、自行车等。这类消费品单价比日用消费品高，并且购买后使用期较长，购买频率不高，不同的品种、规格、款式、品牌之间差异较大。

3. 考察性购买行为

考察性购买行为指消费者购买时十分慎重，会花很多时间去调查、比较、选择，如购买轿车、商品房、成套高档家具、高档家用电器、钢琴、计算机等。这类消费品价格昂贵、使用期长，消费者往往很看重产品的品牌，一般会在大商场或专卖店购买这类产品。此外，已购消费者对产品的评价对未购消费者的购买决策影响较大。

（二）根据消费者的购买态度与要求划分

1. 习惯型购买行为

习惯型购买行为指消费者由于对某种产品或某家商场的信赖、偏爱而产生的经常、反复的购买。由于经常购买和使用，他们对这些产品或服务十分熟悉，体验较深，再次购买时往往不会花费时间进行比较选择，注意力稳定、集中。

2. 理智型购买行为

理智型购买行为指消费者在每次购买前对所购的产品，要进行较为仔细的研究比较。消费者购买时感性色彩较少，头脑冷静，行为慎重，主观性较强，不轻易相信广告、宣传、承诺、促销方式及售货员的介绍，主要看的是产品的功能、质量、款式。

3. 经济型购买行为

经济型购买行为指消费者购买时特别重视价格，对价格的反应特别灵敏，无论是高档产品还是中低档产品，首要考虑的都是价格的一种购买行为。这类消费者对"大甩卖""清仓"等低价促销最感兴趣。一般来说，这与消费者自身的经济状况有关。

4. 情感型购买行为

情感型购买行为指消费者的购买多属情感反应，往往以丰富的联想力衡量产品的意义，购买时注意力容易转移，兴趣容易变换，对产品的外表、造型、颜色和命名都较重视，以是否符合自己的内心作为购买的主要依据。

5. 冲动型购买行为

冲动型购买行为指消费者容易受产品的外观、包装、商标或促销信息的刺激而产生的购买行为。消费者一般都是以直观感觉为主，从个人的兴趣或情绪出发，喜欢新奇、新颖、时尚的产品，购买时不愿做反复的选择比较。

三、消费者购买行为的模式

国内外许多学者、专家对消费者购买行为的模式进行了大量的研究，并且提出了一些具有代表性的典型模式，揭示了消费者购买行为中的某些共性或规律，其中尤以恩格尔—科拉特—布莱克威尔（Engel-Kollat-Blackwell，EKB）模式和霍华德—谢思（Howard-Sheth）模式最为著名。

（一）恩格尔—科拉特—布莱克威尔模式

该模式简称 EKB 模式，是由恩格尔、科拉特和布莱克威尔在 1968 年提出的，其重点是从购买决策过程入手去分析消费者购买行为。该模式认为，外界信息在有形因素和无形因素的作用下，输入中枢控制系统。人们通过大脑的发现、注意、理解、记忆及对大脑存储的个人经验、评价标准、态度、个性等进行过滤加工，构成了信息处理程序，并在内心进行评估选择，最终产生了决策方案。整个决策过程同样要受到环境因素，如收入、文化、家庭、社会阶层等因素的影响。此后人们产生购买行为，并对购买的产品进行消费体验，得出满意与否的结论，此结论通过反馈又进入中枢控制系统，形成信息与经验，影响未来的购买行为。

（二）霍华德—谢思模式

该模式是由霍华德与谢思于 20 世纪 60 年代末在《购买行为理论》一书中提出的。霍华德和谢思认为，影响消费者购买决策程序的主要因素有输入变量、知觉过程、学习过程、输出变量、外因性变量等。输入变量（刺激因素）包括刺激、象征性刺激和社会刺激。刺激是指物品、商标本身产生的刺激；象征性刺激是指由推销员、广告媒介、商标目录等传播的语言、文字、图片等产生的刺激；社会刺激是指消费者在同他人的交往中产生的刺激，这种刺激一般与提供的购买信息相关联。消费者对这些刺激因素会有选择地加以接受并产生反应。

消费者受刺激物和以往购买经验的影响，开始接收信息并产生各种动机，对可选择产品产生一系列反应，形成一系列购买决策的中介因素，如选择评价标准、意向等，在动机、购买方案和中介因素的相互作用下，消费者产生某种倾向或态度。这种倾向或态度与其他因素，如购买行为的限制因素结合后，便产生购买结果。购买结果形成的感受信息也会反馈给消费者，影响消费者的心理和下一次的购买行为。

霍华德—谢思模式与 EKB 模式有许多相似之处，但也有诸多不同点。两种模式的主要差异在于强调的重点不同。EKB 模式强调的是态度的形成与产生购买意向之间的过程，认为信息的收集与评价是非常重要的方面。而霍华德—谢思模式更加强调购买过程的早期情况：知觉过程、学习过程及态度的形成，同时也指出影响消费者购买行为的各种因素之间的联系错综复杂，只有把握各种因素之间的相互关系及联结方式，才能揭示消费者购买行为的一般规律。

第二节 消费者的购买过程

一般来说，消费者的购买过程包含"引起需要—信息收集—评估方案—购买决策—购后反应"5 个阶段，如图 3-1 所示。

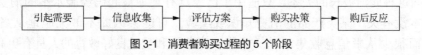

图 3-1 消费者购买过程的 5 个阶段

一、引起需要

当消费者感觉到一种需要并准备购买某种产品以满足这种需要时，购买过程就开始了。当然，需要不是凭空产生的。

消费者产生某种需要，既可以是由人体机能的感受引发的，如因饥饿而引发购买食品、因口渴而引发购买饮料，也可以是由外部条件刺激诱发的，如看见电视中的西服广告而打算买一套、路过水果店看到新鲜的水果而决定购买等。当然，有时候消费者的某种需要可能是内、外原因共同作用的结果。

人类行为的一般模式是 S–O–R 模式[1]，即"刺激—机体—反应"。该模式表明消费者的购买行为是由刺激引起的，这种刺激来自消费者身体内部的生理、心理因素和外部的环境。消费者在各种因素的刺激下，产生动机，在动机的驱使下，做出购买产品的决策，实施购买行为，购后还会对购买的产品及其相关渠道和厂家做出评价，这样就完成了一次完整的购买过程。

二、信息收集

当消费者产生购买动机之后，便会把这种需求存入记忆中，并注意收集与需求相关的信息，以便进行决策。为使购买方案具有科学性与可靠性，消费者广泛收集有关信息，包括能够满足需求的产品的种类、规格、型号、价格、质量、维修服务、有无替代品、何处何时购买等。因此，企业应当了解哪些因素会影响消费者收集信息并采取相应的措施。

（一）信息收集阶段的影响因素

从决策角度看，有三类因素影响着消费者的信息收集活动：第一类是风险因素；第二类是消费者因素；第三类是情境因素。

1. 风险因素

与产品或服务购买相联系的风险很多，如财务风险、功能风险、心理风险、时间风险、社会风险等，一旦消费者认为产品或服务的购买具有很大风险，他们将花费更多的时间、精力搜集信息，因为更多的信息有助于减少决策风险。例如，一项研究发现，消费者在购买服务类产品时，一般不会像购买有形产品时那样当机立断，而且很多消费者倾向于更多地将别人的经验作为信息来源。之所以如此，在于服务不似有形产品那样可以标准化，因而具有更大的购买风险。

2. 消费者因素

消费者因素（个性、经验、知识水平等）同样影响着信息收集活动。例如，斯旺等人发现，对某一产品领域缺乏消费经验的消费者，更倾向于大量收集信息，当他们对所涉及的产品领域越来越具有消费经验时，信息收集活动将减少。应当指出的是，消费经验与信息收集活动之间这种此消彼长的关系，只适用于已经具有某种最起码经验水平的消费者，如果消费者根本没有关于某类产品的消费知识或经验，可能会因此不敢大胆地从各方面收集信息，从而很少从事信息收集活动。通常，高收入和受过良好教育的人具有更高的信息收集水平；同样，处于较高职业地位的人往往会从事更多的信息收集活动。另外，随着年龄的增长，收集活动趋于减少。

3. 情境因素

影响信息收集活动的情境因素很多，具体包括：首先，时间因素，可用于购买活动的时

---

[1] S（stimulus，刺激），O（organism，机体），R（response，反应）。

间越充裕，信息收集活动可能越多；其次，消费者从事购买活动前生理、心理等方面的状态，消费者的疲惫、烦躁、身体不适等状态均会影响其收集外部信息的能力；最后，消费者面临的购买任务及其性质，如果购买活动非常重要，如是为一位要好的朋友购买结婚礼品，那么购买时将会十分审慎，并伴有较多的外部信息收集活动。

此外，贝蒂和史密斯对电视机、录放机和个人计算机三类产品的信息收集过程做了调查，结果发现：消费者拥有的某一产品领域的知识与信息收集活动呈反向变化；消费者可用的时间越多，信息收集活动越多；消费者对购买的介入程度越高，信息收集活动越多；信息收集活动随消费者购物态度的变化而改变，越是将购物作为一种享受的消费者，越倾向于进行更多的信息收集活动。

（二）信息的来源

消费者信息的来源主要有经验来源、私人来源、公共来源、商业来源和其他消费者评价5个方面。

1. 经验来源

经验来源是消费者从直接使用产品过程中获得的信息。

2. 私人来源

私人来源是家庭成员、朋友、邻居和其他熟人提供的信息。

3. 公共来源

公共来源是消费者从电视、网络等大众传播媒体、社会组织中获取的信息。

4. 商业来源

商业来源是消费者从企业营销中获取的信息，如从广告、推销员、展览会等获得的信息。

5. 其他消费者评价

其他消费者评价是消费者获取购买决策信息的重要来源之一。调查显示，77%的消费者在网上购买产品之前会先看其他消费者的相关评价。

从消费者对信息来源的信任程度看，经验来源和私人来源最高，其次是公共来源、其他消费者评价，最后是商业来源。

三、评估方案

消费者在获取到足够的信息之后，就会根据这些信息和一定的评价方法对不同品牌的同类产品加以评估并决定是否选择。消费者评估方案主要受消费观念、产品属性、属性权重、品牌信念、效用要求、风险因素等方面的影响。

（一）消费观念

消费观念因人而异。例如，有的消费者以价格低廉作为基本要求，有的消费者以时尚作为选择标准；有的消费者要求产品外观新颖，有的消费者则希望产品结实耐用；有的消费者追求个性，求新求异，有的消费者则愿意从众，与所属群体保持一致。面对各种评估方案，消费者可能会做出完全不同的选择。

（二）产品属性

产品属性是指产品能够满足消费者需求的特征，它涉及产品的功能、价格、质量、款式等。

（三）属性权重

属性权重是消费者对产品有关属性所赋予的不同的重要性，如购买电冰箱，消费者若注重它的耗电量，就会倾向于购买耗电量低的电冰箱。

（四）品牌信念

品牌信念是消费者对某种品牌的看法，带有个人主观因素。受选择性注意、选择性扭曲、选择性记忆的影响，消费者的品牌信念与产品属性往往不一致。

（五）效用要求

效用要求是消费者对某种品牌产品的各种属性的效用功能应当达到何种水准的要求。如果产品满足了消费者的效用需求，消费者就愿意购买。

（六）风险因素

一般来说，消费者在不确定的情况下购买产品，可能存在以下风险。

（1）预期风险，即当现实与消费者的预期不相符时，消费者就会有失落感，从而产生不满情绪。

（2）安全风险，即产品可能对消费者的安全和健康造成威胁，如某些产品的使用可能隐含一定的风险（驾驶汽车、摩托车可能引发交通事故等）。

（3）财务风险，即购买的产品是否物有所值、保养维修的费用是否太高、产品将来的价格会不会更低等。

（4）形象风险，即产品导致消费者在大众面前难堪，如因为购买的服装太前卫而破坏了消费者的形象。

（5）心理风险，即产品使消费者感到内疚或产生不负责任感。

这些可能存在的风险，都会导致消费者的精神压力增大。如果企业产品不能减小消费者的精神压力，消费者就不敢放心购买。

四、购买决策

（一）购买决策的影响因素

影响消费者购买决策的因素包括产品因素、自身因素、他人态度、意外因素等。

1. 产品因素

现实中，由于产品的特点、用途及购买方式不同，做出购买决策的难易程度与程序也有所不同，也因此并非所有的购买决策都会经过以上全部程序。

一般来说，对于日常生活用品如牙膏、洗衣粉等，消费者比较熟悉其品牌、价格、档次，无须花费大量时间收集信息并进行比较选择，只需根据以往的经验或习惯做出购买决策，购后也无须进行评价。这类购买通常较为简单迅速，只需经过第一、第四道程序即可。

对于服装、家具等款式繁多、选择余地较大的产品，消费者具有一定的购买经验，无须大量收集信息、反复比较选择。但受时尚流行、个人偏好等因素的影响，消费者通常会在样式、花色、质量、价格等方面进行比较选择，且会进行购后评价。这类以选择性购买为特征的决策相对复杂，仅可省略第二道程序。

高档耐用消费品如家用电器、汽车、住房等由于价格高，使用年限较长，规格、质量复杂且差异较大，消费者大多缺乏专业知识，因此对这类产品的购买一般持审慎态度。在购买前，消费者会通过各种途径广泛收集有关信息，对各种方案反复进行比较选择。在购买过程中，消费者还会要求进行现场试用体验，并详细询问使用、退换、售后服务等事宜，且会进行购后评价。因此，这类决策比其他决策要复杂得多。

2. 自身因素

消费者个人的性格、气质、兴趣、生活习惯、收入水平、消费习惯、消费心理、家庭环境等与主体相关的因素存在差异，不同的消费者对同一种产品的购买决策也可能存在差异。并且，由于影响决策的各种因素不是一成不变的，而是随着时间、地点、环境的变化而不断变化的，因此对同一个消费者来说，其消费决策具有明显的情境性，其具体决策方式因所处情境不同而不同。

3. 他人态度

消费者购买许多产品时会比较在意他人的看法。他人的看法与消费者的意见相左，将导致消费者犹豫不决，很难在短期内做出购买决策，甚至会打消购买意图。

他人态度的影响力取决于3个因素。

（1）他人态度的强度。他人态度越强烈，对消费者的影响力越大。

（2）他人与消费者关系的密切程度。一般来说，消费者与他人的关系越密切，消费者遵从他人态度的强度就越高，他人态度对消费者的影响力就越大。

（3）他人的权威性。他人对产品的专业知识了解得越多，对产品的鉴赏力越强，其态度对消费者的影响力就越大。

4. 意外因素

消费者的购买意向往往是在一些预期条件的基础上形成的，如预期收入、预期价格、预期质量、预期服务等。如果这些预期条件受到一些意外因素的影响而发生变化，消费者的购买意向就可能会改变。例如，预期的奖金收入没有得到、原定产品的价格突然提高、购买时销售人员态度恶劣等都可能改变消费者的购买意向。

知识拓展　　影响消费者冲动购买的因素

消费者特征。从消费者的气质分析，冲动型气质的人，心境变化剧烈，对新产品有浓厚兴趣，较多考虑产品外观和个人兴趣，易受广告宣传的影响；而想象型气质的人，活泼好动，注意力易转移，兴趣易变，审美意识强，易受产品外观和包装的影响。

产品因素。产品是满足消费者需要的基础，是影响消费者购买动机最主要的因素，冲动购买行为多发生在消费者参与购买程度较低、价值低、需频繁购买的日用品的购买中。对于日用品而言，消费者比较熟悉其一般性能、用途、特点，且花费不多，又是必需的开支，因而取决于个人偏好，做出冲动购买的情况特别多。另外，如玩具、糖果、小食品、便服等休闲产品，外观、包装、广告促销、价格、销售渠道等都对其销售起着重要作用，选择品牌的随机性较大，冲动购买的情况也很多。

设计因素。超市广泛地采用了自选售货方式，商家通过通道设计、陈列设计、灯光色彩设计、广告设计等经营手段，吸引消费者，延长消费者在店内的逗留时间，最大限度地诱发消费者的冲动购买欲望。

促销因素。现场促销形式是影响消费者冲动购买行为的直接诱因，现场营业推广活动和 POP 广告有助于激发消费者相应的心理反应，促使其做出冲动购买。

（二）购买决策的主要内容

消费者购买决策的内容因人而异，但所有的购买决策都离不开 5 个 W 和 2 个 H，具体如下。

Who，即明确购买主体。在购买过程中，消费者扮演的角色有所不同，有人是决策者，有人是购买者，有人则是产品的使用者。

Why，即明确购买动机。消费者的购买动机多种多样。同样是购买一束鲜花，有人是为了装饰家居，自我欣赏；有人是为了表达情感，献给爱人；有人则是为了沟通交流，看望朋友、同事。

What，即明确购买对象，这是决策的核心问题。购买目标不能只停留在一般类别上，而是要确定具体的对象及内容，包括产品的品牌、性能、质量、款式、规格及价格等。

When，即明确购买时间。购买时间与主导性购买动机的迫切性有关。在消费者的多种动机中，往往是需求强度高的主导性动机决定购买的先后缓急；同时，购买时间与市场供应状况、购物场所营业时间、节假日及消费习俗等也有直接关系。

Where，即明确购买渠道。购买渠道是由多种因素决定的，如购物场所环境、商家信誉、便利程度、可挑选的品种数量、价格水平以及服务态度等。例如，走在路上口渴难耐时，消费者就会到路边小店买瓶矿泉水；但如果买水是为了满足家庭需求，消费者往往会到超市或大卖场成箱购买。此外，这项决策既与消费者的惠顾动机有关，也与求名、求速、求廉等动机有关。例如，求便、求速的消费者会光顾便利店，追求品质的消费者会去高档百货商场，喜欢物美价廉或追求时尚的消费者还会在网上购物。

How many，即明确购买数量。购买数量一般取决于消费者的实际需求、支付能力及市场供需情况。如果市场供应充裕，消费者也不急需，购买数量就不会太多；如果市场供应紧张，即使目前不急需或支付能力不足，消费者也会购买。

How，即明确购买方式。消费者是店购、网购、预购还是代购，是付现金、刷信用卡还是分期付款等。随着网络购物等购物方式不断涌现，现代消费者的购买方式也趋于多样化。

（三）购买决策的参与者

消费者的购买决策在很多情况下并不是一个人单独做出的，而是有其他成员的参与并受到他们的影响，这是一种群体决策的过程。因为消费者在选择和决定购买某种个人消费品时，常常会同他人商量或者听取他人的意见。因此了解哪些人参与了购买决策，他们在购买决策的过程中扮演怎样的角色，对企业有效开展市场营销活动是很重要的。

一般来说，消费者购买决策的参与者大体可分为 5 种主要角色。

1．发起者

发起者即首先想到或提议购买某种产品或服务的人。

2．影响者

影响者即其看法或意见对最终购买决策具有直接或间接影响的人。

3．决定者

决定者即能够对买不买、买什么、买多少、何时买、何处买等问题做出全部或部分最终决定的人。

4．购买者

购买者即实际采购的人，他们会对产品的价格、购买地点等进行选择，最终达成交易。

5．使用者

使用者即直接消费或使用所购产品或服务的人，他们会对产品或服务进行满意与否的评价，并影响再次购买决策。

有时候，这 5 种角色可能由消费者一人担任；而有时候，这 5 种角色可能会由家庭中的不同成员分别担任。例如，一个家庭要购买一台英语学习机，其发起者可能是孩子，他认为英语学习机有助于提高自己学习英语的效率；影响者可能是爷爷奶奶，他们表示赞成，并鼓励孩子父母给孩子买；决定者可能是母亲，她认为孩子确实需要，根据家庭目前的经济状况也可以购买；购买者可能是父亲，他更熟悉电子产品，会直接去选购；使用者是孩子。可以看出，他们共同参与了购买。

五、购后反应

产品在被购买之后，就进入购后反应阶段。这时，营销人员必须调查消费者的购后使用情况和满意度。

（一）购后使用和处置

消费者购买产品以后，如果使用的频率很高，则说明该产品有较大的价值，消费者再次购买的周期就会缩短，有的消费者甚至会为产品找到新用途，这些行为对企业都有利；如果消费者将产品闲置不用甚至丢弃，则说明消费者认为该产品无用或价值较低；如果消费者把产品转卖他人或用于交换其他物品，则会影响企业产品的销量。因此，产品卖出后企业的工作并不能结束，还需要调查消费者的购后使用情况和评价情况，以便采取相应的对策。

（二）购后评价行为

说明消费者购后评价行为的基本理论有两个：预期满意理论和认识差距理论。

（1）预期满意理论

这个理论认为，消费者购买产品后的满意度取决于购前期望得到实现的程度，可用函数式表示为 $S=f(E, P)$。其中，S 表示消费者的满意程度，E 表示消费者对产品的期望，P 表示产品的可觉察性能。如果 $P=E$，消费者就会感到满意；如果 $P>E$，消费者就会感到很满意；如果 $P<E$，消费者就会感到不满意，两者的差距越大，消费者就越不满意。

（2）认识差距理论

消费者在购买和使用产品之后对产品的主观评价和产品的客观实际情况之间总会存在一定的差距，这种差距可分为正差距和负差距两种。正差距指消费者对产品的评价高于产品实际和生产者的预期，即对产品产生超常的满意感；负差距指消费者对产品的评价低于产品实际和生产者的预期，即对产品产生不满意感。

消费者对产品满意与否直接决定着其之后的行为。消费者如果感到满意，则非常可能再次购买该产品，甚至带动他人购买该产品；消费者如果感到不满意，则会尽量减少或消除这种失调感。

消费者减少或消除失调感的方式：第一种方式是寻找能够表明该产品具有高价值的信息或回避可能表明该产品具有低价值的信息，证实自己原先的选择是正确的；第二种方式是讨回损失或补偿损失，如要求企业退货、调换、维修、补偿其在购买和消费产品过程中产生的物质和精神损失等；第三种方式是可能向政府部门、法院、消费者组织和舆论界投诉；第四种方式是可能采取各种抵制活动，如自己不再购买或带动他人拒买等。

课后练习

一、判断题

1. 消费者市场购买频率较高，但每次购买的数量较少。　　　　　　　　　　（　　）
2. 消费者大多数缺乏相应的产品知识和市场知识，其购买行为往往受广告宣传等因素的影响。　　　　　　　　　　　　　　　　　　　　　　　　　　　　　　　（　　）
3. 企业可以通过提供合适的产品来激发消费者的需求，使之产生购买欲望，甚至影响他们的购买行为，改变他们的消费习惯，更新他们的消费观念。　　　　　　　（　　）
4. 需求的波动性体现为有规律的需求波动和无规律的需求波动。　　　　　（　　）
5. 购买产品的消费者大多缺乏相应的产品知识和市场信息，其购买行为属于非专业性购买。　　　　　　　　　　　　　　　　　　　　　　　　　　　　　　　　（　　）

二、选择题

1. 消费者市场的特点有需求的零星性、（　　　）、购买行为的可诱导性、需求的相关性、购买需求的波动性。

　　A. 需求的多样性　　B. 需求的多变性　　C. 需求的层次性　　D. 需求的非专业性

2. 消费者在购买活动中可能扮演发起者、（　　　）等角色中的一种或几种。

　　A. 影响者　　　　　B. 决定者　　　　　C. 购买者　　　　　D. 使用者

3. 消费者评估方案主要受消费观念、（　　　）、风险因素等方面的影响。

　　A. 产品属性　　　　B. 属性权重　　　　C. 品牌信念　　　　D. 效用要求

4. 影响消费者购买决策的因素包括（　　　）等。

　　A. 产品因素　　　　B. 自身因素　　　　C. 他人态度　　　　D. 意外因素

5. 影响消费者冲动购买的因素包括（　　　）等。

　　A. 消费者特征　　　B. 产品因素　　　　C. 设计因素　　　　D. 促销因素

三、填空题

1. 消费者的购买过程包含引起需要、_____、_____、购买决策、购后反应五个阶段。

2. 一般来说，消费者购买的参与者大体可分为发起者、_____、_____、购买者、使用者。

3. 说明消费者购后评价行为的基本理论有_____和认识差距理论。

4. 一般来说，消费者与他人的关系越密切，消费者遵从他人态度的强度_____，他人态度对消费者的影响力_____。

四、简答题

1. 消费者购买行为有哪些特点？

2. 消费者购买行为有哪几种类型？

3. 消费者有哪些信息来源？

4. 消费者可能存在哪些消费风险？

5. 消费者购买决策的主要内容有哪些？

第四章
影响消费者购买行为的因素

视频导学

———— 引例：**关东文化对消费行为的影响** ————

关东文化是指山海关以东，包括辽宁、吉林、黑龙江三省在内的地域文化圈。它与关东地域文化相联系，对当地居民与游客的消费行为都产生了影响。

由于关东地区具有较为发达的饮食文化，既有东北菜这样的大菜系，也有地方小菜，如关东煮等。具体而言，东北菜是指辽宁、吉林与黑龙江三省的菜肴，主要以炖、酱、烤为特点，口味佳而浓，如酱大骨、酱猪蹄、锅包肉、猪肉炖粉条及大锅菜等。关东煮则是典型的特色小吃，其中有鱼豆腐、香肠、丸子等。除此之外，冷冻食品也属于关东地区人民的典型食俗。由于天气寒冷，所以当地盛产冻豆腐、冻干粮、冻水果等，这些冻品不但储存期长，而且口味极佳。

关东地区具有许多吸引人的民俗，比如扭秧歌、二人转及小品等，都深刻地影响着游客。就拿二人转说，它属于民间艺术，其形式主要是走唱类曲艺，语言通俗易懂、搞笑诙谐、富有生活韵味，反映了东北民歌、民间舞蹈与口头文学的精华，如《王二姐思夫》《猪八戒背媳妇》、二人转小帽等，令许多游客对关东的民俗文化存有非常强烈的喜爱之情。另外，小品幽默诙谐、以小见大，富有生活哲理，可谓生活的升华。由此可见，关东的特色民俗文化有利于满足游客们的旅游娱乐需求。

消费者的购买行为作为一种有目的的活动，往往受其生理因素、心理因素、背景因素、环境因素、情境因素的影响。

第一节　生理因素

消费者的购买行为与其性别、年龄等生理因素紧密相关，不同性别、年龄的消费者有着截然不同的消费心理和消费行为。

一、性别

性别是影响消费者购买行为的重要因素。在大多数情况下，女性与男性有着截然不同的消费行为。

（一）女性购买行为的特点

1. 有专属的消费品及服务

女性的生理特点注定了其需要购买与男性不同的消费品及服务。例如，生理期用品，女性特征鲜明的化妆品、口红、胸衣、裙子、高跟鞋、手包、首饰、项链等用品，分娩服务、月子服务，以及女性特征鲜明的美发、美容服务等。

2. 女性是大多数购买活动的行为主体

据统计，在庞大的消费市场中，80%的购买决策通常由女性做出。尤其是随着电子商务的兴起，女性作为消费主力军的地位更加突出：有网络购物行为的女性消费者不仅在数量上多于男性消费者，而且在频率上也高于男性消费者。女性消费者在购买活动中也起着特殊的作用，她们不仅为自己购买所需产品，而且由于在家庭中承担了母亲、妻子、主妇、女儿等多种角色，因此也是大多数儿童用品、男性用品、家庭用品、老人用品的主要购买者。因此有人说，在现代社会，谁抓住了女性消费者，谁就抓住了赚钱的机会。也就是说，现代企业应该将目光瞄准女性消费者的钱包。

3. 追求美观时髦

俗话说"爱美之心，人皆有之"，对于女性消费者来说更是如此。不论是青年女子，还是中老年女性，她们都愿意将自己打扮得美丽动人，以充分展现自己的女性魅力。女性消费者还非常注重产品的外观，将其与产品的质量、价格看作同样重要的因素。因此在挑选产品时，她们会非常注重产品的色彩、式样，且往往喜欢造型别致新颖、包装华丽、气味芬芳的产品。越来越多的女性在消费中更加追求时尚，购买服装、珠宝、箱包等产品时喜欢追逐潮流和时髦感。

4. 情绪化消费比较多

女性消费者需求比较广泛，购买欲、表现欲强，决策偏于感性和冲动，通常会产生更多的计划外购物。她们的消费行为容易受到情感的驱动。同时，女性消费者的消费行为也极易受到外界刺激的影响。例如，促销、打折、赠送礼物、赚取积分等活动，经常导致女性购买一些没有很大用处的产品。从电子商务平台统计的高退货率可以看出，女性消费者容易一时冲动购买产品，情绪化消费比较多。

5. 精打细算

一般来说，女性消费者不但对时尚的敏感程度高于男性消费者，而且对价格的敏感程度也远远高于男性消费者。在购买过程中，女性消费者比较细心、谨慎，对细节较为苛求，常常乐于货比三家，精打细算，反复权衡对比，力求买得划算——付出较少的成本买到满意称心的产品。而在购买方式上，有些女性消费者通常缺乏决断性，会更多地参照别人的意见。

6. 乐于分享

近年来出现的社交平台的分享功能，满足了女性消费者的炫耀心理和分享心理。知乎、小红书、淘宝、55style 等平台都涉及女性穿搭推荐、居家消费分享等内容，并包括了图文、视频等分享方式，因此受到女性消费者的喜爱。

鉴于女性消费者在消费领域的重要地位，企业应特别重视针对女性消费者心理与购买行为特点制定经营策略。例如，产品的款式、色彩要新颖时尚，注重细节，突出实用性和便利性；广告宣传要引发女性消费者的情感共鸣。另外，现场促销还应注意语言的规范性，讲究语言艺术，尊重女性消费者，以赢得其好感。

知识拓展　　　　　　　　　　　**"她经济"**

"她经济"指围绕女性理财、消费所形成的特有的经济圈和经济现象。随着现代女性的收入和社会地位的提高，女性坚持"追求更好的生活品质"的理念，于是女性成为重要的消费群体，为企业带来了机遇。

女性消费群体不但在线下消费数量增多，而且在网上也占据着越来越大的比例，每一个使用互联网的女性，几乎都会网上购物，尤其是年轻女性，还会把网上购物作为一种享受。

鉴于女性经济市场的可观潜力，洞悉并掌握"她经济"大潮下的女性消费偏好与趋势，已经成为商家的要务。

（二）男性购买行为的特点

1. 有专属的消费品及服务

男性的生理特点也注定了其需要购买与女性不同的消费品及服务，最典型的是剃须用的刀具，以及男性特征鲜明的西装、皮带、香烟、打火机、烈性酒等。

2. 理性消费较多

一般来说，男性消费者善于控制自己的情绪，处理问题时能够冷静地权衡各种利弊因素，从大局着想，购物目的明确，决策比较理性，重视产品的性能和品质，购买决定较为迅速。

3. 习惯性购买多

男性消费者追求快捷、简单的购物过程，习惯性购买比较多。他们不喜欢花较多的时间在同类产品之间反复权衡比较，因此选购产品的范围较窄。

知识拓展　　　　　　　　　　　**"他经济"**

随着互联网的发展和电商的迅速普及，以及快递到家、移动支付的便捷性，男性客户追求效率和便捷性的购物需求得到很大程度的满足，这唤起了男性的购物欲望，促使男性客户在线上消费市场占据"强势"地位。

根据某咨询公司发布的研究报告，男性消费的种类和额度都在增加，而在线上消费方面，男性每年的平均开支超越了女性。虽然男性消费频次低，但他们的消费项目的单价却不低。

同时，互联网金融产品获得了男性客户的青睐，其原因除了互联网金融产品能快速、便捷地满足资金需求，还在于男性客户胆子更大，更具冒险心理，因而更容易接受借款消费、超前消费的理念。

二、年龄

年龄也会对消费者的消费行为产生明显的影响。不同年龄阶段的消费者有不同的需求和偏好。一般来说，每个人的衣食住行及娱乐等各方面的需求都会随着年龄的变化而变化。

（一）青年人（18~36岁）购买行为的特点

1. 既要合群，又要表现自我

一方面，青年人同伴意识很强，非常喜欢交友，消费认同是他们与同伴交流的重要内容。例如，与伙伴们一起吃同样的食品、穿同一品牌的服装、使用同样档次的化妆品等。这是青年人特有的群体共性，同伴对青年的影响甚至可能远远超过其家庭的影响。另一方面，青年人自我意识、独立意识强，追求独立自主，做任何事情时都力图表现出自我个性。这一心理特征反映在消费行为上，就是他们喜欢购买一些具有特色的产品，而且最好是能体现自己个性特征的产品。对那些不能表现自我个性的产品，青年人一般都不屑一顾。

2. 容易冲动，注重情感

由于人生阅历并不丰富，青年人对事物的分析判断能力还没有完全成熟，他们的思想感情、兴趣爱好、个性特征还不稳定，因此在处理事情时，往往容易感情用事，甚至产生冲动行为，属于感性消费者。这种心理特征表现在消费行为上，就是在选择产品时，感情因素占主导地位，他们往往以能否满足自己的情感愿望来决定对产品的好恶。许多时候，产品的款式、颜色、形状、广告、包装等外在因素往往是决定青年人是否购买该产品的第一要素。

3. 追求时尚和新颖

青年人的特点是热情奔放、思维活跃、富于幻想、喜欢冒险。这些特点反映在消费行为上，就是容易接受新生事物，好赶时髦，因此他们往往是新产品的拥护者，喜欢追求新颖、奇特、时尚，乐于尝试新产品和新生活。

4. 消费行为变化多端，不易掌握

青年人可能是最"不忠诚"的消费者。他们喜欢追求新鲜刺激，一会儿喜欢这种产品，一会儿又喜欢那种产品。虽然青年人的能力、资源有限，但他们的梦想却是无限的，他们崇拜自己的偶像，追逐心目中的明星。在这种思想的驱动下，青年人很容易产生"爱屋及乌"的冲动，经常模仿偶像、明星的消费方式和消费行为。这也是许多品牌都喜欢请名人、偶像做广告代言人的原因。

5. 节俭消费不再受推崇，享受消费越来越多

调研发现，青年人消费不像长辈那样节俭，而是以享受为主。他们认为，"赚钱的目的就是改善自己的生活质量、提高自己的生活水平，没有必要为攒钱而把自己的现实生活水平降低"。他们还认为，借钱（贷款）消费是合理的、可接受的。他们具有很强的购买欲望，追求流行，消费取向前卫。

6. 网络成为消费的主渠道

互联网的高速发展对青年人的影响已然达到了深刻的程度。调研发现，青年人的主要消费渠道已经网络化。另外，随着互联网、手机等的迅速普及，青年人消费的支付方式已不再限于现金，而是呈现出多元共存、以便捷为主的格局。

（二）中年人（37～59岁）购买行为的特点

1. 理智胜于冲动

中年人经验丰富，情绪比较稳定，理性消费远超情绪性消费，有很强的自我意识和自我控制能力。在选购产品时，他们很少受产品外观因素的影响，而比较注重产品的内在质量和性能，往往是经过分析、比较以后才做出购买决定，尽量使自己的购买行为合理、正确、可行，很少有冲动、随意购买的行为；他们宁可压抑个人爱好而表现得随俗，喜欢买大众化的产品，尽量不使他人感到自己花样翻新或不够稳重。

2. 计划多于盲目

中年人大多是家庭开支的主要承担者，由于他们上要赡养父母、下要养育子女，肩上的担子非常沉重，所以消费行为中讲求实惠、理性、精心挑选的特征十分突出，消费时会有详细的思考和权衡，购买比较有计划性。他们中的大多数人懂得量入为出的消费原则，很少像青年人那样随便、盲目购买。在购买产品前，他们常常会对产品的品牌、价位、性能乃至购买的时间、地点进行妥善安排，对不需要和不合适的产品则绝不购买，很少有计划外开支和即兴购买。

3. 有主见，很少受外界影响

中年人的购买行为具有理智性和计划性的心理特征，这使得他们在购买时大多很有主见。中年人大多愿意挑选自己喜欢的产品，对于别人的推荐与介绍有一定的判断和分析能力，对于广告一类的宣传也有很强的评判能力，受广告宣传的影响较小。

4. 追求实用耐用与省时省力

中年人不像青年人那样追求时尚，生活的重担与压力使他们越来越注重实际。因此，中年人对新产品缺乏足够的热情，更多会关注产品的结构是否合理、使用是否方便、是否经济耐用。此外，由于中年人工作、负担较重，因此希望减轻家务负担，往往青睐具有便利性、省时省力的产品，倾向于购买能节省家务劳动时间或提高工作效率的产品，如减轻劳务的自动化耐用消费品，半成品、现成品的食品等。

5. 面子消费、应酬消费多

中年人是社会的栋梁、家庭的支柱，无论是生活上还是事业上都需要他们积极参与较多的社会活动，因此他们用于个人形象、社交应酬的消费比较多。

第二节　心理因素

消费者的心理因素影响着消费者的购买行为，其主要包括需要、动机、知觉、学习、记忆、态度、个性、气质、自我概念、生活方式等。

一、需要

消费者需要是指消费者生理和心理上的匮乏状态，即感到缺少些什么，从而想获得它们的状态。这是人对某种目标的渴求或欲望，是人的行为的动力基础和源泉。心理学家把促成消费者各种行为动机的欲望称为需要。

马斯洛将人类需要按从低级到高级的顺序分成五个层次或五种基本类型，分别是生理需要、安全需要、归属与爱的需要、尊重的需要和自我实现的需要。马斯洛认为，消费者对每个层次的需要强度不同。通常，较低层次的需要满足之后，再满足较高层次的需要，有条件时希望所有层次的需要都能够满足。例如，一个饥寒交迫的人不会注意到别人是如何看待他（第三或第四层次的需要）的，甚至不会在意他呼吸的空气是否洁净（第二层次的需要），但是当他有了足够的水和食物（第一层次的需要）的时候，安全需要（第二层次的需要）就产生了。

需要是消费者一切行为活动的基础和原动力，也是消费者购买与否的决定性因素。消费者的购买行为，是消费者解决需要问题的行为。只有符合并能够满足消费者特定需要的产品，才能吸引消费者购买。当然，不同消费者的需要内容、需要程度千差万别，购买行为也就各不相同。

知识拓展

心理需要对餐饮消费的影响

求方便与快捷的心理。由于当今社会竞争日益加剧，消费者用于工作和学习的时间越来越多，生活节奏变得日趋紧张，由此导致的对餐饮产品需要的变化表现在：一方面，对各式快餐的需要增长较快，使快餐经营企业机会大增；另一方面，对正餐的需要增长也同样较快，家庭更多地选择在外就餐，以缩短家务劳动所占的时间。

求保健的心理。随着近年来消费者收入水平的普遍提高，消费者的基本生活得到了充分满足，消费者更加重视预防疾病、增进营养、保证健康。绿色餐饮产品应运而生并大受欢迎，消费者更加愿意到绿色餐厅享受无污染的绿色消费。在餐饮服务方面，适应健康和疾病预防的新生活方式——分餐制也开始流行起来。

求文化与品位的心理。随着消费者可支配收入的增加、生活水平的提高以及审美情趣的提升，餐饮企业消费者对就餐环境及服务水平的要求越来越高，对餐饮设施和用具的舒适美观、饭菜的风味、菜品的精致程度、服务礼仪及服务方式的多样化提出了更高的要求。

二、动机

一般认为，动机是激发和维持个体进行活动并导致该活动朝向某一目标的心理倾向或动力，是促使个体采取行动的力量，具有一定的指向性。动机既可能源于内在的需要，也可能源于外在的刺激，还可能源于内在需要与外在刺激的共同作用。

动机在消费上的体现就是消费动机。消费动机是直接驱使消费者进行某种购买活动的内在动力。消费者为什么购买某种产品，为什么对企业的经营刺激有着这样而不是那样的反应，这在很大程度上和消费者的购买动机是密切联系在一起的。

例如，都市里的人为工作忙碌，紧张、焦虑、压力往往使他们感到心累大于身累。于是，心情消费应运而生：减压消费——KTV、健身迅速兴起；宣泄消费——高台跳水、射击、赛车帮助人们发泄心中的郁闷与痛苦，释放心中的压抑；情调消费——情人节、母亲节和庆祝生日等；奖励消费——获奖宴请消费；宁静消费——渴望宁静、远离喧嚣，去图书馆、展览馆，或去垂钓、上网。

三、知觉

知觉是各种感觉在头脑中的综合反映，对消费者行为有较大的影响。所谓感觉，就是消费者通过感官对外界的刺激物或情境的反应或印象。随着感觉的深入，各种感觉到的信息在头脑中被联系起来进行初步的分析综合，形成对刺激物或情境的整体反应，这就是知觉。

消费者知觉是一个有选择的心理过程。例如，消费者听到一个广告，或看到一个朋友，或触摸到一种产品的时候，虽然获得了大量零碎的信息，但是往往无法在同一时间去注意所有的信息，而会在选择一些信息的同时放弃其他大量的信息，只有那些被注意到的信息才能够成为知觉。假如消费者接触到的信息能满足其眼前的需要，就可能被消费者注意到并保留下来，也就是说被消费者所知觉甚至上升为意识——知觉的高级阶段，这样就可能会产生相应的消费行为。另外，信息输入强度的急剧变化也会影响知觉或意识的形成，从而影响消费者行为。

四、学习

消费者学习是消费者在购买和使用产品的实践中，逐步获得和积累经验，并根据经验调整自己购买行为的过程，是通过驱策力、刺激物、提示物、反应和强化的相互影响、相互作用而进行的。

"驱策力"是诱发消费者行动的内在刺激力量。例如，某消费者重视身份地位，尊重需要就是一种驱策力，这种驱策力被引向某种"刺激物"——高级名牌领带时，就会变为动机。在动机的支配下，购买行为的发生往往取决于周围的"提示物"的刺激。如看了有关电视广告、产品陈列，该消费者就会完成购买。如果该高级品牌领带戴上后让消费者很满意，他对这一品牌领带的"反应"就会加强，以后如果再遇到相同诱因，就会产生相同的反应，即再次购买。如"反应"被反复加强，久而久之，购买这一品牌的领带就成为习惯了。这就是消费者的学习过程。

为此，企业进行营销时要注重消费者购买行为中"学习"这一因素的作用，通过各种途径给消费者提供信息，如重复广告，目的是达到加强引导，将消费者的驱策力激发到马上行动的地步。同时，企业的产品或提供的服务要始终保持优质，如此消费者才有可能通过学习建立起对企业品牌的偏爱，形成其购买该企业产品的习惯。

五、记忆

记忆是人脑对经历过的事物的反映。如过去感知过的事物、思考过的问题、体验过的情感等，都能以经验的形式在头脑中保存下来，并在一定条件下重现。正是因为有记忆，消费者才能把过去的经验作为表象保存起来，而经验的逐渐积累推动了消费者心理的发展和行为的复杂化。反之，消费者离开记忆则无法积累和形成经验，也不可能有消费心理活动的高度发展，甚至连最简单的消费行为也难以实现。例如，消费者丧失了对产品外观、用途或功效的记忆，当再次购买同一种产品时，将无法辨认并做出正确的判断和选择。

六、态度

消费者态度是指消费者在购买活动中，对所涉及的人、物、群体、观念等方面所持有的认知、情感和行为倾向。消费者态度既影响消费者对产品、品牌的判断和评价，也影响消费者的学习兴趣和效果，还影响消费者的消费意向和消费行动。

消费者态度对消费者行为的影响重大。当消费者对企业及其产品或服务持肯定态度时，他们会自觉成为企业的消费者甚至忠诚的消费者，进而影响他人成为企业的消费者。而当消费者对企业及其产品或服务持否定态度时，他们不仅会自己停止使用，还会劝阻亲戚和朋友也停止使用。因此，企业应该重视消费者的态度，让消费者充分地了解企业、了解产品或服务，帮助消费者建立起对企业及其产品或服务的正确认知，培养消费者对企业及其产品或服务的情感，从而让企业及其产品或服务尽可能适应消费者的购买倾向。

七、个性

个性是个体对待社会、他人和自己的心理活动，并以一定的形式表现在自身行为活动中，构成个人所特有的行为方式。个性在社会评价上有好坏之分。

个性比较典型的表现为以下一种或几种特征：内向、外向、灵活、死板、专断、积极、进取、自信、自主、支配、顺从、保守、适应等。构成个性的这些心理特征不仅会影响消费者对产品的选择，而且会影响消费者对促销活动的反应及何时、何地和如何消费某种产品。

研究表明，消费者越来越倾向于购买不同风格的产品以展示自己独特的个性。此外，消费者的个性还直接影响着消费者对产品的接受程度与速度。例如，个性灵活、乐于接受变化、富有冒险和创新精神的消费者，比思想保守、兴趣单一、固执守旧的消费者更容易接受新产品，且接受速度更快。在现代市场经济条件下，越来越多的消费活动成为消费者个性特征的外化和社会价值的体现。一个人的服饰搭配、饮食偏好、家居装饰、汽车选择等，都是其个性与风格的认知指标。

八、气质

气质是依赖于人的生理特征或者身体特点表现出来的心理特征。气质差异是先天形成的，因而气质的可塑性极小，稳定性强，无好坏之分。由于消费者的气质类型不同，他们的消费行为表现出特有的活动方式和表达方式。

多血质的消费者善于交际，观察力敏锐，反应敏捷，有较强的灵活性，有时其兴趣与目标往往因为可选择的产品过多而容易转移或一时不能取舍，购买行为中常带有浓厚的感情色彩。

胆汁质的消费者在购物中喜欢标新立异，追求新颖奇特、具有刺激性的流行产品。他们一旦感到需要，就会很快产生购买动机并干脆利落地迅速成交。他们往往不善于比较，缺乏深思熟虑，体现出冲动型的购买行为特点。

黏液质的消费者在购物中比较谨慎、细致、认真。他们大多比较冷静，不易受广告宣传、商标、包装等干扰，很少受他人的影响，喜欢通过自己的观察、比较做出购买决定。他们对自己熟悉的产品会积极购买，并持续一段时间，对新产品往往持审慎态度，体现出理智型的购买行为特点。

抑郁质的消费者在购物中往往考虑比较周到，对周围的事物很敏感，能够观察到别人不易察觉的细枝末节。其购买行为拘束、拖泥带水、谋而不断，一方面表现出缺乏购物主动性，另一方面对他人的介绍不感兴趣、多疑或不信任，体现出谨慎型、敏感型的购买行为特点。

当然，在现实生活中，属于典型气质类型的人很少，多数人属于混合型。

九、自我概念

自我概念也称自我形象，是指个人对自身一切的知觉、了解和感受的总和。每个人都会逐步形成对自身的看法，如丑还是美、胖还是瘦、能力一般还是能力出众等。自我概念回答的是"我是谁"和"我是什么样的人"一类问题，它是个体自身体验和外部环境综合作用的结果。

罗杰斯认为，人类行为的目的都是保持与"自我概念"或自我形象的一致性。消费者的很多决定，实际上都会受自我形象的引导。一般情况下，消费者将选择那些与其自我概念相一致的产品和服务，避免选择与其自我概念相抵触的产品和服务。正是在这个意义上，研究消费者的自我概念对企业特别重要。

案例　　　　　　　　　　**特斯拉**

特斯拉（Tesla）是一家美国电动汽车及能源公司，产销电动汽车、太阳能板及储能设备，总部位于美国加利福尼亚州硅谷的帕罗奥多。特斯拉针对的是企业家群体、有科技范儿的人群，他们买车买的是感觉。

特斯拉汽车从品牌设计之初就定位于高端跑车领域，不仅成功地规避了传统民用电动汽车车体笨重、续航里程短等缺点，同时也解决了豪华跑车排量大、环保性差等难题。特斯拉汽车颠覆了人们对电动汽车的传统认知，用超级跑车的标准定位电动汽车，给车主带来前所未有的体验。车主使用产品时不只是在使用其功能，更是通过使用这个产品来告诉别人他自己是一个什么样的人——他们开的不是车，而是标签。

十、生活方式

生活方式是指一个人怎样生活，是一个人在世界上所表现的有关其活动、兴趣和看法的生活模式。具体来说，生活方式是个体在成长过程中，在与社会诸因素交互作用下表现出来的活动、兴趣和态度模式，是消费者生活、花费时间和金钱的方式的统称。消费者追求的生活方式往往各不相同：有的追求新潮时髦，有的追求恬静、简朴；有的追求刺激、冒险，有的追求稳定、安逸。具有不同生活方式的消费者，显然有着不同的购买需求、不同的购买行为。

例如，乐活族又称乐活生活、洛哈思主义，崇尚乐活生活方式的人被称为乐活者，乐活者推崇的行为是乐活着。乐活是一个由西方传来的新兴生活形态，意为以健康及自给自足的形态生活，强调"健康、可持续的生活方式"。"健康、快乐、环保、可持续"是乐活族的核心理念。他们关心生病的地球，也担心自己生病，吃健康的食品与有机蔬菜，穿天然材质的棉麻衣物，使用二手家用品，骑自行车或步行，练瑜伽健身，听心灵音乐，注重个人成长。

人们的生活方式在很大程度上受个性的影响。一个具有保守、拘谨性格的消费者，其生活方式不大可能包含太多的诸如登山、跳伞、丛林探险之类的活动。

此外，个体和家庭都有生活方式，家庭生活方式由家庭成员的个人生活方式所决定，反过来，个人生活方式也受家庭生活方式的影响。

第三节　背景因素

影响消费者购买行为的因素，除生理因素、心理因素外，还有消费者自身的背景因素，如家庭、身份、经济状况，以及所拥有的消费时间、知识与能力等。

一、家庭

家庭是指建立在婚姻关系、血缘关系或继承、收养关系的基础上，由夫妻和一定范围亲属组成的一种社会生活组织单位。

由于家庭中充满骨肉亲情，家庭成员之间互动频繁，因而家庭对消费者的影响持久且深刻，它强烈地影响着消费者的价值观、人生态度和购买行为。年幼的消费者作为一个家庭成员，从小到大深受父母的种种倾向性影响，因而形成了所谓的"代际效应"，即消费者成年后用的品牌通常也是其父母用过的品牌，尤其日用消费品会更多地反映出这一规律。同样，子女的思想、行为也会影响到其长辈对某种产品或品牌的态度及偏好。例如，老年人接受卡拉 OK 等新鲜事物，常是由于受到子女的影响。

一般来说，家庭经济状况决定着家庭成员的购买能力。此外，家庭规模小型化的趋势对消费者购买行为的影响表现在：家庭的消费数量下降但消费质量提高，适合小型家庭需要的小包装食品及包装精美的馈赠礼品流行起来；对住宅的功能性要求提高，对厨房、卫生间面积及配套设施的要求提高；对半成品、熟食制品、快餐食品等的需求大量增加。

二、身份

每个人都在一定的群体、组织、团体中占有一定的位置，和每个位置相联系的就是身份，即个体被社会或群体所认定的角色。

不同社会身份的消费者，承担并履行着不同的责任和义务，对产品的需求和兴趣也各不相同，他们往往会结合自身的身份、地位做出购买选择。因此，许多产品、服务、品牌成为一种身份和地位的标志。

当然，消费者往往会同时扮演多种身份，如一个男子不仅是父亲和丈夫，而且还可能是公司主管、学会理事、体育教练或大学夜校的学生。消费者尽管在不同的场合扮演了不同的身份，但在进行消费时会尽可能去适应当前的身份。另外，消费者购买的目的也经常是向他人展示自己的身份和地位，希望通过选择某种产品、服务或品牌来宣告自己的存在：我是谁、我的喜好、我的品位、我的价值主张、我的身份等。

职业也反映一种社会身份，是影响消费者购买行为的因素之一，并且它的重要性被频繁地、戏剧性地在消费者的购买行为中表现出来。特定职业可能具有接受某种相应产品或服务的可能性，如消费者在购物时，会倾向于选择与其职业相对应的产品，也会选择去与他们职业相称的场所，而这些产品或场所又在一定程度上体现着消费者的职业特征。

三、经济状况

（一）收入

收入作为购买力的主要来源无疑是决定消费者购买行为的关键因素。在其他条件不变的情况下，消费会随收入的变动而呈现出同方向的变动，即收入增加，消费增加；收入减少，消费减少。

对于一般的消费者而言，收入是决定其能否发生购买行为以及发生何种规模的购买行为的关键因素，也是决定其购买产品的种类、数量、频率和档次的重要因素。另外，收入的多少还影响着消费者的支出模式（如现金消费还是按揭消费），以及消费者的消费结构。

高收入消费者与低收入消费者在产品选择、休闲时间安排、对新产品或新服务的态度等方面都会有所不同。例如，同是外出旅游，在出行时间、交通工具及食宿地点的选择上，高收入者与低收入者会有很大的不同。另外，收入高的消费者，在消费心理方面表现为求新、求好，因而常常是新产品或新服务的最先使用者。而收入一般的消费者，在消费心理方面表现为谨慎、求实，因而通常是新产品或新服务的晚期采用者。当消费者的收入很低时，他们一般不可能对新产品或新服务产生任何奢望，因而其消费表现只能是守旧者。

（二）财产

财产既包括住房、土地等不动产，也包括股票、债券、银行存款、汽车、古董及其他收藏品。财产是反映一个人富裕程度的重要指标。拥有较多财产的富裕家庭相对于拥有较少或很少财产的家庭，会把更多的钱用在接受服务、旅游和投资上；富裕家庭一般处于家庭生命周期的较后阶段，由于特别珍惜时间，他们对产品的可获性、购买的方便性、产品的无故障性和售后服务等有很高的要求，并且愿意为此付费；富裕家庭的成员对仪表和健康十分关注，因此他们是高档化妆品、护理产品、健康食品、维生素、美容美发服务、健身器材、减肥书籍和减肥服务项目的主要购买者；富裕家庭为了保证身体和财产的安全，还大量购买家庭保护系统、各种保险等产品。

（三）支出

支出包括衣、食、住、行等日常开支，以及医疗保健、子女求学、意外事故等开支。显然，支出大、负担重，就可能影响消费的数量、频率和档次。当消费者未来支出的不确定性上升时，消费者会紧捂自己的"钱袋子"。即使当前的收入并未减少甚至还在增长，但只要消费者认为未来住房、医疗、教育、养老等存在种种不确定的巨额消费支出，就会出现消费信心不足，于是会压缩不必要的消费而增加储蓄，而这一过程中往往最先抑制的就是对奢侈品和服务的消费。在一定时期内收入水平不变的情况下，如果储蓄增加，购买力和消费支出便减少；如果储蓄减少，购买力和消费支出便增加。

知识拓展　　　　　　**恩格尔系数与恩格尔定律**

恩格尔系数是衡量消费水平高低的重要因素。恩格尔系数其实是食品支出总额占个人消费支出总额的比重，公式为：[食品支出总额/个人（家庭或国家）消费支出总额]×100%。恩格尔系数越高，表示其越贫穷；恩格尔系数越低，表示其越富裕。恩格尔系数在60%以上为贫困，在50%~59%为温饱，在40%~49%为小康，在30%~39%为富裕，低于30%为最富裕。

恩格尔定律是指一个家庭或一个国家越穷，其消费支出总额中用于购买食品的费用所占比例越大；反之，一个家庭或一个国家越富有，其消费支出总额中用于购买食品的费用所占比例越小。恩格尔定律揭示，随着家庭经济收入的增加，食品部分的消费支出在家庭总消费支出中的比重会逐步降低，即可以通过总消费支出中食品支出的比重来评估一个家庭的收入水平。通常情况下，当消费者对于食品的需求得到基本满足后，他们会将消费的重心向其他类型的消费转移，进而影响到消费结构的情况。

四、拥有的消费时间

时间像收入和财富一样制约着消费者对产品或服务的购买。很多消费，如看电影、溜冰、钓鱼、打网球、健身、旅游等均需要时间。消费者是否会购买这些产品或服务，在很大程度上取决于他们是否拥有可自由支配的时间。一般来说，越紧张、忙碌的消费者对节约时间的产品或服务越感兴趣，越愿意为此付费，乐于"花钱买时间"，以获得自由享乐。

五、拥有的消费知识与能力

消费知识则是指与履行消费者功能相关的那些信息，包括产品知识、购买知识、使用知识等。消费者只有对某种新产品的性能、用途、特点有了基本了解之后，并确信购买产品能够为自己带来新的利益时，才会激发购买欲望，进而实施购买行为。但是，消费知识并不必然与消费者所受的教育成正比。

消费能力包括：消费者从事各种消费活动所需要的基本能力、从事特殊消费活动所需要的特殊能力、对自身权益的保护能力等。这三个方面都会对消费者行为产生影响。例如，对高档照相器材、专用体育器材、古玩字画等产品的购买和使用，就需要相应的专业知识及分辨力、鉴赏力、检测力等特殊的消费技能。

第四节　环境因素

消费者购买行为也受环境因素的影响，包括政策与法律环境、经济与文化环境、社会环境、自然与技术环境等。

一、政策与法律环境

一个国家的政策，如宏观调控政策、财政政策、税收政策、人口政策、社会保障政策、就业政策等都会对消费者的购买行为产生影响。例如，税收政策对刺激消费或抑制消费也有重要的影响。又如，社会保障是一种预期性收入和资产，消费者在得到保障后，一般会增加当期消费，而减少当期储蓄。因此，完善社会保障的政策，保障劳动者在年老、失业、患病、工伤、生育时的基本生活不受影响，会使消费者解除或缓解后顾之忧而提高消费水平。同时，提高养老保险水平，保证无收入、低收入及遭受各种意外灾害公民能够体面生存等政策也会推动消费。另外，政府积极创造就业条件与岗位，提高就业机会，关注就业质量，提供职业培训机会，提高消费者工作岗位能力，帮助消费者对未来确定收入来源有一个乐观、积极的预期，这些都可以提升消费者消费信心，有效促进消费。

此外，消费者作为社会的一员，拥有自由选择产品或服务，获得安全的产品、获得正确的信息等一系列诉求。但伴随着经济的发展，各种损害消费者权益的商业行为渐渐增多，保护消费者权益正成为全社会关注的焦点，而法律的健全和完善有利于禁止欺诈、垄断、不守信用等损害消费者权益行为的发生，保障消费者权益，从而使消费者放心消费、增加消费。

二、经济与文化环境

一般来说，经济环境好，消费者就业有保障，收入稳定甚至不断提高，有利于促进消费；相反，则会抑制消费。通货膨胀会造成货币的购买力下降，当消费者预感到通货膨胀即将来临时，一般会减少非必需品的支出，增加生活必需品的支出。另外，通货膨胀使消费者的消费观念趋于保守，且将在未来相当长的时间内对其购买行为产生深刻影响。通货膨胀率越高，带来的影响越大。

另外，文化渗透于社会群体每个成员的意识之中，左右着消费者对事物和活动的态度，从不同方面影响着消费者对事物的认识与判断，影响着社会成员的行为模式，使生活在同一文化圈内的社会成员的消费行为具有相同的倾向。文化对消费者的影响一旦产生将是根深蒂固的，它会影响消费者的消费观念、消费内容和消费方式。消费者因民族、宗教信仰、风俗习惯、价值观、审美观等的不同而具有不同的生活习惯、生活方式、价值取向和禁忌，这些因素都会对他们的购买行为产生影响。

例如，不同的国家、地区和民族都有其独特的风俗习惯，这些风俗习惯有的是因历史、宗教而形成的，有的是由自然环境、经济条件决定的。消费者在饮食、服饰、居住、婚丧、信仰、节日、人际交往等各个方面都表现出独特的心理特征并影响购买行为，这在节日消费习俗中体现得尤为明显。例如，中国人在元宵节吃元宵、逛灯会，端午节吃粽子、赛龙舟，中秋节吃月饼等。在传统节日里，人们一般都会尽量放松，如亲朋好友聚在一起吃吃饭、喝喝酒，或一起去旅游购物、休闲娱乐等，人们的消费情绪高涨，消费需求也会加大。又如，同样是过年和吃团年饭，北方不能没有饺子。饺子，形如元宝，音同"交子"，有"招财进宝"和"年岁交子"的双重吉祥含义。南方守岁，通常会备有年糕和鱼，年糕有"年年高"的吉祥寓意，鱼则有"年年有余"的含义。

三、社会环境

消费者不是孤立生存的，而是生活在社会大家庭当中，因而消费者购买行为难免会受到社会群体、流行及口碑传播的影响。

（一）社会群体对消费者购买行为的影响

作为"社会人"，不管消费者是否愿意承认，社会群体都能够影响消费者的价值观念，并影响消费者对产品或服务的看法及其购买行为。

任何群体都会对与之有关或属于该群体的消费者行为产生一定的影响，这种影响是通过群体的信念、价值观和群体规范对消费者形成一种压力，称为群体压力。受到群体的影响，消费者会顺从群体的意志、价值观、消费行为规范等。在多数情况下，消费者的心理活动总是与所属群体的态度倾向一致，这是群体压力与消费者对群体成员的信任共同作用的结果。

从众是消费者的观念与行为由于受群体引导或施压而趋向于与大多数人相一致的现象。从众消费行为是指消费者接收他人的产品评价、购买意愿或购买行为的信息后，改变了自己的产品评价、购买意愿或购买行为，并与他人保持一致。从众消费行为的本质是模仿。所谓模仿，是指有意或无意地对某种刺激做出类似反应的行为方式。

亲朋好友是影响消费者购买行为的主要社会群体。在某些情况下，由于具有共同的圈子、价值取向，亲朋好友的看法很具说服力。另外，消费者居住地的左邻右舍、同乡等的消费倾向、消费评价、消费标准等，往往会成为消费者购买时的重要参考依据。由于长时间共同学习或在同一个组织机构中合作共事，或者年龄相仿，因此同学、同事、同龄人也会对消费者购买行为产生影响。

（二）流行与口碑传播对消费者购买行为的影响

流行是指一个时期内在社会上流传很广、盛行一时的现象和行为。一般情况下，流行体现为在某一特定时期人们选择一种趋同的行为——相当数量的人对特定观点、行为、言语、生活方式等产生了共同的崇尚与追求，并使之在短时间内成为整个社会到处可见的现象。流行促进了消费者在购买上的从众行为，在一定程度上使消费者在某些产品的消费上与其他消费者形成了共同偏好。

口碑传播是消费者对厂商、品牌、产品、服务的认知、态度和评价，并在群体间非正式地相互传播，包括所有正面的和负面的内容。与其他传播方式相比，口碑传播更具可信度。这是因为，消费者周围熟识的人在介绍、推荐、评论产品时，一般是不含利益关系和商业意图的，因而从一定意义上讲，他们的意见与建议比较客观、可靠，值得信赖。因此，在天猫、淘宝、京东商城、苏宁易购等开店的商家，都非常重视口碑传播，把它视为对消费者最具影响力的信息源。

随着互联网的发展，口碑传播不再只局限于人与人之间面对面地交流，而是将意见、经验与评论等通过讨论区、聊天室、留言板等网络空间进行发布和传播，形成新形态的网络口碑传播。网络口碑传播是指互联网用户借助互联网各种同步或异步网络沟通渠道，发布、传播关于组织、品牌、产品或服务的信息，其表现为文字、图片、符号、视频等或是它们的组合。显然，消费者对产品的态度，会受到网络口碑的影响。当好的网络口碑不断出现时，消费者的消费冲动会不断地被强化；而当差的网络口碑不断出现时，消费者的消费冲动就会减弱。

四、自然与技术环境

自然环境直接构成了消费者的生存空间，在很大程度上促进或抑制着某些消费活动的开展与进行。首先，不同的地理条件影响着消费者的消费习惯、消费内容等。例如，我国地域辽阔，不同地区在消费行为方面有着不同的方式。其次，自然资源是人类社会赖以生存的物质基础，为消费者提供了最基本的生活条件，如空气、水等，缺乏这些条件，人类将很难生存，更谈不上消费了，而新鲜的空气、纯净的淡水，能使人身心健康、精神舒爽。最后，不同气候地区的消费者呈现出诸多消费活动的差异。例如，炎热多雨的热带地区与寒冷干燥的寒带地区相比，消费者在衣、食方面的消费明显不同，如热带地区的消费者喜欢清爽解热型饮料、寒带地区的消费者则偏爱能御寒的饮品。

此外，技术是决定生产力最活跃的因素。它影响着人类的历史进程和社会生活的方方面面，当然也影响着消费者的行为。这是因为消费者的消费总是在一定的技术条件下进行的，技术发展到某个阶段催生了某种产品或服务后，消费者才有可能进行相应的购买和消费。例如，消费者在不同的年代、不同的技术环境下，先后消费过唱片机、录像机、VCD、DVD、传呼机、"大哥大"等。伴随着技术的进步，它们如今早已淡出消费者的视野。技术创新对消费需求的推动作用体现在：技术创新提供新产品、新服务，从而创造消费动力，不断开创消费新领域。如今，互联网、虚拟现实、人工智能、移动支付等技术又给消费者带来了更多更好的消费体验。

例如，互联网的发展令世界上每一个消费者都能够借助这个渠道进行信息的传送和接收，足不出户就可随时获取信息，而且获取信息的速度更快、时效性更强、信息量更大。互联网技术在消费中的运用带来了服务便利化，使消费对象升级有了广阔的空间，如网上教育、培训等方面的需求快速提升，成为大众日常消费必不可少的组成部分。旅游、休闲、金融等服务性消费也得到巨大发展，大大丰富了消费活动的内容，推进了现代服务业的大发展，促成了消费结构的优化升级。互联网，特别是移动互联网的普及，为人们的生活方式以及消费行为注入了许多新的元素，进一步改变了人们的消费模式。

目前，移动支付已经渗透到生活的各个角落，悄无声息地改变了消费者的生活方式。消费者特别是年轻消费者，更愿意选择从支持移动支付的商家处购买产品。例如，在餐厅就餐时，消费者可以通过直接扫桌面上或菜单上的二维码实现自助点餐、支付买单；在聚会时，消费者可以直接使用移动支付进行 AA 制付款。移动支付大大加快了结账速度，也提升了消费者的购物体验。现代人的生活写照是"出门可以不带钱包，但是千万不能不带手机"。目前，无论是商超、便利店、餐厅、药店还是公共交通售票点，都已实现移动支付，只需要一部智能手机就可以完成购买过程，现金支付、刷银行卡支付都已经成为少数。移动支付不仅使中国进一步向无现金社会发展，而且由于其不具备现金交易的"充实感"，人们在移动支付过程中的交易额往往变得很高。这是因为人们在使用电子支付的过程中，无法感知资金的流出，所以感受不到珍惜，反而倍加享受消费的愉悦，这在一定程度上促进了市场消费。移动支付在给人们生活带来便利的同时，也促进了消费者小额高频移动支付习惯的养成。

第五节　情境因素

情境因素是指消费或购买活动发生时消费者所面临的短暂的因素，由一些暂时性的事件和状态构成，如购物时的天气、购物场所的拥挤程度等。贝克（Belk）认为，情境由五个变量或因素构成，分别是物质环境、人际环境、时间环境、任务环境和先行状态。

一、物质环境

物质环境是指构成消费情境的物质因素，如消费场所的地理位置及外观、装饰布局与陈列、色彩、气味、声音、灯光、温度、湿度等都对消费者的情绪、行为具有重要影响。物质环境对消费者的感觉器官有着较强的刺激力，舒适、和谐的氛围能吸引消费者光临并推荐给其他人，并使人长时间保持兴奋的情绪；相反，消费环境恶劣则很难吸引消费者进店，或者即使消费者进了店也会顿生逃遁之念。

例如，初次光顾某家餐馆的消费者，在走进餐馆之前，餐馆的外观、门口的招牌等已经使其对之有了一个初步的印象。如果印象好的话，他会径直走进去，而这时餐馆内部的装修装饰、桌面的干净程度及服务员的礼仪形象等也将决定其是否会真的在此用餐。如果餐厅环境污浊，服务员穿着邋遢、不修边幅的话，显然会令消费者望而却步。

二、人际环境

消费者的消费情境总是处在一定的社会环境当中，消费者在消费过程中会与服务人员打交道，会与其他消费者相逢。消费或购买环境中的关系，包含服务者与消费者之间的关系、消费者之间的关系。显然，不同的人际环境会影响消费者的不同行为，优雅、文明、舒适、轻松、愉快、亲切、友好的人际关系能够吸引消费者并提高其消费欲望。

例如，商店在消费者没有购买产品的时候恶声恶气，不给好脸色看，就会把消费者永远拒绝在门外。而且，消费者很有可能将抱怨转告给家人、邻居、朋友，这会直接损害企业的良好形象。相反，即使消费者没买东西，商店服务者也是笑脸相送，客客气气地说"再见！请您走好，欢迎下次光临"，那么消费者心理上就会过意不去，好像欠了你的人情，下次买东西就会首先考虑到你这儿买。人走茶不凉才叫好，雪中送炭比锦上添花更难得、更可贵。

三、时间环境

这里的时间是指情境发生时消费者可支配时间的充裕程度，也指消费活动发生的时机，如一天、一周或一月当中的某个时点等，还指消费者消费服务前需要等待的时间长短，其是构成情境的一个很重要的内容。不同的时间环境会对消费者购买行为产生不同的影响。

首先，不同的消费有紧迫程度上的差异。例如，家里的电视突然坏了且无法修复，购买一台新的就非常紧迫；而如果仅仅是因为电视信号不好但还可以凑合着用，则购买的紧迫程度相对就低。

其次，很多产品的消费具有季节和节日的特点，如"六一儿童节"前后是儿童玩具和服装的消费高峰、中秋节前是月饼销售的黄金时段。消费者在这些节点上的消费欲望比较强烈，而过了这些节点则消费欲望会下降很多，甚至为零。

最后，等待或许是每个消费者生活中的一部分，如等公交车、等绿灯、等电梯、等上菜、等结账。尽管等待是日常生活中常见的现象之一，但对消费者来说，等待时间长毕竟不是什么令人愉快的事情。

四、任务环境

这里的任务是指消费者购物的目的和理由。

对同一种产品，购买的具体目的和理由可以是多种多样的。在不同的购物目的和理由的支配下，消费者对于消费何种档次和价位、何种品牌的产品会存在差异。

例如，购买葡萄酒可以是自己喝，也可以是与朋友聚会时一起喝，还可以是作为礼品送人。在不同购物目的支配下，消费者对于购买何种档次和价位、何种品牌的葡萄酒均会存在差异。

此外，与购买任务密切联系的还有使用情境，即产品使用在何种场合。不同的使用情境会使消费者的行为有所不同。例如，同是作为礼物，生日礼物的购买和婚礼礼物的购买就会有较大的差别。

五、先行状态

先行状态是指消费者带入消费情境中的暂时性情绪（如焦虑、高兴、兴奋等）或状态（如疲倦、饥饿、生病、得到一大笔钱或破产等）。

消费者的情绪或状态会影响消费者的决策过程及对不同产品的购买与消费。也就是说，消费者当前的情绪或状态会对消费者行为产生影响。正面、积极的情绪与积极性购买、冲动性购买相联系，而负面的情绪则会降低消费者的消费欲望。

例如，消费者在进入商店购物前收到了一张停车罚单，这时他的坏情绪会让他对购物产生消极心理。反之，消费者是在完成购物后才收到停车罚单，那么他在购物时就没有负面心理了。

又如，距离上次用餐的时间越长，食物广告就越容易引起消费者的注意，因为他可能早就饿了。

先行状态必须是短暂的，而不是经常性的或与消费者时时相伴随的。例如，一个暂时缺钱和一个总是经济拮据的人的购买行为会有明显差别。

知识拓展　　　　　　　　**"好心情定律"**

"好心情定律"，即心情好的时候更愿意消费。一般来说，一个人心情好的时候更愿意消费，更加大方；而心情低落的时候，则表现得比较抠门，也显得很冷漠。当然，有时候正相反，消费者可能会通过疯狂购物来宣泄自己的坏情绪，给自己带来满足感，获得心灵补偿。

消费者购买过程及影响因素如图 4-1 所示。

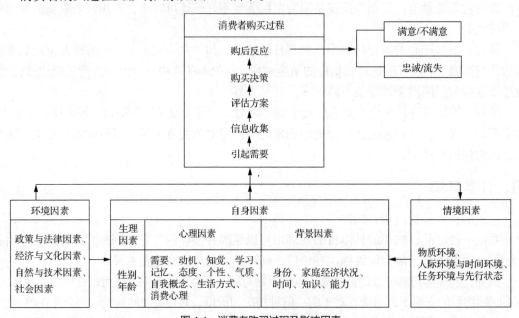

图 4-1　消费者购买过程及影响因素

课后练习

一、判断题

1. 一般来说，每个人的衣食住行及娱乐等各方面的需求都会随年龄的变化而变化。

（　　　　）

2．需要是消费者一切行为活动的基础和原动力，也是消费者购买与否的决定性因素。

（　　）

3．动机既可能源于内在的需要，也可能源于外在的刺激，还可能源于内在需要与外在刺激的共同作用。

（　　）

4．家庭对消费者的影响持久且深刻，它强烈地影响着消费者的价值观、人生态度和购买行为。

（　　）

5．消费者往往会结合自身的身份、地位做出购买选择。

（　　）

二、选择题

1．受过高等教育，勇于冒险、经济宽裕且社会地位较高的人，在接受新产品的过程中通常属于（　　）。

    A．意见领先者　　　B．意见跟随者　　　C．意见落后者　　　D．意见保守者

2．女性购买行为的特点有（　　）。

    A．追求美观时髦　　　　　　　　　B．非理性消费比较多

    C．自尊心强　　　　　　　　　　　D．更乐于分享

3．男性购买行为的特点有（　　）。

    A．理性消费　　　B．较有主见　　　C．少挑剔　　　D．习惯性购买多

4．青年人购买行为的特点有（　　）。

    A．容易冲动　　　　　　　　　　　B．追求时尚和新颖

    C．享受消费多　　　　　　　　　　D．网络成为消费的主渠道

5．中年人购买行为的特点有（　　）。

    A．理智胜于冲动　　B．计划多于盲目　　C．少受外界影响　　D．追求实用耐用

三、填空题

1．消费者的购买行为作为一种有目的的活动，往往受其＿＿＿＿＿＿、＿＿＿＿＿＿、背景因素、环境因素、情境因素的影响。

2．＿＿＿＿＿＿是各种感觉在头脑中的综合反映，对消费者行为有着较大的影响。

3．消费者＿＿＿＿＿＿是消费者在购买和使用产品的实践中，逐步获得和积累经验，并根据经验调整自己购买行为的过程。

4．＿＿＿＿＿＿＿是指个人对自身一切的知觉、了解和感受的总和。

5．＿＿＿＿＿作为购买力的主要来源无疑是决定消费者购买行为的关键因素。

四、简答题

1．影响消费者购买行为的心理因素有哪些？

2．影响消费者购买行为的背景因素有哪些？

3．影响消费者购买行为的环境因素有哪些？

4．影响消费者购买行为的情境因素有哪些？

5．绘出消费者购买过程及影响因素模型。

第五章
组织购买行为

视频导学

引例：全球采购构筑海尔的核心竞争力

    首先，全球采购帮助海尔获得全球资源。海尔目前在全球有众多工业园和多个海外工厂及制造基地，这些工厂的采购全部通过统一的平台进行，一方面实现了采购资源的共享，另一方面增强了采购的成本优势。目前世界500强公司中有60家是海尔的供应商，其国际化供应商的比例达到82%。这些供应商能够根据海尔工厂的布局及时调整供应策略，使海尔供应链的速度优势、成本优势、质量优势大大加强。

    其次，全球采购帮助海尔实现从采购管理到资源管理。海尔通过并行工程，引进了一批国际化大公司，这些公司以自身的高科技和新技术参与到海尔产品的前端设计中。这样不但能保证海尔产品技术的领先性，而且供应商也可以提高自身配套产品的技术，双方共同发展、共同受益。

    最后，全球采购帮助海尔搭建社会化的采购平台。随着海尔全球采购的范围越来越广，海尔采购平台拥有的资源越来越多，规范、透明的采购流程和素质过硬的全球采购团队使海尔采购平台已经不再局限于为集团内部服务，而是开始开展集团外部的采购业务——很多跨国公司在中国建厂后无法及时找到优质的供应商资源，或者其采购成本没有竞争力，就通过海尔采购平台进行采购。这种社会化的采购使海尔采购平台的能力更强，从而为集团内部提供更优质的服务。同时，海尔采购平台也开始从集团内部的采购向跨国商社转变，其目标是通过建立世界级的采购平台，成为世界一流的采购集团。

    同样是购买行为，组织与消费者在购买动机、购买特点、购买方式和购买决策过程中都存在一定的差异。为此，企业应当充分了解组织市场的购买行为，为自身做出正确的营销决策提供依据。

    组织市场的购买者包括生产商、分销商、政府与非营利组织。

第一节　生产商购买行为

一、生产商购买行为的特点

（一）购买需求是派生需求

    派生需求是指对一种产品的需求源于对另一种产品的需求。在产业市场上，生产商属于非最终消费者，其购买目的是生产出产品销售给最终消费者。很显然，生产商对产业用品的需求，是从消费者对产品的需求中派生出来的。从这个意义上说，影响消费者市场的各种因素同样制约着产业市场的规模和发展。产业市场派生需求的特点，要求供应商既要了解产业市场的需求水平、竞争态势及生产商购买行为的特点，也要了解消费者市场的需求态势及需求特点。

（二）购买需求波动性较大

生产商对产品的需求比消费者对产品的需求更容易发生变化。消费者的需求上升一定百分比，生产商为追加产出相应产品的购买需求将上升更大的百分比。经济学家把这种现象称为"加速效应"。有时如果消费者需求上升 10%，可能会使下一期的生产商需求上升 200%；如果消费者需求下降 10%，可能会导致下一期的生产商需求彻底崩溃。

（三）需求缺乏价格弹性

在产业市场上，生产商对产品或服务的需求受价格变动的影响不大。这主要因为生产资料是生产的必备要素，为保证生产过程的连续性，生产者必须按计划购买生产资料。

（四）供需双方关系密切

生产商的购买者较少，而单个生产商的购买数量较大，生产商需要供应稳定的货源，往往是向供应商直接采购所需品（特别是那些单价高、技术性高的设备），而不是通过分销商采购，这样不但能够降低成本，而且供应商提供的技术服务、售后服务也会更好。因此，产业市场上供需双方往往保持密切的关系，在供应链中形成命运共同体，即从买卖关系发展为长期的、互利的战略合作关系。例如，海尔与供应商建立了战略联盟的伙伴关系，大大提高了海尔应对市场变化的能力，即在全球资源紧张的时候，供应商仍然会优先保障海尔的供应。

（五）购买者地理分布相对集中，多为专业人员

自然资源的分布和生产力布局等因素决定了生产商的购买者往往密布于一定的地理范围内。生产商的购买者多为专业人员，负责实际采购的人员一般都经过了专业培训，这就要求采购人员对所采购产品的技术细节要有充分了解，而且采购品的重要性越高，参与购买决策的人员就越多。通常会由工程技术专家和高层管理人员共同组成采购小组，负责做出采购决策。

（六）分散采购

生产商的购买者一般会同时选择几家供应商，以掌握多重供货来源，并努力形成一个供应商自动竞争的环境，从而节省采购成本、降低采购风险，但其缺点是可能导致供货质量参差不齐。

（七）集中采购

集中采购，即生产商通过集中整合所有采购需求来提高议价能力、降低单位采购成本，从而减少采购的工作量。

集中采购的优点是能够取得规模效益、提高效率、降低成本；能够稳定与供应商的关系，实现长期合作；通过公开采购、集体决策，能够有效防止腐败。

例如，海尔集团自 1998 年就开始进行企业内部流程再造，实行统一集中采购，采购人员迅速减少。

（八）招标采购

招标采购即生产商采用招投标的方式，并引入竞争机制，通过供应商的相互比价和牵制，从而使生产商在谈判中处于有利的地位，科学地选择物美价廉、性价比最优、最符合自身成本和利益需求的供应商。

（九）无库存采购

在产品供大于求的状态下，大库存是企业的万恶之源，零库存或少库存成了企业的必然选择。为此，生产商可通过科学的经济批量计算，合理安排采购频率和批量，而不是定期采购订单，更多倾向于采取长期有效合同的无库存采购形式，从而降低采购费用与仓储成本。

（十）互购与租赁

互购，即买卖双方经常互换角色，互为买方和卖方。例如，造纸厂从化学公司大量购买造纸用的化学物品，化学公司也从造纸公司购买办公和绘图用的纸张。

租赁，是产业市场上另一种重要的交易方式。例如，机器设备、车辆、飞机等不但单价高，而且技术设备更新快，购买者采用租赁方式取得一定时期内设备的使用权，这样既可以缓解资金短缺的压力，也能在不追加投资的情况下实现设备技术的更新，还可以避免设备折旧的损失。

二、影响生产商购买行为的因素

美国的弗雷德里克·E.韦伯斯特（Frederic E. Webster）和温德（Wind）将影响生产商购买行为的各种因素划分为三大类，即环境因素、组织因素和个人因素。

（一）环境因素

环境因素是企业不可控的因素。现行的或预期的环境因素（市场需求水平、经济前景、利率等）对生产资料购买者的影响很大。例如，在经济萧条时期，企业通常会缩减投资，并设法降低存货水平；但在经济形势稳定的情况下，若政府采取降低贷款利率的政策，企业则会因资金成本的减少而考虑增加生产资料的购买量。同样，技术创新因素、政治法律因素、竞争因素等也会对生产资料的购买行为产生重要影响。

（二）组织因素

每一个采购组织都有其经营目标、采购政策、组织结构、管理制度和工作程序，这些因素会对购买行为起到约束作用。

（三）个人因素

个人因素包括各个购买决策参与者的年龄、受教育程度、职务、个性及他们对风险的态度等。这些因素会影响参与者对采购品及其供应商的感觉和看法，从而影响其购买决策和行为。

三、生产商的购买过程

一般来说，生产商的购买过程要经过以下阶段。

（一）认识需求

认识需求是指生产商认识到需要购买某种产品来满足自己的需求。它是产业市场购买决策过程的起点。

（二）确定需求

确定需求是指生产商确定所需品种的特征和数量。简单的采购可由采购人员直接决定，而复杂的采购则须由生产商内部的使用者和工程技术人员共同决定。由于产业用品在技术、性能、成分、使用方向等方面要求高，内容复杂，生产商必须具体确定产品的规格、成分、性能、使用方向等，并进行详细的技术说明——既可作为采购产品的依据，也便于供应商进行生产、投标和营销活动。

（三）发布需求

发布需求是指生产商将采购说明书告知市场或者相关供应商。

（四）选择供应商

生产商在明确采购目标之后，会对外发布采购信息，并通过查询互联网、专业期刊、产品目录，以及供应商的主动介绍等途径对采购品进行市场调查和了解，评估该采购品的供需状况，然后联系可能符合采购目标的供应商，同时请有意向的供应商提供营业执照、银行信用证明、行业资质证，注册资金、生产场地、生产或经营范围及主要产品的目录、生产设备及技术和管理人员状况、生产能力及信誉与服务状况，主要客户、上一年度和近期的财务报告等材料，依据这些材料对供应商进行初步筛选，从而建立起备选供应商数据库。

重点采购品的供应商应经质检、物料、财务等部门联合考核后才能进入该数据库，如有可能，生产商要对其进行实地考核。该考核一般由生产人员、技术人员和财务人员共同参与，生产商对供应商的管理体系及合约执行能力、设计开发与工艺水平、生产运作及质量控制的稳定性与可靠性，以及员工的素质等方面进行现场评审和评分，剔除明显不合适的供应商后，就能够形成一个基本的供应商名录。接下来，生产商可向这些供应商发出询价文件，一般包括图纸、规格、样品、数量，以及大致采购周期和交付日期等，并要求供应商在指定的日期内完成报价。在最后确定入围供应商前，生产商还要考察其产品质量、价格、交货与服务 4 个方面的能力。

（1）产品质量。一是要确认供应商是否建立了一套稳定有效的质量保证体系，产品质量是否达到公认的行业质量标准。二是要确认供应商是否建立了一套持续可靠的测试系统，以便随时对配套产品进行检测，这是从产品设计之初就保证质量的关键。例如，雀巢、联合利华、和路雪等大型跨国食品生产商，就为原辅料的供应商制定了达标手册，其中详细地规定了良好操作规范（Good Manufacturing Practice，GMP）、危害分析及关键点控制（Hazard Analysis and Critical Control Point，HACCP）、实验室管理规范（Good Laboratory Practice，GLP）等质量要求，能否达到这些要求是能否成为其供应商的先决条件。类似的做法也出现在汽车、化工等行业的大型跨国公司，这么做的思想基点是"把质量问题消灭在别人的工厂里"。

（2）价格。一般要求采购品价格要合理、折扣要低，能够允许推迟付款等，以降低成本，实现利润最大化。

（3）交货。在交货方面，主要是评估供应商是否拥有足够的生产能力，生产设备、人力资源是否充足，有没有扩大产能的潜力；是否有迅速的市场反应能力、一次性大批量供货的能力。例如，麦德龙就对供应商的交货时间和货源的稳定性要求很严格，达不到要求者就不能成为麦德龙的供应商。

（4）服务。这包括供应商的售前、售中、售后服务记录是否良好。只有能够提供良好服务的供应商，才可能被跨国公司评为一级核心供应商。例如，西门子公司要求供应商要百分之百地准时将货物安全送达配送地点。图 5-1 所示为德国汉高公司审定供应商的程序。

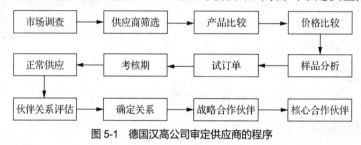

图 5-1　德国汉高公司审定供应商的程序

（五）签订合约

签订合约是指生产商根据采购品的技术说明书、价格、需求量、交货时间、退货条件、担保书等要求与供应商签订合约。

（六）进行绩效评估

为了持续维系好与供应商的关系，生产商应建立供应商数据库和绩效考核指标体系来反映供应商的基本情况、质量检测报告、品质评级、历次付款记录、付款条款、交货条款、交货期限等，且所有评价体系都公开、透明，评价指标尽可能量化，以减少主观因素的干扰。

生产商应根据这个数据库和绩效考核指标体系与供应商进行定期的交流，回顾合作关系。例如，每月，采购人员应对所负责的供应商进行一次以上访问，并提交一份评价报告，报告内容包括交货记录、生产状况、供应商的发展动态和其他合作伙伴的意见；每季度，采购部经理必须与供应商会谈一次以上，沟通并解决发现的问题；每年，由研发工程师、质检人员、采购人员、生产主管、相关专家顾问等组成的一个联合评审小组对供应商进行一次全面的考核，考核内容包括现场考察和有关业务的跟踪记录、各部门对其一年来的合作评价等。

这种绩效评估成为生产商是否继续购买某个供应商产品的主要依据，年底对考核结果优异的供应商可以增加其采购额度，对考核结果接近临界值的供应商要直接发出警告，对考核结果不合格的供应商应予以淘汰，并在评估报告中特别说明淘汰该供应商的原因，一年后如果该供应商已经改正不足，则允许其提出再次成为供应商的申请。例如，丰田公司奉行"从干毛巾中也要挤出水来"的理念，如果供应商提供的产品不是在本行业中最低成本的实现者，那么必须每年降低 10%的成本，否则在未来的年度计划中，原来的供应商将被排除在供应体系之外。

生产商的预算部门应根据市场的变化和产品标准成本为重点监控的采购品制定标准采购价格，促使采购人员充分进行市场调查和资讯收集，了解市场状况和价格走势，注意价格变动的规律，把握好采购时机。此外，对重点采购品，生产商要建立价格评价体系，由有关部门组成价格评价组，定期收集有关的供应价格资讯，尽量运用价值工程的方法分析、评价现有的价格水平，并对价格档案和标准采购价格进行评价和更新。

生产商的采购部门要为所有采购品建立价格档案，每一批采购品的报价应首先与归档价进行比较，无特殊原因不能超过档案中的价格水平，否则采购人员要做出详细的说明；对降低采购成本的采购人员进行奖励，对没有降低采购成本的采购人员进行惩罚。这样可以促使采购人员积极寻找货源，货比三家，不断地降低采购价格。

四、生产商购买行为的类型

生产商购买者行为大致有以下 3 种类型。

（一）重购

重购是指生产商的采购部门按常规继续从原有的供应商处购买产品，这是一种最简单的购买类型。现在的重购大部分运用自动化再订购系统，可缩短采购时间、降低采购成本。重购要求供应商与购买者保持良好的关系，并要求供应商能保质、保量、准时供应产品。

（二）修正重购

修正重购是指生产商的采购部门由于某些原因适当修改采购品的规格、价格等交易条件的购买行为，其目的是寻找价格低、服务好、交易条件优惠的产品。这会对现有供应商造成威胁，给新供应商提供市场机会。

（三）全新采购

全新采购是指生产商第一次购买某种产品。它是最复杂的购买类型，其采购的成本高或风险大，参与购买决策的人多，所需收集的信息量大，做出购买决策的时间长。

五、生产商购买的参与者

（一）使用者

使用者是具体使用并欲购买产品的人员。在很多情况下，都是使用者首先提出购买需求并协助采购产品。

（二）影响者

影响者即在生产商外部和内部直接或间接影响购买决策的人员，如技术人员。他们通常协助购买者确定产品规格，并为评估方案提供情报信息。

（三）采购者

采购者是被正式授权具体执行采购任务的人。在较复杂的采购过程中，采购者可能会包括高层管理人员。

（四）决定者

决定者是有权力批准购买产品的人。在较复杂的采购过程中，公司或企业的领导人往往是决定者。

（五）信息控制者

信息控制者是能阻止供应商的销售人员与生产商的采购核心人员接触的人员，如采购代理人、接待员、电话员、秘书等。

六、现代采购的趋势

（一）全球采购

当今世界已进入经济全球化的时代。全球采购是国际产业分工格局变化和结构调整的必然产物，是现代信息技术、管理技术和物流技术高度发展的产物，是跨国公司在世界范围内寻找好的生产商或供应商，寻找质量好、价格合理的产品的活动。

（二）共同采购

共同采购是近年来发展起来的新型采购模式，是指几个生产商联合向供应商采购相同的产品。其优点有以下两点：第一，由于增加了采购量，生产商增强了讨价还价的能力，降低了采购成本，提高了竞争力；第二，由于采购量大，供应商愿意为生产商独立开发产品。

（三）网上采购

网上采购伴随着信息技术的发展而产生，是现代采购的重要趋势。1999年以来，跨国公司陆续把发展网上采购列为企业发展的战略目标，现在欧美企业60%的产品都是通过网上采购获得的。网上采购具有以下优势。

第一，采购过程公开透明，可扩大比价范围。全球供应商可以在线注册登记、在线查看合作招标项目、在线查看招标公示、在线招投标，还可通过网络查询计划与库存，做到及时补货，实现准时化（Just In Time，JIT）供货。生产商可货比千家，以降低成本、提高效率。

第二，可搭建全球同步的采购平台。网上采购提供了全天候、超越时空的采购环境，精简了中间环节，加速了供应链节点间的信息流动，使下达订单的周期由原先的10天以上缩短至1小时以内；接收图纸与技术资料的传递时间缩短了50%；通过网络向供应商支付货款，及时率及准确率达到100%，真正与供应商实现了双赢。统计资料显示，信息技术的运用可缩短25%的采购周期，降低50%~80%的通信成本，减少90%的采购订单成本，提高100%的采购人员生产率。

（四）"业务外包"采购

20世纪90年代以来，随着贸易与投资自由化的发展，各国市场日益融合，企业间的竞争更加激烈。为了在全球竞争环境下更好地生存与发展，跨国公司进行了大规模的业务整合，将资源集中于更有竞争优势的业务领域和经营环节，而把许多自身不擅长的业务活动剥离出去。

某运动品牌公司就是一个广为人知的例子。这家公司没有直接的原材料供应商，甚至没有自己的工厂，从生产到广告、从飞机票到午餐、从仓储到市场调研等都是通过采购实现的。

可口可乐公司也采取了类似的做法。它虽然部分保留了"可口可乐"工厂，但始终把大部分精力投放到市场和销售领域。即使是市场部门的工作，其主要内容也是保证通过采购获得的消费者研究、零售研究、竞争者研究等结果的准确性。

某运动品牌公司注重品牌，可口可乐公司注重市场，它们把资源和注意力更多地放在"核心能力"的提升上，而对那些与核心能力无关的业务则尽量通过采购完成。这是它们获得成功的普遍战略。

（五）社会责任采购

跨国公司采购还要求供应商实施受欧美工商界和消费者普遍欢迎和支持的 SA8000 社会责任国际标准。它是全球第一个关于企业道德规范的国际标准，也是继绿色壁垒之后发达国家设置的又一个非关税贸易壁垒。其宗旨是确保生产商和供应商所提供的产品符合社会责任国际标准的要求，同时提高发展中国家产品的生产成本，扭转发达国家劳动力价格较高导致部分产品缺乏竞争力的不利局面。

据统计，全球超过 300 家跨国公司已经制定和推行了社会责任守则，并且安排公司职员或委托独立审核机构对合约工厂定期进行现场评估，要求供应商和合约工厂遵守劳工标准，按照法律的要求为工人提供加班费、福利等应有的保障。

第二节　分销商购买行为

一、分销商购买行为的特点

第一，分销市场的需求也是派生的，不过由于离最终消费者更近，这种派生需求反映得较直接。

第二，分销商的职能主要是买进卖出，基本上不对产品进行再加工，故其对购买价格更敏感。

第三，分销商只赚取销售利润，单位产品增值率低，故其必须大量买进和大量卖出。

第四，交货期对分销商特别重要，他们一旦提出订单，就要求尽快到货，以抓住市场机会，满足消费者需求。而对销售没有把握的订货，他们往往会推迟到最后一刻，以避免库存过多的风险。

第五，分销商一般不擅长技术方面的工作，所以需要供货方提供退货服务、技术服务或返修服务。另外，分销商往往需要生产商做广告，以扩大影响。

二、分销商购买决策的参与者

以连锁超市为例，参与购买决策的人员和组织主要有以下几类。

（一）产品经理

产品经理是连锁超市公司总部的专职采购人员，分别负责某一类产品的采购工作，通过对产品的审查和甄别向公司采购委员会提出采购或拒购某种产品的建议。产品经理的偏好直接对是否购买新供应商的产品起决定性作用。

（二）采购委员会

采购委员会是由连锁超市公司总部各部门正、副经理组成的，负责审查产品经理提出的新产品采购或拒购建议，做出是否购买决定的组织。采购委员会每周召开一次审核会议，对新产品的购买决策起间接作用。

（三）分店经理

分店经理是连锁超市下属的各零售店的负责人，实际上决定着分店的购买行为，是掌握最终采购权的人员。例如，美国连锁超市分店经理掌握分店近 70%的产品采购权，是供应商推销员的主要公关对象。

第三节 政府与非营利组织购买行为

一、政府购买行为

政府采购市场是组织购买者中比较特殊的一个市场，也是十分重要的一个市场。目前世界各国政府采购的金额一般占各国 GDP 的 10%以上。

（一）影响政府购买行为的因素

影响政府购买行为的因素除了环境因素、组织因素、人际因素和个人因素外，还有国内外政治、经济形势及自然因素。

首先，政府购买行为受国内外政治形势的影响。如果国家处于战争时期或安全受到威胁，军费开支将增大；如果国与国之间经贸往来增多，援助项目增加，政府就会加大采购力度；而在和平时期，基础建设投资和社会福利投资的力度就会加大。

其次，政府购买行为受国内外经济形势的影响。在经济繁荣时期，政府投资力度加大，政府购买力增强，就会促进经济发展；在经济萧条时期，政府开支减少，政府购买力减弱，政府为刺激经济增长，会增加投资、开展基础设施建设。

最后，政府购买行为受自然因素的影响。各种自然灾害会使政府增加对救灾资金和物品的投入。

（二）政府购买行为的特点

政府购买行为的特点是规模大，购买资金具有公共性、政策性，购买行为公开、公平、公正，以及购买流程规范等。

（三）政府购买行为的方式

政府购买行为的方式有公开招标、邀请招标、竞争性谈判、单一来源采购、询价等。

二、非营利组织购买行为

非营利组织是不以营利为目的的组织，是指政府部门和以营利为目的的企业以外的一切志愿团体、社会组织或民间协会等，是介于政府与营利性企业之间的"第三部门"。非营利组织的收入和支出都是受到限制的。

非营利组织的购买行为具有以下几个特点。

（一）限定总额

非营利组织设立的目的是推进社会公益，而不是创造利润。其正常运转的活动经费主要来自政府拨款或社会捐助，其经费的预算与支出都受到严格的控制。因此，非营利组织的购买必须量入为出，不能随意突破预算总额。

（二）价格低廉

非营利组织由于受到经费的限制，因此在购买时要精打细算，争取选择产品价格低廉的供应商，以便用较少的钱办较多的事。

（三）保证质量

非营利组织购买产品不是为了转售，而是为了维持组织的正常运行和履行基本职能，因此其所购产品的质量和性能必须有保证。

（四）受到控制

为了使有限的资金发挥更大的效用，非营利组织的采购人员会受到较大的制约，只能按照规定的条件进行购买，缺乏自主性。

（五）程序复杂

非营利组织的购买决策要经过许多部门的审核，参与者众多，程序相对复杂。

课后练习

一、判断题

1. 生产商对产业用品的需求，是从消费者对产品的需求中派生出来的。　　（　　）
2. 生产商对产品或服务的需求受价格变动的影响不大。　　（　　）
3. 产业市场上供需双方往往保持密切的关系。　　（　　）
4. 生产商的购买者一般会同时选择几家供应商。　　（　　）
5. 集中采购的优点是能够取得规模效益、提高效率、降低成本。　　（　　）

二、选择题

1. 根据购买者的特点，市场营销学将市场划分为两种基本类型，即（　　）。
   A. 产品市场和组织市场　　　　B. 消费者市场和产业市场
   C. 消费者市场和组织市场　　　D. 生产者市场和组织市场
2. 下列有关产业市场需求表述不正确的是（　　）。
   A. 购买者数量少，但每次采购规模大　B. 存在派生需求
   C. 需求价格弹性较大　　　　　　　　D. 用户地理位置集中
3. 组织市场包括（　　）、政府市场。
   A. 生产者市场　　　　　　　　B. 中间商市场
   C. 非营利组织市场　　　　　　D. 消费者市场

4. 组织市场购买行为的特点有（　　　）。

    A. 购买者多属专业人员　　　　　　B. 直接采购

    C. 集中采购　　　　　　　　　　　D. 互购与租赁

5. 政府采购行为的特点有（　　　）。

    A. 采购的规模大　　　　　　　　　B. 采购具有公共性、政策性

    C. 采购行为公开、公平、公正　　　D. 采购流程的规范性等

三、填空题

1. 组织市场的购买者包括＿＿＿＿＿＿＿、＿＿＿＿＿＿＿＿、政府与非营利组织。

2. 影响生产商购买行为的各种因素可划分为三大类，即＿＿＿＿＿＿＿＿、组织因素和个人因素。

3. 在最后确定入围供应商前，生产商还要考察其产品＿＿＿＿＿＿＿、＿＿＿＿＿＿＿、交货与服务4个方面的能力。

4. 生产商购买者行为大致有重购、修正重购、＿＿＿＿＿＿＿＿等3种类型。

5. 现代采购的趋势有：＿＿＿＿＿＿＿＿＿＿、共同采购、＿＿＿＿＿＿＿＿＿＿、"业务外包"采购、社会责任采购。

四、简答题

1. 生产商购买行为有哪些特点？

2. 生产商的购买过程包括哪些阶段？

3. 分销商购买行为有哪些特点？

4. 政府购买行为有哪些特点？

5. 非营利组织购买行为有哪些特点？

第六章

目标市场营销战略

视频导学

"战略"一词起源于军事领域，有"为了与竞争对手抗衡而采取行动"的意思。与策略从微观、短期、局部着眼相比，战略从宏观、长远、整体着眼。营销战略包括目标市场营销战略和市场竞争战略。

企业试图"征服"所有市场是不现实的，也是不明智的。所以，企业应当选择适合自己的目标市场。目标市场是指企业要瞄准的那部分市场。

目标市场营销战略是指企业在细分市场的基础上，结合自身的资源与优势，选择其中最有吸引力和最有把握的细分市场作为目标市场，并设计与目标市场的需求特点相匹配的营销战略。

制定目标市场营销战略主要包括 3 个步骤：市场细分（Market Segmenting）—目标市场选择（Market Targeting）—市场定位（Market Positioning），又被称为 STP 战略。

第一节　市场细分

一、市场细分的概念

美国市场营销学家温德尔·R.史密斯（Wendell R. Smith）在 20 世纪 50 年代提出了"市

场细分"的概念。

市场细分是根据消费者的消费需求和购买习惯的差异，将整体市场划分为若干子市场，由此分割出来的子市场便被称为细分市场。每个细分市场内的消费者具有类似的消费需求。

二、市场细分的作用

首先，市场细分能够帮助企业认识市场，更好地理解和界定竞争者，挖掘市场机会，扬长避短，获得比较优势。

其次，市场细分能够帮助企业发现和深入分析各细分市场的不同需求，掌握细分市场的变化及趋势，从而帮助企业找到合适的目标市场。

最后，市场细分能够帮助企业增强市场调研的针对性，为企业制定正确的营销战略和策略提供依据。

三、市场细分的原则

（一）可衡量性

可衡量性是指细分市场不但要范围明确，而且要能使企业对其规模、购买力和基本情况大致做出判断。

（二）可获得性

可获得性是指企业能有效地进入细分市场并满足其需求。

（三）可收益性

可收益性是指细分市场不但要有一定的市场容量和发展潜力，而且能够使企业有利可图。

（四）可区分性

可区分性是指不同的细分市场的特征可以清楚地加以区分。

四、市场细分的方法

（一）单一变量因素法

该方法根据影响消费者需求的某一个重要因素进行市场细分。

（二）多个变量因素组合法

该方法根据影响消费者需求的两个或两个以上的因素进行市场细分。

（三）主导因素排列法

在该方法下，当存在诸多影响因素时，可以从中寻找和确定主导因素，然后将其与其他因素有机结合，再细分市场。

（四）系列变量因素法

细分市场涉及的因素有多项，但各项因素之间先后有序。企业可以按照影响消费者需求的诸因素，由粗到细地进行市场细分。

五、市场细分的标准

（一）消费者市场细分的标准

消费者市场可根据地理、人口、心理和行为等标准进行细分。

1. 地理细分

地理细分是根据国家、地区、城市的位置、气候等方面的差异把市场细分为不同的地理单位。

地理特征之所以能作为市场细分的依据，是因为：第一，处在不同地理位置的消费者对同一类产品往往有不同的需求与偏好，他们对企业采取的营销策略也会有不同的反应；第二，地理特征易于识别，是企业进行市场细分时应考虑的重要因素。

但是，处于同一地理位置的消费者需求仍会有很大的差异。所以，企业不能简单地以某一地理特征细分市场，还需要结合其他因素进行考虑。

2. 人口细分

人口细分是根据人口的各种变量，如年龄、性别、收入、职业、宗教、种族、国籍、受教育程度等把市场细分成若干群体。

人口变量是细分消费者市场时最常用的基本要素。因为人口统计变量比较容易衡量，有关数据相对容易获取，因此企业经常以它作为市场细分的依据之一。

3. 心理细分

心理细分是指根据消费者的心理、个性特点等，把消费者细分成不同的群体。

4. 行为细分

行为细分是指按照消费者对产品的了解程度、态度、购买及使用情况和反应等，将他们细分成不同的群体。

行为细分能够更直接地反映消费者的需求差异，具体如下。

（1）追求利益不同。如对购买手表的消费者进行分析后发现，他们有的追求经济实惠、价格低廉，有的追求耐用可靠和使用、维修方便，还有的则追求使用时可以显示出其社会地位。

（2）购买阶段不同。根据购买阶段细分市场，消费者可分为经常购买者、首次购买者、潜在购买者、非购买者。

（3）使用频率不同。根据使用频率，消费者可以被分为重度使用者、中度使用者、轻度使用者和从不使用者。

（二）组织市场细分的标准

组织市场细分的标准有购买者类型、购买者要求、购买者规模和购买力及购买者地点等。

1. 购买者类型

由于不同类型的购买者对同种产品会有不同的购买需求，如有的重视质量、有的重视价格、有的重视服务，因此企业可以把购买者类型作为细分市场的标准，以投其所好，更好地满足不同类型的购买者的差异化需求。

2. 购买者要求

由于购买者购买生产资料一般是为了满足研发、生产、制造等需求，所以不同的需求对所需生产资料有特殊的或不同的购买要求。因此，企业必须充分考虑购买者的需求特点或追求的利益。

3. 购买者规模和购买力

由于购买者规模和购买力存在很大差异，所以其购买行为也有很大差别。因此，企业可以从购买者规模和购买力等方面进一步细分市场。

4. 购买者地点

购买者所在的地区特点不同，市场特点就不同。因此，企业可以把购买者所在的地区地点作为细分组织市场的一个标准，以便企业做好针对不同地点的购买者的产品供应工作。

案例　　　　　　　　　**麦德龙对购买者的划分**

麦德龙是德国最大、欧洲第二、世界第三的零售批发超市集团。麦德龙一般将购买者划分为 3 类：一是 HORECO，即伙食团，包括酒店或宾馆、餐厅、酒吧或咖啡厅、伙食提供者或食堂，这类购买者对价格敏感，对服务要求高；二是 CBU，即企事业服务商，包括行政单位、公共机构等其他企事业单位，这类购买者对价格不敏感，但对服务要求高，其主要在麦德龙购买劳保用品和福利产品，购买频率较低，但每次的购买额较大，尤其是在过年、过节时购买额特别大；三是 TRADE，即专业批发商和零售商，这类购买者对价格十分敏感，对服务要求也高，价格的高低往往决定了这类购买者在麦德龙购买额的高低。

第二节　目标市场选择

目标市场选择是指企业从潜在的几个目标市场中，根据一定的要求和标准，选择其中某一个或某几个市场作为经营目标的决策过程。

一、为什么要选择目标市场

（一）没有任何一家企业可以满足市场上的所有需求

一家企业，不论它的规模有多大，它所拥有的资源，包括人力、财力、物力及生产能力、时间都是相对有限的。这就决定了没有哪家企业能提供市场上需要的所有产品，而只能满足市场上一部分特定的需求。此外，竞争者的客观存在也决定了没有任何一家企业可以满足所有消费者的需求，即不可能为所有的消费者提供产品。

因此，企业必须选择属于自己的目标市场。主动选择市场实际上是企业化被动为主动的思维方式，体现了企业的个性，也体现了企业的尊严，更决定了企业的命运。

例如，南昌日用化工总厂在生产"草珊瑚"产品的初期，由于广告费用有限，面对强大的竞争者，其没有以卵击石，而是经认真分析和调查后，决定走"农村包围城市"的道路，把销售工作的重点放在竞争者尚未涉足的农村和小城镇，结果取得了较大的成功。

（二）并非所有细分市场都有吸引力

并非所有细分市场都有吸引力，有的细分市场消费者不足，有的细分市场购买力不足，有的细分市场购买欲望不足，有的细分市场盈利不足，有的细分市场竞争过于激烈……所以，企业必须根据自身的人、财、物、产、供、销等条件，选择有吸引力的目标市场。

例如，日本到海外旅游的人每年不过三四百万，且以团体旅游为主，日本的大型旅行社经营的业务主要是团体旅游。日本三贤株式会社（Highest Interdtional Standards，HIS）创办者泽田秀雄于 1980 年在东京新宿车站附近的一幢大楼里租了一间屋子并雇了一名职员，以自己留学归来所赚到的钱加上投资股票所得共 1000 万日元（1 日元≈0.05 元人民币，2023 年 12 月 20 日汇率）作为资本，办起了一家以供应廉价机票为特色的国际旅行社。HIS 看准了尚未被重视的个人旅游这一市场空隙，异军突起，打出了以接待散客尤其是青年学生为主的经营旗号，同时建立了一个比正规国际机票便宜的廉价机票销售机制，并以此为特色，跻身于竞争激烈的日本旅游业。由于市场定位准确，HIS 的业务蒸蒸日上，仅用了几年时间便做出了令人刮目相看的业绩。

二、选择什么样的目标市场

（一）选择与企业定位一致的细分市场

企业要根据自身的定位来选择目标市场。

例如，一家为专业人士或音乐"发烧友"生产高保真音响的小型专业企业如果出击"大众音响"的细分市场无疑是危险的，因为这样会破坏它生产高档音响的专家形象。同样，一个五星级酒店在为高消费的市场提供高档服务的同时，也为低消费的市场提供廉价的服务，就可能会令消费者对其产生怀疑。可见，高档产品如果为了增加销售量而进入中低档市场是十分危险的。

> **案例　美国西南航空公司的目标市场**
>
> 美国西南航空公司为了与其他航空公司进行差异化竞争，将目标市场定位于对机票价格敏感的低端市场，提供经常性的、相对短途的美国国内航班。飞机上不但不设商务舱和头等舱，而且对航空服务进行了一系列的简化——乘客到了机场的候机厅后，要像坐公共汽车那样去排队，上了飞机后自己找座位。如果你到得很早，可能会找到一个好座位；如果你到得晚，就很可能坐在厕所旁边。飞机上也不供应餐饮，但乘客一坐下就可以听非常幽默的笑话，直到飞机降落，一路上嘻嘻哈哈、热闹非凡。
>
> 美国西南航空公司的这种"节约"服务，对收入低、消费低的人士有很大的吸引力，因为他们可以用极低的价格乘坐飞机。但对收入稍微高一些的人士来说，就不适合了——他们不太在乎机票的价格，但需要较好的航空服务，根本受不了要自己去"抢"座位。另外，他们上飞机后往往要想问题、做事情或者休息，不喜欢吵吵嚷嚷的环境……因此，中产阶级人士很少愿意乘坐美国西南航空公司的班机。不过，这正是美国西南航空公司所要追求的效果，因为它很清楚自己的服务对象。其总裁在电视上说："如果你对我们提供的服务感到不满，那么我要非常抱歉地告诉你，你不是我们服务的目标客户，我们不会因为你的抱怨而改变我们的服务方式。如果你认为我们的服务令你感到不满，你可以去乘坐其他航空公司的飞机；当你感觉需要我们的服务时，欢迎你再次乘坐西南航空的班机。"

（二）选择规模足够大的细分市场

目标市场必须具有一定规模，才能保证企业获得利润。也就是说，企业要选择具有足够大吸引力和较高综合价值的细分市场，这样的市场才能为企业带来足够多的收益。

例如，美国某化妆品企业生产了一种叫"嫩春"的面霜，其可以防治青春痘，并能够减少皱纹。该面霜上市后，调查人员发现，80%的消费者是20岁左右的年轻女子——她们认为该种产品能防治青春痘，而其余20%的消费者是35～50岁的中年妇女——她们认为该种产品能够减少皱纹。这样企业就面临两种选择：是强调防治青春痘，还是强调减少皱纹？企业考虑到80%和20%的差距，决定放弃中年妇女这个较小的市场（只占消费者的20%），而强调"嫩春"面霜防治青春痘的功效，全力以赴抓住年轻女性市场，从而获得了成功。

又如，当全球航空公司在热火朝天地进行价格竞争时，斯堪的纳维亚联合航空公司却对目标市场进行了重新定义：集中发展欧洲民航运输产业中的一个特定市场，即经理阶层。这一市场群体的特定需求是在陆上和空中的准点、安全、个性化和舒适。为此，该航空公司开发了许多服务项目来满足这种需求，如组建了一支由豪华轿车、直升机和普通轿车组成的可供租用的车队，用于接送旅客；在机场备有进行了适当装饰、供旅客使用的特殊房间；重视对服务人员的培训并改进服务和提高处理突发事件的能力。

（三）选择有潜力的细分市场

企业选择目标市场，不但要考虑细分市场当前对企业赢利的贡献，而且要考虑细分市场的成长性及其未来对企业的贡献。对于当前利润贡献低但是有潜力的小市场，尽管满足这些小市场的需求可能会降低企业的当前利润，甚至可能给企业带来损失，但是企业必须接受眼前的暂时亏损，因为这是一只能够长成"大象"的"蚂蚁"！

例如，麦当劳通过调查发现，去哪个餐馆吃饭并不完全由父母决定，他们往往会尊重孩子的意见，而只要吸引一名儿童，就等于吸引了两名大人。因此，麦当劳决定将目标市场主要定位于儿童。为此，麦当劳在各个分店设置了游乐区及专门为儿童提供生日聚会的服务项目；同时，店内的食谱不断推陈出新，以满足儿童日益变化的口味。麦当劳还看到，二三十年后这些儿童长大又会带着自己的下一代继续吃麦当劳——这就是麦当劳的眼光！

（四）选择具有竞争优势的细分市场

再好的市场，如果企业没有能力满足其需求，或者它们已经被竞争者牢牢控制，那么企业也应当放弃，因为企业将无法在该市场获得竞争优势。

案例　　　　　　　　　**江南布衣开拓海外市场**

1994年，江南布衣公司成立。2003年，江南布衣的产品已经在超过400家商店中销售，几乎覆盖了中国所有的主要城市。2005年，江南布衣在莫斯科的第一家店开业。

江南布衣将莫斯科作为走出国门第一步的考量：一是俄罗斯在地理位置上与中国接壤，减少了运输费用；二是中国人与俄罗斯人的审美习惯、穿衣风格等有相似之处；三是俄罗斯人天生个头高大威猛，而江南布衣品牌时装恰恰适合个头高大的人群；四是中国与俄罗斯交往历史悠久，贸易往来密切，风险相对较小。

此后，江南布衣先后在日本、新加坡、泰国等亚洲国家建立门市店，接着又将市场投入北美和欧洲，成功打开了国际市场，并于 2010 年在美国纽约建立了品牌旗舰店。到目前为止，该品牌已在海外开设了几十家专卖店和专柜。

三、目标市场选择模式

（一）全市场模式

全市场模式指企业不加选择地将所有的细分市场作为目标市场，力图用各种产品满足所有市场的消费者需求。一般来说，只有实力强大的大企业才适合采用这种模式。

（二）多元市场模式

多元市场模式指企业同时选择几个细分市场作为目标市场。这种模式能分散企业的经营风险，即使其中某个细分市场失去了吸引力，企业也能在其他细分市场盈利。

（三）专门市场模式

专门市场模式指企业选择一个细分市场，集中力量为之服务。

这种模式有两种情形：一是产品专门化，二是消费者专门化。

1. 产品专门化

产品专门化指企业专门生产一种产品，并向所有消费者销售这种产品。其优点是企业专注于某种产品的生产，有利于形成和发展生产与技术上的优势。但是当该领域被新技术或新产品代替时，企业原有的专一优势则不复存在。

2. 消费者专门化

消费者专门化指企业专门为一个细分市场提供产品，并尽力满足其各种需求。例如，企业专门为老年消费者提供各种档次的服装。又如，工程机械公司专门为建筑业消费者提供推土机、打桩机、起重机、水泥搅拌机等机械设备。

应当注意的是，实施专门市场模式的企业可能会面临"孤注一掷"的经营风险。

第三节　市场定位

一、市场定位的概念

1969 年，广告经理人艾·里斯（Al Ries）和杰克·特劳特（Jack Trout）在美国专业期刊《广告时代》上发表了一篇题为《定位是人们在今日模仿主义市场所玩的竞争》的文章，第一次提出了定位的概念——所谓定位，就是令你的企业和产品与众不同，形成核心竞争力。对于受众而言，定位即鲜明地建立品牌。

1979 年，艾·里斯和杰克·特劳特合作出版了第一部论述定位理论的专著《广告攻心战略——品牌定位》。该书指出："定位是指针对潜在消费者的心理采取行动，即在消费者的心智中确定一个合适的位置。"

1980 年，二人再次共同撰写了营销理论的经典之作《定位》，该书被翻译成 14 种文字畅销全球。该书认为，市场定位是企业根据竞争者的现有产品在市场上所处的位置，以及消费者对该类产品的某些特征或属性的重视程度，为本企业的产品塑造与众不同的形象，并将这种形象生动地传递给消费者，从而使该产品在市场上占有强有力的竞争地位的过程。

例如，劳斯莱斯的市场定位是"最昂贵、最舒适和最豪华的高级汽车"。

又如，新加坡航空公司、汉莎航空公司定位高端市场，以航线网络的全方位服务和品牌优势为商务旅客服务；而美国西南航空公司和西方喷气航空公司定位低端市场，为价格敏感型旅客提供服务。

二、市场定位的意义

市场定位的意义在于凸显差异性，为消费者提供一个明确的购买理由。如果能够在消费者的心智阶梯中占据最有利位置，成为某个类别或者某种特性的代表，那么当消费者产生相关需求时，便会将其作为首选。

例如，Hertz 是汽车租赁的主导品牌，星巴克是咖啡的主要品牌，麦当劳是主要的汉堡品牌，可口可乐是可乐领军品牌，而微信是社交媒体领域的佼佼者。

又如，说到可乐，人们立刻会想到的品牌是可口可乐；说到电子支付，人们立刻会想到的品牌是支付宝；说到冰箱，人们立刻会想到的品牌是海尔；说到运动鞋，人们立刻会想到的品牌是耐克和安踏；说到凉茶，人们立刻会想到的品牌是"王老吉"；说到巧克力，人们立刻会想到的品牌是德芙；说到白酒，人们立刻会想到的品牌是茅台。

案例　　　　　　　　　　　**知乎的定位**

知乎出现以前，我国互联网市场上主要有两类知识社区：一是定位为"问答"的互联网问答平台，如百度知道等，其社交属性较弱；二是定位为"社交"的互联网社区，如猫扑网、天涯社区、百度贴吧等，属于浅层次的线上交流社区。这两类产品的定位各有侧重，要么侧重于知识，要么侧重于社交。

知乎适时提出了自己的定位——高质量问答社区。"高质量"让知乎撇清了同类网站生产低端内容的形象，"问答"表现出了知乎的主要功能是提问和回答，"社区"赋予了知乎的社交元素。这个定位暗示了消费者可在知乎与高端人士交流，使得知乎在开放注册后，吸引了大批用户的加入。知乎一直强调生产"高质量"的内容，并且严格审查注册用户的资质。无论是在用户发展上、内容质量上还是在主站产品设计上，知乎都坚持着差异化的策略，其主站设计加入了多种社交元素。高质量内容和社交的结合，使得知乎树立起高端知识社交平台的形象，从而获得投资商和消费者的双重青睐，成为互联网行业特立独行的一头"独角兽"。

三、市场定位的方法

市场定位的关键在于形成差异化，使自己的产品有特色、有个性、有独特的元素，至少在某些方面能与众不同。企业确定市场定位的主要思维方式和常用定位方法有以下 10 种。

（一）质量或价格定位

质量和价格通常是消费者最关注的因素，消费者都希望买到质量好、价格适中或较低的产品。因而，这种定位往往表现为宣传产品的物美价廉和物有所值。

例如，奔驰汽车的市场定位在于凸显"高贵"和"王者"风范，展现"元首座驾"的核心理念，以高质量的工艺生产水平和高价值展示物超所值的震撼，带给消费者"王者"驾驭的体验。

又如，雕牌用"只选对的，不买贵的"的广告语暗示雕牌的价格实惠。

奥克斯空调告诉消费者"让你付出更少，得到更多"，也是既考虑质量又考虑价格的定位策略。

戴尔公司采用直销模式降低成本，让利给消费者，因而戴尔公司总是强调"物超所值，实惠之选"。

（二）功效定位

消费者购买产品主要是为了获得产品的使用价值，希望产品具有自己期望的功能、效果和效益，因而强调产品的功效是常见的定位方法。

例如，"怕上火，喝王老吉""高露洁，没有蛀牙"，以及洗发水中飘柔的定位是"柔顺"、海飞丝的定位是"去头屑"、潘婷的定位是"健康亮泽"。

又如，VOLVO定位于"安全耐用"、宝马定位于"驾驶乐趣"、丰田定位于"经济可靠"。

案例　　　　　　　　　"除菌"香皂舒肤佳

舒肤佳在进入中国市场之前，力士已经牢牢占据了中国的香皂市场。然而舒肤佳在短短几年时间里，硬生生地把力士从香皂"霸主"的宝座上拉了下来。舒肤佳的成功自然是多种因素共同作用的结果，但关键的一点在于它找到了一个新颖而准确的概念——除菌。

舒肤佳的营销传播以"除菌"为核心概念，提出"有效除菌护全家"，并在广告中通过踢球、挤车、扛煤气罐等场景告诉大家：在生活中会感染很多细菌。然后，舒肤佳通过证明自身内含抗菌成分"迪保肤"的实验来告诉大家：舒肤佳可以让你把手洗"干净"。

（三）特点定位

有些同类产品质量相当，企业要突出其与众不同的特点。

例如，西班牙是世界旅游胜地，"阳光、海水、沙滩"是其最丰富的旅游资源，因而其宣传口号是"阳光普照西班牙"，并且用著名画家米罗的抽象画中的"太阳"作为旅游标志，使世界各国的游客一见到"太阳"就想到西班牙。

又如，维珍集团的经营几乎涵盖了生活的方方面面，但是其所有产品或服务的目标市场都锁定在"不循规蹈矩的、反叛的年轻人"身上。维珍集团把握住了现代人注重享受生活、体验生活、追求个性的心理，赢得了年轻人的认同和信任，使他们成为维珍集团的忠实消费者。

案例	沃尔沃定位"安全"

1927年，第一辆沃尔沃汽车上市。面对奔驰、宝马和劳斯莱斯的竞争，沃尔沃宣称自己比它们更加豪华、更加舒适、更加尊贵。结果从1927年到1936年，沃尔沃连续10年亏损。1936年，针对奔驰的"乘坐舒适"、宝马的"驾驶乐趣"、劳斯莱斯的"手工打造"，沃尔沃确定了"安全"的定位——带给消费者"安全感"的汽车。从此以后，沃尔沃在各个单项活动中进行持续的定位强化，从而使其定位不断加强。

第一，沃尔沃作为豪华汽车，其外观没有以奔驰为标杆进行效仿，而是选择了显得笨拙甚至像一辆坦克的外观，这样的设计给消费者带来了"安全感"。

第二，沃尔沃在安全技术上一直是豪华汽车的引领者，从其发明三点式安全带以来，先后开创了防侧撞钢板结构、一次性整体成型、侧翼安全气囊等领先技术。例如，当行车打电话导致车祸的情况增加时，沃尔沃第一个增加了电话免提功能，使得司机可以在用双手开车的同时接听电话。此外，沃尔沃更是投资了一个让大众觉得不可思议的研发项目：汽车在500千米/小时的状态下行驶时如何确保安全。

战略定位为沃尔沃企业运营的方方面面提供了前进的方向，它开展了如下市场营销活动：做出了"好男人不会让心爱的女人受一点点伤"的广告。

沃尔沃的企业文化，也是为了强化安全的定位——为了生命。沃尔沃倡导，每多卖一辆汽车，就能多保护一个最能为社会创造财富的生命（其消费者属于社会精英阶层），以此激励员工充满激情地投入工作。

今天，沃尔沃汽车已被认为是豪华汽车中的"安全"代表。凭借其"安全"定位，沃尔沃在20世纪90年代一度超过奔驰、宝马，成为全美最大的豪华汽车品牌。

（四）档次定位

不同的产品档次定位会带给消费者不同的心理感受和体验。

例如，劳斯莱斯的市场定位是"最昂贵、最舒适和最豪华的高级汽车"，林肯汽车定位高端汽车市场，雪佛兰汽车定位中端汽车市场，而斑马汽车则定位低端汽车市场。

现实中，常见的是高档次定位方法，即通过高价位来传达产品高品质的信息。

例如，劳力士、浪琴和上百万元一块的江诗丹顿表展示了"高贵、成就、完美、优雅"的形象和地位；奥迪A4汽车上市时，宣称其为"撼动世界的豪华新定义"，显示出产品的尊贵和气派。

（五）产地定位

某些产品的质量和特点与产地有密切的关系，消费者相信原产地盛产此种优质原料，因此认为该地生产出来的产品自然品质不凡。例如，法国香水、青岛啤酒、泰国香米、哥伦比亚咖啡豆等。

如果某种产品的竞争力较强，但是其原产地不受消费者的青睐，那么企业可以与一家名声较好的外国企业合作进行生产。例如，美国香水制造商为了利用法国香水在消费者心目中的地位，干脆把法国的香水厂买下来。

（六）另类定位

另类定位是指企业为了使自己的产品与某些知名而又属于司空见惯类型的产品有明显的区别，将自己的产品定位为与之不同的另一类产品。

例如，娃哈哈出品的"有机绿茶"与一般的绿茶有显著差异。

又如，奥妮皂角洗发浸膏发挥中草药的优势，打出"植物一派，重庆奥妮"的口号，告诉消费者洗发水有化学洗发和植物洗发之分，"洋"品牌走的是化学洗发的路线，而奥妮运用传统的中医理论，延续国人用中草药洗发的传统，因此获得了成功。

案例 **去头屑，用采乐**

在采乐"出山"之际，国内的去屑洗发水市场已相当成熟。从产品的诉求来看，采乐似乎已无缝隙可钻。以营养、柔顺、去屑为代表的"宝洁三剑客"——潘婷、飘柔、海飞丝几乎占据了我国洗发水市场的半壁江山。另外，舒蕾、风影、夏士莲、力士、花香等所形成的包围圈也让其他诸多洗发水品牌难以突破。

"头屑是由头皮上的真菌过度繁殖引起的，清除头屑应杀灭真菌；普通洗发只能洗掉头发上的头屑，用我们的方法能杀灭头皮上的真菌，使用8次，针对根本"——采乐独特的产品功能有力地抓住了目标消费者的心理需求，使消费者在试图解决头屑问题时忘记了其他去屑洗发水，只想到了采乐。难怪采乐上市之初便顺利切入市场，销售量节节攀升，成功地占领了市场。

例如，七喜汽水之所以能成为美国第三大软性饮料，就是利用了人们惧怕咖啡因的心态，宣称自己是"非可乐"型饮料，即它是一种不含咖啡因的饮料，是能够代替可口可乐和百事可乐的消热解渴饮料，以突出其与两"乐"的区别。

又如，中粮集团的五谷道场推崇"非油炸，更健康"的健康理念定位，就是针对其他方便面品牌油炸工艺的弱点而制定的，可以说几乎颠覆了人们对方便面食品的认知；舒肤佳推出的"免洗洗手液"提出"随时随地，清洁双手"的理念，与普通洗手液形成了区别。

（七）概念定位

概念定位就是使产品在消费者的心目中占据一个新的位置，形成一个新的概念，甚至创造一种思维定式，以获得消费者的认同，使其产生购买欲望。

（八）空当定位

空当定位是针对竞争品牌忽略或者不占优势，却是许多消费者所重视的、尚未被开发的市场的机会来进行品牌定位，从而赢得市场。

任何企业的产品都不可能占领同类产品的全部市场，也不可能拥有同类产品的所有竞争优势。市场中的机会是无限的，只是看企业能否发现和挖掘这些机会，谁善于寻找和发现市场空当，谁就可能成为后起之秀。

企业可以从时间空当、空间空当、年龄空当、性别空当、品类空当、品质空当、高价空当、低价空当等方面来考虑空当定位。

例如，娃哈哈新品"营养快线"就是看到市场上还没有奶品和果汁混合饮品这一空当，从而迅速抢占市场，并取得了成功。

又如，可口可乐公司推出的果汁品牌"酷儿"堪称成功的典范，一个重要的原因就是它瞄准了儿童果汁饮料市场无领导品牌这一市场空当。

寻找和发现市场机会是品牌经营成功的必要条件，而空当定位策略正是品牌捕捉市场机会的有力武器。

（九）消费群体特征定位

消费群体特征定位是指瞄准特定消费人群进行市场定位，针对目标消费群体的需求提供服务，从而获得目标消费群体的认可。

群体特征定位通过群体的归属感，把品牌与目标消费者结合起来，让消费者群体产生"我自己的品牌"的感觉。

例如，太太口服液定位中年已婚女性，宣扬"太太口服液，十足女人味"；金利来定位"男人的世界"；海澜之家定位"男人的衣柜"。

又如，星巴克（Starbucks）从 1971 年西雅图的一间咖啡零售店发展成为国际著名的咖啡连锁店品牌，可谓创造了一个企业扩张的奇迹。星巴克这个名字来自麦尔维尔的小说 *Mobby Dick*（中译名为《白鲸》）中一位处世极其冷静、极具性格魅力的大副。他的嗜好就是喝咖啡。麦尔维尔被海明威、福克纳等美国著名作家认为是美国最伟大的小说家之一，在美国和世界文学史上有很高的地位。但麦尔维尔的读者并不算多，主要是受过良好教育、有较高文化品位的人士。星巴克咖啡的名称暗含其对消费者的定位——不是普通的大众，而是有一定社会地位、有较高收入、有一定生活情调的人群。

（十）首席定位

在现今信息爆炸的社会里，消费者对大多数信息毫无记忆，但对领导性、专业性的品牌印象较为深刻。为此，很多企业在广告中强调自己是"第一家"等，目的就是通过首席定位让企业品牌成为消费者的首选。

例如，雅戈尔宣称自己是"衬衫专家"；格兰仕推出柜式空调，宣称自己是"柜机专家"。这些都是对首席定位策略的运用。

案例　　　　　　　　　　**迪拜的定位**

迪拜的定位就是要做世界第一。人们为什么会知道迪拜？第一个原因是全世界最奢侈的酒店——七星级的帆船酒店坐落在迪拜。之后，迪拜又推出世界首个风力发电的旋转摩天大楼，它可以自动旋转产生动能——发电。大楼的每一层都能错开并螺旋上升，旋转一圈用时 1～3 小时，每个房间都拥有 360 度的全方位视野。因为每层楼的旋转角度不同，在不同时间、天气条件下，建筑的色彩和外观也各不相同，整个大楼犹如一个活生生的有机生命体，每分钟都在变化。

除了这两个地标性建筑，迪拜还有很多"第一"：世界第一高楼迪拜塔；世界最大的人工岛（棕榈人工岛）；世界最大的购物中心；等等。这些"第一"无疑强化了迪拜的品牌定位，使之能继续创造更多"第一"以吸引世界各国的游客和投资者。

第四节　目标市场营销战略的类型

目标市场营销战略有 3 种类型，即无差异性营销战略、差异性营销战略、集中性营销战略。

一、无差异性营销战略

无差异性营销战略是指企业不考虑细分市场的差异性，为所有市场只提供一种营销组合。

例如，1886 年美国人彭伯顿发明了可口可乐配方，并投入生产。100 多年来，不论是在北美还是其他地区，可口可乐公司都奉行无差异性营销战略，并保证可口可乐的口感始终如一，使之成为一个全球性的超级品牌。

又如，某运动品牌公司的广告"JUST DO IT"通行全球，虽然只用了英文，但该公司的全球消费者都明白这是什么意思。该运动品牌公司抓住了全球新一代年轻人共同的观念——尽管去做，成功塑造了全球年轻人都认同的品牌。

（一）无差异性营销战略的优点

首先，没有进行市场细分，节省了市场调研、产品研制与开发、各种营销方案制定等的费用。

其次，通过大规模的生产和经营，形成规模经济，使单位成本保持在最低水平。

再次，单一产品线使得存储和运输相对方便，物流等资源配置都集中在一种产品上，效率高。

最后，无差异的广告宣传，节省了促销费用。

（二）无差异性营销战略的缺点

第一，对市场上绝大多数产品都是不适用的，因为消费者的需求偏好具有极其复杂的层次，同种产品或品牌受到市场普遍欢迎的情况是很少的。

第二，缺乏针对性，可能无法满足消费者的某些特殊需求，这导致企业可能丧失许多市场机会。

（三）无差异性营销战略的适用范围

第一，各细分市场之间的需求本身不存在实质性差别的基本生活资料和主要工业原料，如天然气、自来水、电、煤炭等。由于消费者对此类产品的选择余地不大，需求欲望、兴趣爱好也大致相同，为了降低经营成本和管理成本，企业可采取无差异性营销战略。

第二，对市场上竞争不激烈的同类产品或处在导入期和成长期的产品，为了降低经营成本和管理成本，企业可采取无差异性营销战略。

二、差异性营销战略

差异性营销战略是指企业决定以几个细分市场为目标市场，并且为每个目标市场分别设计产品及营销方案。

例如，沃尔玛针对不同的目标消费者，采取了不同的零售经营形式：针对中下层消费者的沃尔玛平价购物广场，只针对会员提供各项优惠及服务的山姆会员商店，以及深受上层消费者欢迎的沃尔玛综合性百货商店等。通过这些不同的经营形式，沃尔玛分别吸引了零售各档市场中的消费者。

（一）差异性营销战略的优点

第一，有的放矢，针对性强，可以满足具有不同特点的消费群体的需求，能增加企业的销售额。

第二，可使企业在细分市场上占有优势，提高企业的市场竞争力。

（二）差异性营销战略的缺点

差异性营销战略的缺点是增加了企业的制造成本、经营成本、销售费用、管理费用、储存费用等。因此，企业在决定是否使用差异性营销战略之前，必须衡量增加的成本与销售额之间的关系。

（三）差异性营销战略的适用范围

首先，市场需求差别大、消费者挑选性强、规模等级复杂的产品。

其次，竞争者实力强，并且实行无差异性营销战略。

最后，市场竞争激烈而又处在成长期和成熟期的产品。

三、集中性营销战略

集中性营销战略是指企业集中所有力量，以一个或少数几个性质相似的细分市场作为目标市场，试图在较少的子市场上取得较高的市场占有率。

实行这种营销战略的企业，期望的不是在较大的市场上拥有较小的份额，而是在较小的市场上拥有较大的份额。

（一）集中性营销战略的优点

第一，由于目标市场集中，企业可以大大节省营销费用并增加盈利。

第二，由于目标市场集中，企业可以深入了解某一特定细分市场，集中力量提供最佳服务，从而在这一特定细分市场取得有利的市场地位。

（二）集中性营销战略的缺点

企业承担的风险较大，如果目标市场的需求突然发生变化，消费者兴趣突然发生转移，或市场上突然出现强有力的竞争者，企业就可能陷入困境。

（三）集中性营销战略的适用范围

首先，高档产品，要求高、需求差别大的产品。

其次，进入衰退期的产品，有助于维持和延长产品的生命周期，减少损失。

再次，资金基础薄弱、规模较小、资源有限的中小型企业。

最后，竞争者采用差异性营销战略时。

案例　　　　　　　　　　　　**传音手机**

被称为"非洲手机之王"的传音手机高居 2020 年全球手机销量排行榜第四位，占据着整个非洲大陆 50 多个国家和地区近半市场份额。

2006 年是国产手机最艰难的一年。原波导手机的海外市场负责人竺兆江正式创立了传音手机。相较于当时国内手机品牌出海扎堆发达国家市场和印度等新兴市场，传音切入了非洲这块尚待开发的地区。公司成立当年，传音就在尼日利亚发布了旗下首个手机品牌 TECNO，开启了传音在非洲大陆的征途。

传音针对非洲市场的需求，进行了极致的本土化创新，"智能美黑""四卡四待""手机低音炮"……正是这一个个深植非洲用户需求的本土化创新，成为传音的撒手锏。当手机有了摄像头后，自拍便成了全球人民的钟爱，但一般的手机自拍对黑肤色的非洲人却不太友好。为此，传音手机结合深肤色影像引擎技术，定制 Camera 硬件，专门研发了基于眼睛和牙齿来定位的拍照技术，并加强曝光，加上"智能美黑"黑科技，让更多非洲人拍出了满意的自拍照，甚至晚上也能自拍，一下子就俘获了众多非洲用户的心。

相较于国内的统一市场及移动、联通、电信三家主流运营商，非洲大陆有着 50多个国家和地区，甚至同一个国家也有着为数众多的运营商，而且不同运营商之间的通话资费很贵，一个非洲当地人兜里装着三四张电话卡是较为普遍的现象。为了解决非洲用户的这个痛点，传音先是将国内特有的"双卡双待"机型引入非洲，此后更是破天荒地开发了"四卡四待"机型，即一个手机配备四个卡槽，可以放四张电话卡，再次获得非洲用户的青睐。

非洲人民热爱音乐和跳舞，传音就专门开发了"Boom J8"等机型，把手机音响变成低音炮，即使在很嘈杂的大街上，也能让他们随着手机的歌曲起舞。另外，传音还贴心地为手机配备了头戴式耳机。据悉，该款手机发布的时候，尼日利亚知名的 18 位巨星一起为其站台，创造了巨大的轰动效应。针对非洲部分地区经常停电、早晚温差大、天气普遍炎热等问题，传音还开发了低成本高压快充技术、超长待机、耐磨耐手汗陶瓷新材料和防汗液 USB 端口等。

手机好不好用，硬件是一方面，软件的功能适配及生态也很重要。在非洲市场收获众多用户和流量的基础上，传音也把中国当下火热的软件应用引入非洲，并针对非洲市场和用户的特点进行了开发。同时，传音基于安卓手机系统平台进行二次开发，为非洲消费者深度定制了智能终端操作系统（OS），包括 HiOS、itelOS 和 XOS。目前，传音OS 已成为当地主流操作系统之一。围绕 OS，传音还与腾讯、阅文集团等国内互联网巨头在多领域进行出海战略合作，积极开发和孵化契合非洲当地的移动互联网产品。

对于非洲这个新兴手机市场而言，功能机和中低端智能机仍是市场主流。硬件配置和软件应用是选购的重要前提，高性价比和实惠才是选购的"临门一脚"。传音根据非洲市场的消费现状，虽然推出了面向不同层次的手机品牌及产品，但在产品定价方面，都比较合理实惠。据悉，传音在非洲市场推出的产品均价不足 1000 元人民币。据相关统计，此前在传音所售出的手机中，廉价功能机较多，即便是智能机售价一般也在 500 元以下，而同期小米手机平均售价为 959 元。好用还便宜，成为传音手机突出重围的"关键一招"。

和目前国内互联网广告、电视广告铺天盖地不同的是，非洲很多国家的广告方式还和 20 世纪末 21 世纪初的中国相似，刷墙广告、贴海报广告、FM 广告等传统形式依然占据着主流。在非洲的大街小巷，无论是电线杆还是围墙，到处都印刷着传音旗下手机品牌的广告。传音员工说："从内罗毕的机场道路到坎帕拉的贫民窟，从肯尼亚的边境小城 Kisii 到卢旺达的旅游城市 Rubevu，只要有墙的地方，就少不了传音手机的涂墙广告。"传音也正是通过这些接地气的方式来推广其新产品及影响当地用户心智的，而节节攀升的销量则成为最好的佐证。

非洲网络基础设施还不完备，电商渗透率仅为个位数，线上销售基本可以忽略，更多依靠线下传统的经销商渠道来地推。传音一方面给渠道经销商足够的让利空间，另一方面通过驻场指导、统一宣传等形式助力各地经销商销售。较高的利润水平和良好的合作体验让传音与各地的经销商建立了长期、良性的合作关系。传音方面介绍称，对于重点市场及重点渠道商客户，公司坚持渠道下沉策略，配备销售专员与经销商、分销商和零售商保持长期稳定的日常沟通，及时获取一手市场反馈和需求信息，与渠道商共同成长。据悉，传音已与全球各市场国家超过 2000 家经销商客户开展密切合作，建设广覆盖、强渗透、高稳定的营销渠道。

四、影响目标市场营销战略类型选择的因素

（一）企业资源

如果企业的人力、物力、财力及信息资源不足，无法把整个市场作为目标市场，则企业可用市场集中模式实行集中性营销战略。

（二）市场差异程度

如果所有消费者的爱好相似，对市场营销刺激的反应也相同，企业可以采用无差异性营销战略；反之，如果各消费群体的需求、偏好相差甚远，则企业必须采用差异性营销战略或集中性营销战略，使不同消费群体的需求得到更好的满足。

（三）产品差异性

如果是标准化的产品，那么企业可以采取无差异性营销战略；如果产品之间的差异程度很高或者很难做到标准化，那么企业可以采取差异性营销战略或者集中性营销战略。

（四）产品生命周期

新产品上市时，企业往往以较单一的产品探测市场需求，产品价格和销售渠道基本呈单一化。因此，在新产品处于导入期时，企业可采取无差异性营销战略；而当产品进入成长期或成熟期、市场竞争加剧、同类产品增加时，企业继续采用无差异性营销战略就难以奏效，那么选用差异性营销战略或集中性营销战略的效果会更好。

（五）竞争者的营销战略

如果竞争者采用的是无差异性营销战略，那么无论企业本身的实力强于还是弱于对方，采用差异性营销战略或集中性营销战略都是可以的。

课后练习

一、判断题

1. 目标市场指企业要瞄准的那部分市场。 （ ）

2. 没有任何一家企业可以满足市场上的所有需求。（　　）

3. 每个细分市场内的消费者具有类似的消费需求。（　　）

4. 产品专门化指企业专门生产一种产品，并向所有消费者销售这种产品。（　　）

5. 消费者专门化指企业专门为一个细分市场提供产品，并尽力满足其各种需求。（　　）

二、选择题

1. （　　）是细分国际市场最常用的变量。

    A. 经济因素　　　　B. 政治因素　　　　C. 组合因素　　　　D. 地理因素

2. 采用无差异性营销战略的最大优点是（　　）。

    A. 市场占有率高　　B. 市场适应性强　　C. 成本的经济性　　D. 需求满足程度高

3. （　　）是实现市场定位目标的一种手段。

    A. 产品差异化　　　B. 市场集中化　　　C. 市场细分化　　　D. 无差异性营销

4. 市场细分的原则是（　　）。

    A. 可衡量性　　　　B. 可实现性　　　　C. 可营利性　　　　D. 可区分性

5. 对于经营资源有限的中小企业而言，要打入新市场适宜用（　　）战略。

    A. 集中性营销　　　　　　　　　B. 差异性营销

    C. 整合营销　　　　　　　　　　D. 无差异性营销

三、填空题

1. 消费者市场可根据地理、_____、_____和行为等因素进行细分。

2. 生产者市场细分的标准有：_____、_____、购买者规模和购买力及购买者地点等。

3. _____是指企业在细分市场的基础上，结合自身的资源与优势，选择其中最有吸引力和最有把握的细分市场作为目标市场，并设计与目标市场的需求特点相匹配的营销战略。

4. 目标市场选择模式有：_____、_____、专门市场模式。

5. 影响目标市场营销战略选择的因素有：企业资源、_____、_____、产品生命周期、竞争者的营销战略等。

四、简答题

1. 市场细分的作用是什么？

2. 为什么要选择目标市场？应当选择什么样的目标市场？

3. 什么是市场定位？市场定位的方法有哪些？

4. 什么是"另类定位""空当定位"？

5. 目标市场营销战略有几种？

6. 无差异性营销战略的优缺点及适用范围是什么？

7. 差异性营销战略的优缺点及适用范围是什么？

8. 集中性营销战略的优缺点及适用范围是什么？

第七章
市场竞争战略

视频导学

引例：春秋航空的成本领先战略

春秋航空股份有限公司，是首个中国民营资本独资经营的低成本航空公司专线，是首家由旅行社起家的低成本航空公司，也是国内最成功的低成本航空公司之一，自 2004 年成立以来便定位廉价航空，倡导反奢华的低成本消费理念和生活方式，并且选择"坐火车的老百姓"——普通的休闲观光旅客和对价格敏感度较高的商务旅客，作为自己的目标消费者。同一趟航程，春秋航空往往能比别家航空公司便宜不少。春秋航空以"99"系列出名，即在航班上投放 9 元、99 元、199 元等不同价格的特价机票。每个航班的投放比例为 20%~30%，淡季会投放得更多。

春秋航空通过以下措施使机票价格更低。

首先，大部分机型为经济适用的 A320。中型飞机紧凑，空间利用率高；同时，还有利于确保客座率。而且人员培训、维修保养只需设立一个标准，费用大大降低。

其次，未设置头等舱。头等舱不符合低价走量的战略，这样春秋航空的座位数就比别家航空公司多了 50 多个。

再次，省去了相关服务。为了更多地载人，不提供免费行李托运，不提供免费机上餐点。砍掉机上食品这一服务项，又为旅客省出一笔钱。由于飞机停得离候机大厅远一点比较便宜，所以登机廊桥是不存在的，乘客登机的时候只能坐接驳车过去或者自己走过去。

最后，别家的飞机一天飞 4~5 次，春秋航空的飞机一天飞 8 次；别家的飞机一天飞 10 个小时，春秋航空的飞机一天飞 12 个小时。

总之，单一机型、单一舱位、不提供免费餐食、低票价、高密度航次、尽可能缩减成本……这些措施让春秋航空在成立第一年就实现了盈利，随后两年盈利攀升。

法国市场营销学家雅克·朗德维说，赢得市场比建造工厂更耗时也更艰难，因为建造工厂无须同任何人竞争，而赢得市场却要与行业中所有的厂商竞争。

竞争是市场经济的基本特征，优胜劣汰是市场竞争的生存法则。企业在进行营销活动时，不可避免地会遇到竞争者的挑战，同时其自身也可能因试图改变市场地位而展开竞争攻势。如何参与竞争并使自己在市场竞争中获胜，对企业的营销活动及其效果具有决定性的影响。

第一节　市场竞争的层次

任何一家企业一般都会面临以下几种不同层次的竞争。

一、行业间的竞争

满足消费者的不同需求、提供不同品种的产品的企业间的竞争被称为行业间的竞争。

例如，消费者收入水平提高后，可以把钱用于旅游，也可以把钱用于购买汽车或购置房产，那么旅游业、汽车业、房地产业之间就存在相互争夺消费者的竞争关系。

行业间的竞争，是不同行业之间的竞争，是争夺消费者的竞争。为此，同一行业的企业在自己的产品没有成为消费时尚之前，坚决不能搞"窝里斗"，而应该同心同德、团结协作、一致对外，争取消费者对本行业的青睐。

二、行业内的竞争

满足消费者的相同需求、提供不同形式的产品的企业间的竞争被称为行业内的竞争。

例如，航空公司、铁路客运、长途客运汽车公司都可以满足消费者外出旅行的交通需求，但它们之间存在相互竞争关系。

又如，可口可乐公司会面对生产带汽或不带汽的水果饮料、软饮料、低度啤酒企业的竞争。

三、产品间的竞争

满足消费者的相同需求、提供类似的产品，但其规格、等级、型号、质量、款式等不同的企业间的竞争被称为产品间的竞争。

例如，生产分体空调与中央空调的企业之间的竞争、生产高档汽车与中档汽车的企业之间的竞争，生产液晶彩电、等离子彩电、背投彩电等企业之间的竞争。

四、品牌间的竞争

满足消费者的相同需求、提供相同产品但品牌不同的企业间的竞争被称为品牌间的竞争。

例如，生产休闲运动鞋的李宁、安踏、特步等企业之间的竞争；可口可乐、百事可乐、其他可乐品牌之间的竞争；麦当劳和肯德基之间的竞争；格力空调、海尔空调、三菱空调等厂家之间的竞争。

在以上 4 个层次的竞争中，行业间的竞争是不同行业的竞争，其余三者是同行业的竞争，竞争主体的相似点越多，竞争就会越激烈。由于品牌间的竞争中产品的相互替代性较强，因而品牌间的竞争最严峻、最激烈，也是大多数企业终将要面对的。

知识拓展　　　　　　　　　　　**竞争的 5 种力量**

波特五力模型（见图 7-1）是迈克尔·波特（Michael Porter）于 20 世纪 80 年代初提出的。他认为，行业中存在决定竞争规模和程度的 5 种力量，这 5 种力量综合起来影响着产业的吸引力及现有企业的竞争战略决策。这 5 种力量分别为同行业内现有竞争者的竞争能力、潜在竞争者进入的能力、替代品的替代能力、供应商的讨价还价能力、购买者的讨价还价能力。

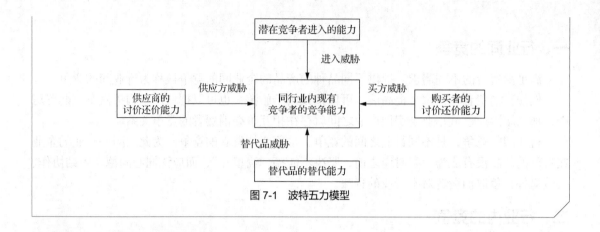

图 7-1　波特五力模型

第二节　市场竞争战略的类型

波特在其 1980 年出版的《竞争战略》一书中，提出了 3 种基本的竞争战略，即成本领先竞争战略、差异化竞争战略和集中化竞争战略。

一、成本领先竞争战略

成本领先竞争战略又称低成本战略，是指企业通过努力，使企业的全部成本低于竞争者的成本，甚至成为同行业最低的成本，从而获得竞争优势的一种战略。这一战略要求企业在提供相同的产品时，要加强成本控制，在研发、生产、营销等领域使成本最小化，从而赢得竞争优势，争取最大的市场份额。

例如，Costco 会在郊区开店，把仓储和前台零售放在一起，从而节省店面租金、缩减运输时间和成本。他们只卖家庭式大包装产品，把 SKU（最小库存单元）数量控制在 4000 个左右，这样运输、摆放会更容易，管理 SKU 的人力成本也会更低。

（一）成本领先竞争战略的优点

第一，企业处于低成本地位，可以与现有竞争者对抗，也可使欲加入该行业的潜在竞争者望而却步，形成进入障碍。

第二，能以低于竞争者的价格进行市场销售，给消费者提供优惠，从而赢得较大的市场份额。

第三，面对市场要求降低价格的压力，处于低成本地位的企业在进行交易时握有更大的主动权。

第四，当供应商抬高企业所需资源的价格时，处于低成本地位的企业有更大的灵活性来摆脱困境。

（二）成本领先竞争战略的缺点

第一，竞争者通过模仿、总结经验或购买更先进的生产设备，可能会以更低的成本参与竞争，这时企业将丧失低成本地位。

第二，企业集中注意力于如何降低产品成本，可能会丧失预见市场变化的能力——虽然产品价格低廉，却不为消费者所欣赏和需要，这是成本领先战略的最危险之处。

二、差异化竞争战略

竞争主体的相似点越多，竞争就会越激烈。差异化竞争战略就是企业在产品质量、性能、服务、款式、技术等一方面或几方面与其他竞争者相比独具特色、别具一格，从而使企业更胜竞争者一筹的一种战略。

（一）差异化竞争战略的优点

第一，可使企业避免与竞争者发生正面冲突。

第二，可使消费者无法"货比三家"，从而降低消费者对价格的敏感度。

> **延伸阅读**　　　　　　　　　**蓝海战略**
>
> 蓝海战略是由欧洲工商管理学院教授 W. 钱·金（W. Chan Kim）和勒妮·莫博涅（Renée Mauborgne）于 2005 年 2 月在二人合著的《蓝海战略》一书中提出的。
>
> W.钱·金和勒妮·莫博涅认为，市场可分为"红海"和"蓝海"。"红海"代表已知的市场空间，局限在现有行业之内进行残酷竞争，互相从对方手中抢夺消费者的战略，也被称为红海战略或"血腥"战略。
>
> "蓝海"代表未知的市场空间——蕴含庞大需求的新市场空间。换句话说，所谓的"蓝海战略"，就是企业从关注"红海"转为向消费者提供新价值，从而开启蕴含巨大潜在需求的市场。

（二）差异化竞争战略的缺点

第一，成本可能很高，因为企业采用差异化竞争战略往往会增加设计和研发费用，或者选用高档原材料等。

第二，可能因被竞争者模仿而不得不持续推出新的差异化产品。

（三）差异化竞争战略的路径

一般来说，企业可从产品差异化、服务差异化、渠道差异化、价格差异化、推广差异化、人员差异化、形象差异化、速度差异化、包装差异化等方面实现差异化竞争。

1. 产品差异化

产品差异化可以体现在设计、工艺、款式、性能、特色、质量、风格、耐用性等方面，即企业所提供的产品与竞争者相比有明显的独到之处。

例如，质量差异——企业向市场提供的产品在质量上优于竞争者；创新差异——企业能够根据市场需求不断开发出适销对路的新产品，走在竞争者的前面。

2. 服务差异化

竞争的日益激烈和技术的不断进步，使实体产品保持差异化变得越来越困难。于是，竞争的关键点逐渐向服务转移，服务差异化日益重要。企业可以提供比竞争者更完善的售前、售中和售后服务，具体体现在订货方便、交货及时和安全、免费安装及提供培训与咨询、维修养护等方面。

例如，通用电气公司不但向医院出售设备并负责安装，而且会对设备的使用者进行认真培训，同时提供长期服务支持。

3. 渠道差异化

渠道差异化即企业拥有实力雄厚、辐射力强的分销网络，并且分销商的销售能力、服务能力都比竞争者的分销网络强。

例如，采乐成功的原因之一就是别出心裁地选择了在"各大药店有售"。

4. 价格差异化

价格差异化即企业同类同档次产品的价格比竞争者的低或高。

5. 推广差异化

推广差异化即企业运用广告、公共关系、人员推销和销售促进等不同于竞争者的方式宣传企业和品牌，提高知名度。

6. 人员差异化

人员差异化即企业的人员在某些方面比竞争者的人员更优秀。

例如，迪士尼乐园的人员都精神饱满，麦当劳的人员都彬彬有礼，国际商业机器公司（International Business Machines Corporation，IBM）的人员展示的都是专家的形象。

7. 形象差异化

形象差异化即企业的形象比竞争者的好。形象差异化可以对目标市场产生强大的吸引力和感染力，促使消费者对企业形成独特的感受。

8. 速度差异化

速度差异化即企业以比竞争者更快的速度推出新产品或新的营销策略。

9. 包装差异化

包装差异化即企业以比竞争者更有竞争力的包装来赢得竞争的营销策略。

例如，"与红牛主攻一二线城市白领策略不同，三四线及其他低线城市是东鹏特饮的主战场。货车司机、车间蓝领等中低收入群体是东鹏特饮的基本盘，价格是最大优势之一"。而在价格背后，核心问题出在包装上。众所周知，红牛推出的是小瓶装的易拉罐，而东鹏特饮推出的是大瓶装的塑料瓶，这意味着用户喝两口之后，可以盖上盖子不会洒出来。就是这样一个瓶子的改变，一个基于消费者视角的微创新，东鹏特饮正慢慢地在货车司机这个消费群体里占据主流。

三、集中化竞争战略

集中化竞争战略是指企业集中所有的资源和力量服务于一个特定市场，从而在这一特定市场里比竞争者更具优势。

集中化竞争战略常见的形式有产品集中、服务集中、消费者集中、市场（区域）集中。

（一）集中化竞争战略的优点

第一，集中化竞争战略对实力不够强大、资源有限的企业有特别重要的意义——它能使这些企业避开与强大竞争者的冲突，而集中资源于自己最具优势或竞争者最薄弱的部分，或竞争者忽视的细分市场，从而打造自己的竞争优势。

第二，集中化竞争战略是企业集中自己的优势力量来攻击竞争者弱点的策略，以强攻弱，成功的可能性更大。

（二）集中化竞争战略的缺点

由于企业将全部力量和资源都投入一种产品或一个特定市场，当消费者偏好发生变化或者有新的替代品出现时，企业就可能受到很大的冲击。

第三节 不同市场地位的竞争战略

一般来说，市场上的竞争主体会分别处在不同的市场地位，即市场领导者、市场挑战者、市场追随者、市场补缺者。

不同的市场地位对应的是不同的企业实力、资源整合能力、市场操控能力，由此对应的是不同的竞争者。所以，不同的市场地位的主体应当采用不同的竞争战略。

一、市场领导者的竞争战略

市场领导者是指占有最大的市场份额，在新产品开发、价格变化、分销渠道建设和营销策略等方面对本行业起着领导作用的企业。

例如，电冰箱行业的海尔集团、个人计算机行业的联想集团、洗衣机行业的小天鹅集团、微波炉行业的格兰仕集团等。

（一）市场领导者的优点

首先，市场领导者由于占据了市场的主导地位，形成了"规模经济"，在生产、传播、分销方面能够控制成本，所以成本往往较低。

其次，市场领导者在消费者、推荐者和经销商那里有着比竞争者更高的名望和更强大的形象。

再次，市场领导者面对供应商、公共权力，尤其是分销商时的谈判能力更强——分销商显然很难拒绝销售一个领先品牌的产品，并会给予领先品牌比二流品牌更多的关注。

最后，市场领导者往往是整个行业技术革新的引导者和行业标准的制定者。

（二）市场领导者的缺点

首先，"木秀于林，风必摧之"，处于市场领导者地位的企业往往树大招风，成为众矢之的，会面临众多竞争者的围攻。

其次，市场领导者不但在竞争者中，而且在公共权力甚至分销商中都可能引发妒忌、敌对。

最后，市场领导者有犯"大企业病"的可能性，往往会墨守成规、故步自封或沾沾自喜。

因此，市场领导者必须保持高度警惕，居安思危，并且采取适当的竞争战略，应对其他公司的挑战，以保持市场领导者的地位。

（三）市场领导者竞争战略的要点

1. 保护现有市场份额

首先，市场领导者要不断努力在产品质量、性能、成本、分销渠道和消费者服务等方面保持行业领先地位。

其次，市场领导者要勇于挑战自己、突破自己，抢先推出新产品，不断通过引领技术革新、推出新产品等途径来占据竞争的制高点。

再次，市场领导者要根据竞争的实际情况，在企业现有阵地周围建立不同的防线，如建立技术壁垒、强化对渠道的控制、提升品牌形象等，以保护市场份额。

最后，市场领导者不要锋芒毕露，可实行比较温和的防御策略，以避免主要竞争者联合中小企业对自己"群起而攻之"。

2. 扩大市场份额

市场领导者在保护现有市场份额的基础上，还要想办法实现稳中求进。一般来说，如果单位产品价格不降且经营成本不增，企业利润就会随着市场份额的扩大而提高。所以，进一步扩大市场份额是市场领导者应当努力实现的目标。

企业可通过不断开发新产品，改进生产技术，更新设备，降低经营成本，进一步扩大自己的市场份额。此外，市场领导者还要针对竞争者的薄弱环节主动出击以保护自己的市场份额，这是比较好的防御策略。

例如，超级市场原先在食品和日用品的销售中占据统治地位，但如今在食品方面受到快捷、方便的快餐业的冲击，在日用品方面受到以廉价产品为特征的折扣店的攻击。为此，超级市场开始提供冷冻食品和速冻食品，让消费者一回家就可以方便地食用，以抵御快餐业的冲击。另外，超级市场也推广廉价的产品并在城郊和居民区开设新店，以击退折扣店的攻击。

3. 扩大总需求

市场领导者占有的市场份额最大，当产品的市场总需求扩大时，受益最大的往往是市场领导者。所以市场领导者应该努力促进产品总需求量不断增长，扩大整个市场的容量，把"蛋糕"做大，使自己占得最大的好处。

市场领导者可以通过以下4个途径达到扩大市场总需求的目的。

（1）开发新消费者

每类产品都有吸引新消费者的潜能，这些潜在消费者可能因为此前不知道此种产品，或因此种产品的价格不当、无法提供某种性能或没有某种型号而拒绝购买。

企业开发新消费者时，可以根据不同情况采取以下几种不同的措施。

① 说服那些尚未使用产品的消费者开始使用，从而把潜在消费者转变为现实消费者。

② 进入新的细分市场，如青年服装制造公司可通过宣传说服中老年人购买年轻人的时装，帮助其实现心理上的年轻化，从而增加销售量。

③ 进行地理扩展，寻找尚未使用本产品的地区或尚未饱和的市场，如将轿车引入发展中国家的市场。

④ 尽力争取竞争者的顾客。例如，提供比竞争者更为周到的服务、在市场上树立更好的企业形象和产品信誉、努力提高产品质量等，尽可能把竞争者的顾客吸引到本企业的产品上来。

（2）增加消费者使用量

① 增加使用频率。设法使消费者更加频繁地使用产品。例如，原来消费者仅在早晨饮用鲜奶，生产鲜奶的企业通过补钙宣传，引导消费者开始在晚餐后和休闲时饮用鲜奶，从而

增加鲜奶的销售量。

② 增加单次使用量。企业通过改变产品的形式来增加使用量，如把调味品的开口孔扩大、把牙膏的开口加大等。

③ 增加使用场所。例如，电视生产企业宣传在家庭成员的卧室和客厅分别放置电视机，可避免选择频道的冲突，从而增加家庭购买电视的数量。又如，星巴克通过创造新的消费场景和鼓励在家享用的途径来增加星巴克产品的销售量。

（3）开发产品的新用途

开发产品的新用途即发现并推广现有产品的新用途，设法找出产品的新用途以增加销售量。

例如，在食品包装上印制多种食用和烹调的方法，如冷食、热食、油炸、干食等，以增加销售量。

（4）开发新产品

向现有市场提供新产品或改进的新产品，目的是满足现有市场的不同层次需求。具体做法如下：利用现有技术增加新产品；在现有产品的基础上，增加产品的花色品种；改变产品的外观、造型，或赋予产品新的特色；推出不同档次、不同规格、不同式样的产品。

二、市场挑战者的竞争战略

市场挑战者是指在行业中占据第二梯队，有能力对市场领导者采取"攻击"行动，希望夺取市场领导者地位的企业。市场挑战者的目的就是对市场领导者发起挑战、颠覆传统的竞争秩序，改变原有的竞争规则。

（一）正面进攻

正面进攻是指市场挑战者经过精心准备、找到突破口后向处于领导者地位的企业发动进攻，但不是盲目地进攻。也就是说，正面进攻的对象是竞争者的强项而不是弱项。当然，市场挑战者要有"自知之明"，要有一定的取胜把握，而不能"以卵击石"。

（二）迂回进攻

首先，市场挑战者一般都具有相当的规模和实力。然而，对于市场挑战者来说，盲目进攻是愚蠢的甚至是有害的。市场挑战者要使自己的挑战获得成功，必须选择恰当的进攻策略，如避实就虚、敌进我退、敌退我进，瞄准市场领导者的弱点、薄弱环节，集中优势力量，奋起而攻之，以己之长攻其之短，夺取局部胜利。

其次，市场挑战者要扬长避短，采取差异化的思路，避开市场领导者的现有业务领域或现有市场，进攻其尚未涉足的业务领域和市场，或通过准确的市场细分进入尚未出现竞争的领域或市场。对领导者无暇顾及的市场，在进攻方式上要做到多元化，以有效分散市场领导者的注意力。

最后，如果市场领导者的实力很强，市场挑战者一方面可以进攻或兼并力量薄弱的小企业，以夺取其市场份额，扩充自身实力；另一方面可以向与自己实力相当的企业挑战，扩展自身的市场份额。市场挑战者要集小胜为大胜，从而发展壮大本企业。

（三）游击进攻

如果市场挑战者目前的规模较小、力量较弱，可以采用游击进攻的战略——对竞争者发起小规模的、时断时续的进攻。

在实施游击进攻的战略时，市场挑战者同样要注重“多条腿走路”，可以选择地理游击战、行业游击战、人口游击战、产品游击战、渠道游击战等多种方式，发挥“游击战”短、频、快的优势。

市场挑战者在进攻的线路上要机动、灵活。例如，市场挑战者要进行有选择的降价、促销，以及与分销商联合行动等；当无法取得成功或遇到太大的困难时，要做好“望风而逃”的准备。

在实施游击进攻的战略时，市场挑战者要量力而行，无论已经取得了多大的成功，都不要试图像市场领导者那样大规模、明目张胆地行动，也不要向自己没有实力战胜的竞争者过早地展示自己的成果和实力。

三、市场追随者的竞争战略

市场追随者是指那些在产品、技术、价格、渠道和营销等方面模仿、跟随市场领导者或市场挑战者的企业。

相当一部分中小企业，都无力承担产品创新所需的大量人力、财力、物力及相应的市场风险。因此，中小企业往往扮演着市场追随者的角色。在多数情况下，市场追随者可让市场领导者和市场挑战者承担新产品开发、信息收集和市场开发所需要的大量经费，帮助自己避免开发风险、节省开发费用。也正因如此，许多企业采用市场追随者的竞争战略，进行产品仿造或改良，在投资少、风险小的基础上，获取较高的利润。

市场追随者可采取紧密追随、距离追随、选择追随3种竞争战略。

（一）紧密追随

市场追随者应尽可能仿效市场领导者，以借助先行者的优势打开市场，并随之获得一定的市场份额。但需要注意的是，如果直接侵犯市场领导者的利益，市场追随者可能会得不偿失。

（二）距离追随

市场追随者在主要方面，如选择同样的目标市场、提供类似的产品、紧随其价格水平、模仿其分销渠道等方面应紧跟市场领导者，但在其他方面则应发展自己的特色，争取和市场领导者保持一定的差异。

（三）选择追随

市场追随者应根据自身的具体条件，部分仿效市场领导者，同时在其他方面自行其是，坚持独创，在别的企业想不到或者做不到的地方争取一席之地。

四、市场补缺者的竞争战略

市场补缺者是指不与主要企业竞争，而精心服务于市场的某些细小部分，通过专业化经营来占据有利的市场地位的企业。

市场补缺者竞争的关键是实现专业化。

（一）最终消费者专业化

最终消费者专业化即专门为某一类型的最终消费者，如儿童、女性、男性或特殊人群等提供服务。例如，航空食品公司专门为飞机乘客提供航空食品。

（二）特殊客户专业化

特殊客户专业化即专门向一类或几类大客户（政府单位、学校等）销售产品。

（三）产品专业化

产品专业化即专门经营某一种类型的产品。

例如，有的书店专门经营科教类图书，有的书店专门经营"古旧"图书，有的造纸厂专门生产水泥包装纸。

又如，法国有一家企业专门生产高科技的登山绳，38名员工，每年生产250万米的绳子，是全世界最大的登山绳生产企业。

再如，在上海餐饮业的激烈竞争形势下，"沈记靓汤"别出心裁，开了上海首家"汤"专营店，经营30多个品种的汤，所有的汤都煲8个小时以上，保持原汁原味，并针对消费者的不同需求，在每款汤品中加入不同的食材。

（四）服务专业化

服务专业化即向消费者提供一种或几种市场上没有的服务。例如，某家政服务公司专门提供疏通管道的服务。

（五）销售渠道专业化

销售渠道专业化即只为某类销售渠道提供服务。例如，饮料公司只生产大容器包装的饮料，并且只在加油站出售。

（六）地理市场专业化

地理市场专业化即企业只在某一地点、地区或范围内经营业务。

案例　　　维珍——永远的"补缺者"

维珍集团是英国多家使用"维珍"作为品牌名称的公司所组成的集团，由著名的英国商人理查德·布兰森爵士创办，是英国最大的私人企业，拥有200多家公司，业务范围包括旅游、航空、娱乐、金融、铁路、唱片、婚纱等。维珍产品在所处的每一个行业里都不是名列前茅的"老大"，而是一只"跟在大企业屁股后面抢东西吃的小狗"。维珍是在金融服务业、航空业、铁路运输业、饮料业被消费者公认为代表了产品或服务质量好、价格低，且时刻紧随时尚消费趋势的品牌。

总之，市场补缺者的作用是拾遗补阙、见缝插针。一般来说，市场细分程度越高，大企业垄断市场的可能性就越小，小企业则可以在某一细分市场里成为"市场领导者"，它们信奉"不以利小而不为"，只要有机会，就乘虚而入——大企业不感兴趣的细分市场。

当然，成为市场补缺者也要冒一些比较大的风险。例如，补缺市场可能萎缩，或者可能成长到能吸引更强有力的竞争者的规模。对此，企业可以通过发展两个或更多的补缺市场，以确保自身的生存和发展。

第四节　提高市场竞争力的战略路线

一、一体化战略

如果企业所在行业有发展前途，可考虑采用一体化战略。

（一）后向一体化

后向一体化即企业收购、兼并原材料供应商，目的是拥有或控制其市场供应系统。

后向一体化战略一方面可避免原材料供应短缺、成本受制于供应商的危险，另一方面可争取更多的收益。

（二）前向一体化

前向一体化即企业收购或兼并批发商、零售商或自办商业贸易公司，或将自己的产品向前延伸。

前向一体化战略一方面可避免企业受制于销售商的危险，另一方面可争取更多的收益。

例如，木材公司生产家具或开展木材贸易活动，造纸厂经营印刷业务，批发商开办零售商店等。

（三）水平一体化

水平一体化即企业兼并同类企业或实行联合经营，扩大经营规模和实力，以争取更多的收益。

二、多角化战略

企业如果在原来市场框架内发展受到一定的限制，可考虑采用多角化战略，即同时生产经营两种以上基本用途不同的产品。多角化战略可细分为以下4种。

（一）同心多角化战略

同心多角化战略即企业以原有技术、特长和经验为基础开展新业务。

例如，汽车厂在原有生产汽车的基础上，增加了生产电动车、起重机、小货车等业务。

同心多角化战略的特点是新产品与原产品的基本用途不同，销售的关联性弱，但技术关联性强。因此，采用同心多角化战略可使企业发挥原有的优势，并且风险较小。

（二）水平多角化战略

水平多角化战略是指企业生产具有新用途的产品销售给原有消费者，以满足原市场的新需求。

例如，某厂原来生产插秧机卖给农民，后来又生产农药、化肥等仍然卖给农民。

水平多角化战略的特点是原产品与新产品的基本用途不同，技术关联性弱，但销售的关联性强。由于企业需跨行业进入新的领域，采用水平多角化战略的风险较大。

（三）纵向多角化战略

纵向多角化战略也称垂直多角化战略，是指企业以现有产品为基础，沿产品的加工工艺方向或产销方向扩大经营领域。

例如，钢铁公司或投资铁矿石采掘业，或向机器设备的生产、销售方向扩展经营。

纵向多角化战略的特点是原产品与新产品的基本用途不同，但产品的技术、生产或流通的关联性均较强。

（四）横向多角化战略

横向多角化战略是指企业向着跨行业的经营范围扩展，如制药厂扩展经营旅馆业、零售业等。

多角化战略虽有其可取之处，但如果企业的资源有限、管理不善，盲目地多角化扩展经营范围，就会使企业的经营战线拉得过长，造成企业的资源紧张，其重点产品或重点项目就得不到应有的保障，如此企业就会陷入更大的风险之中。

三、集团化战略

集团化战略是大企业以自己的经济优势，吸引多种类型的企业（包括大、中、小企业）共同组建企业集团的经营战略。

对于大企业而言，集团化战略具有以下 3 个方面的作用。

（一）增强企业的整体经营实力

不同行业的企业联合在一起，可打破地区间、部门间、行业间的封锁和垄断，使分散在众多企业中的资源、技术、经营能力集中起来，并通过优化组合获得巨大提升。

例如，某化学工业公司先后兼并承包 40 多家企业，做到了原材料生产、深加工、销售能力的优势互补，使原来分散在中、小企业中低效运转的资源得到充分利用。这不但节省了新项目的投资成本，而且提高了公司的综合利用能力。

（二）增强企业的竞争能力

在市场竞争日益激烈的今天，单个企业的力量往往有限，企业要想在竞争中取胜，必须具有较强的综合竞争能力。组建企业集团可以发挥群体优势。

（三）增强企业的应变能力

在宏观经济、政府政策、产业结构、市场需求、产品销售、原材料供应等方面发生不利变化时，即使再强大的单个企业也难以应对困难的局面。组建企业集团可以发挥多企业联合的威力，分散单个企业承担的风险。

当然，企业在实施集团化战略时应注意以下几个问题：首先，作为集团核心的大企业要根据自身的经济实力，确定企业集团的规模；其次，作为集团核心的大企业要按经济技术联系的不同特点，组建与之相关的企业集团；最后，作为集团核心的大企业要有名优系列产品，且应具备不断开发新产品的能力。

课后练习

一、判断题

1. 由于品牌间的产品相互替代性较高，因而品牌之间的竞争最严峻、最迫近、最激烈，

而大多数竞争终将面对这一竞争。 （　　）

2. 企业通过差异化竞争战略可与对手不发生正面冲突。 （　　）

3. 如果企业所在行业有发展前途，可考虑采用一体化战略。 （　　）

4. 纵向多角化战略也称垂直多角化战略，是指企业以现有产品为基础，沿产品的加工工艺方向或产销方向扩大经营领域。 （　　）

5. 同心多角化战略即企业以原有技术、特长和经验为基础开展新业务。 （　　）

二、选择题

1. 轮胎厂收购兼并橡胶厂是实现（　　）战略的表现。

　　A. 前向一体化　　B. 后向一体化　　C. 横向一体化　　D. 横向多角

2. 生产家用电器的企业与房地产公司是（　　）。

　　A. 一般竞争者　　B. 行业竞争者　　C. 品牌竞争者　　D. 形式竞争者

3. 企业利用自身在生产和经营方面已有的技术和经验，拓展与本业务相关联的产品和市场的战略，叫作（　　）。

　　A. 水平多角化　　B. 同心多角化　　C. 密集型增长　　D. 集团多角化

4. 市场补缺战略的主要特点是（　　）。

　　A. 游击进攻　　　B. 紧密跟随　　　C. 专业化　　　　D. 回避竞争

5. 批发企业开设零售商场是实现（　　）战略的表现。

　　A. 前向一体化　　B. 后向一体化　　C. 横向一体化　　D. 纵向一体化

三、填空题

1. 任何一家企业一般都面临行业间的竞争、行业内的竞争、_____、_____。

2. 市场竞争有 3 种基本竞争战略，即成本领先竞争战略、_____、_____。

3. 迈克尔·波特认为，行业中存在决定竞争规模和程度的 5 种力量，分别为_____、_____、潜在竞争者进入的能力、替代品的替代能力、供应商的讨价还价能力。

4. 市场追随者可采取紧密追随、_____、_____等战略。

5. 市场补缺者竞争的关键是实现专业化，主要途径如下：最终用户专业化、特殊客户专业化、_____、_____、销售渠道专业化、地理市场专业化。

四、简答题

1. 成本领先竞争战略的优缺点是什么？

2. 差异化竞争战略的优缺点是什么？

3. 集中化竞争战略的优缺点是什么？

4. 市场领导者的竞争战略是什么？

5. 市场挑战者的竞争战略是什么？

6. 提高市场竞争力的战略路线有哪些？

第八章
产品策略

视频导学

引例：**定制旅游**

定制旅游从消费者进行旅游咨询开始，提供包括信息的咨询、出发前的温馨提示、最佳出游时间和游玩方式的建议、旅游过程中特殊情况的处理等在内的服务。

以澳大利亚游为例，旅行社针对渴望刺激和冒险的单身群体，可以为其定制跳伞一日游、冰川徒步游等产品。如果消费者是伴侣，希望体验私密、浪漫之旅，则可以为其定制情侣热气球落日游等。针对育有子女的家庭，可采取以休闲娱乐为主的亲子游、家庭游等路线设计，如动物园半日游、亲子夏令营体验等，让消费者感受休闲惬意而又温馨的氛围。

旅行社可以利用大数据技术对消费者的喜好和旅游产品进行追踪，利用产品设计系统对旅游目的地的游、娱、吃、住、行等模块进行独立设计，其中的产品体验具有独特性、服务规范具有标准性。每个模块不仅包括旅游目的地，还包括餐饮、住宿、交通等。例如，根据旅游资源的类型、特色，模块可分为高山之旅、草原驰骋、丛林探险、海洋探幽等；根据交通工具的具体类型，模块可分为游轮、游艇、快艇、帆船等。

产品策略是企业满足消费者需求和欲望的"解决方案"，核心是消费者可以获得的利益和服务。

产品策略是营销组合策略的首要策略——如果产品策略出现大问题，那么其他策略基本上就无用武之地了。

第一节　产品概述

一、产品的定义

（一）狭义的产品

狭义的产品是指由劳动创造的，具有使用价值和用途的有形物品。

（二）广义的产品

广义的产品是指能够满足消费者需求和欲望的"解决方案"，包括实体产品，也包括非实体的服务、体验、时间、人物、地点、组织、资产、信息、创意、构思等。

二、产品的分类

（一）按产品的形态划分

1. 实体产品

实体产品是指呈现在市场上的具有一定形态的物质，如面包、衣服、汽车、房屋等。

2. 非实体产品

非实体产品是指各种服务、体验、时间、人物、地点、组织、资产、信息、创意、构思等，如送货服务、维修服务等。

消费者看病、美发、租用旅馆客房、乘飞机旅行、看电影等，均是在购买非实体产品。

例如，体育赛事体现和传达的是竞争和对抗，演唱会、酒吧表达的是心境，人们通过融入其中来感受和改变自己的状态，这些都是向消费者提供的非实体产品。

又如，阿里巴巴集团围绕消费者需求，不断满足并挖掘和引导消费者需求，以极强的创新、服务和扩张能力，打造了我国最大的互联网商业生态圈。

（二）按产品的用途划分

1. 工业品

工业品是指用于生产的产品。

从参与生产过程的程度和价值大小的角度，工业品可分为材料和部件、资本项目、供应品和服务三大类。

① 材料和部件，指完全参与生产过程，其价值全部被转移到最终产品中的那些物品。

② 资本项目，指辅助生产，其实体不形成最终产品，价值通过折旧、摊销的方式部分转移到最终产品中的那些物品，包括装备和附属设备等。

③ 供应品和服务，指不形成最终产品，价值较低、消耗较快的那些物品，以及其他与生产相关的服务。

2. 消费品

消费品是指用于家庭和个人消费的产品。

根据消费者的购买习惯和特点，消费品一般可分为便利品、选购品、特殊品、非渴求品4种类型。

（1）便利品

便利品是指消费者频繁购买或者需要随时购买的产品，其可以进一步细分为常用品、冲动品和救急品。

常用品是消费者经常购买的产品，如牙膏、饮料、纸巾等。

冲动品是价格低、消费者往往不会经过计划或搜寻而即兴购买的产品，如常见的旅游产品、小饰品等。

救急品是消费者在需求十分紧迫时购买的产品，如药品等。

（2）选购品

选购品是指消费者在选购过程中需要对适用性、价格、质量、功能和式样等做全面权衡和比较的产品，如家具、服装、手机、笔记本电脑等。

（3）特殊品

特殊品是指具备独有特征或者品牌标记的产品，如有球员签名的球衣、首次放映的电影、限量款的化妆品或者拎包、专业发烧型号的立体声音响、高档专业的摄影器材等；或对消费者具有特殊意义、特别价值的产品，如具有收藏价值的古玩字画及具有纪念意义的结婚戒指等。

对这类产品，有相当多的消费者愿意做出特殊的购买努力，具体表现在多花时间、多花体力、多花钱等方面。

（4）非渴求品

非渴求品是指消费者不想主动了解或者即使了解也不会主动购买的产品。传统的非渴求品有人寿保险、百科全书、葬礼策划等。

（三）按产品的耐用性划分

1. 耐用品

耐用品是有形的实体物品，可以使用较长时间，如空调、机床、汽车等。

耐用品生产企业一般需要提供多种服务和保证，如维修、送货服务及分期付款等。

2. 消耗品

消耗品是通常只能使用一次或几次的实体物品，如肥皂、糖果、牙膏等。

这类产品消耗速度快，购买频率高，因而企业必须广设零售网点，以方便消费者购买。

（四）按产品概念的层次划分

从市场营销的角度出发，产品是一个整体概念，是创造需求或满足需求的解决方案。因此，按产品概念的层次，可将产品划分为以下3个层次。

1. 核心产品

核心产品是企业向消费者提供的基本效用或利益，代表了消费者购买产品时所追求的核心利益，是构成产品的最本质、最主要的部分，包括产品的功能、质量、特色等，是消费者选购产品时考虑的首要因素。

2. 形式产品

形式产品是核心产品借以实现的形式，由造型、款式、设计、品牌、商标及包装等构成。

3. 附加产品

附加产品是消费者购买产品时所能得到的附加利益的总和，包括服务、体验、保证与承诺、定制等。

三、产品组合

（一）产品组合的相关概念

1. 产品组合

产品组合也称产品搭配，是指一个企业提供给市场的全部产品线和产品项目。

2. 产品线

产品线是指密切相关的一组产品，这些产品能满足类似的需求或必须一起使用。例如，海尔公司拥有冰箱、洗衣机、空调等不同的产品线。

3. 产品项目

产品项目是指产品线下的一个特定产品单位，可以通过尺寸、价格、型号、外观和其他特征来识别。

例如，希尔顿酒店根据服务价格的不同设置了 5 个不同的产品项目：中档的希尔顿酒店、中高档的峰冠酒店、高档的希尔顿饭店、豪华的希尔顿宾馆和高档豪华的维斯特。

案例　　　　　　　　支付宝的服务项目

支付宝是国内领先的独立第三方支付平台，由阿里巴巴集团创办。支付宝提出"生活因支付宝而简单"的口号，其提供的服务可分为支付宝提供的服务和支付宝合作伙伴提供的服务。

支付宝提供的服务有：信用卡还款、交通罚款代办、手机充值、还贷款、话费卡转让、爱心捐赠、转账到银行卡、购买保险、转账付款、海外转运、水电煤缴费、交房租、教育缴费、为他人的账号充值、固话宽带、账单管家、校园一卡通、阿里贷款、AA 收款、找人代付、买彩票、物业缴费、有线电视缴费、助学贷款还款、送礼金、智能存款、团体收款、担保收款等。

支付宝合作伙伴提供的服务有：寄快递、医院挂号、购买游戏点卡、订酒店、淘宝网购物、购买汽车票、网上营业厅业务办理、加油卡充值、购买机票、购买电影票、淘宝贷款、淘宝贷款/还款等。

从支付宝提供的服务可以看出，它涉及消费者生活的方方面面，为消费者提供了一站式服务，消费者只要通过"点击""输入""确认"这 3 步操作便能在手机上完成自己想要完成的交易项目。支付宝为用户提供了"简单、安全、快速"的支付方案。

（二）产品组合的要素

产品组合的 4 个要素是产品组合的宽度、产品组合的深度、产品组合的长度和产品组合的关联度。

1. 产品组合的宽度

产品组合的宽度是指企业拥有多少条不同的产品线。

2. 产品组合的深度

产品组合的深度是指每一条产品线拥有的产品项目数量。

3. 产品组合的长度

产品组合的长度是指企业拥有的产品品种的平均数，即用全部品种数除以全部产品线数所得的结果。

4. 产品组合的关联度

产品组合的关联度是指各条产品线在最终用途、需求、分销渠道，或者其他方面的关联程度。

以上产品组合的 4 个要素都与促进销售、增加利润有密切的关系——拓宽、增加产品线有利于发挥企业的潜力、开拓新的市场；延长或加深产品线可以使产品满足消费者更多的特殊需求；加强产品线之间的关联可以提升企业的市场地位，发挥和提高企业的专业能力。

（三）产品组合的策略

产品组合应遵循 3 个基本原则，即有利于促进销售、有利于竞争、有利于增加企业的总利润。企业在调整产品组合时，可以针对具体情况选用以下几种产品组合策略。

1. 扩大产品组合策略

扩大产品组合策略是指增加产品组合的宽度和深度。增加产品组合的宽度是指增加一条或几条产品线，扩展产品经营范围；增加产品组合的深度是指在原有的产品线内增加新的产品项目。

（1）扩大产品组合策略的优点

① 满足不同偏好消费者多方面的需求，提高产品的市场占有率。

② 充分利用企业信誉和商标知名度，完善产品系列，扩大经营规模。

③ 充分利用企业资源和剩余生产能力，提高经济效益。

④ 减小市场需求变动带来的影响，分散市场风险，降低损失程度。

（2）扩大产品组合的方式

① 在维持原产品品质和价格水平的前提下，增加不同的规格、型号和款式的同一种产品。

② 增加不同品质和不同价格的同一种产品。

③ 增加与原产品类似的产品。

④ 增加与原产品毫不相关的产品。

例如，华龙公司目前拥有方便面、调味品、饼业、面粉、彩页、纸品六大产品线。其中方便面组合非常丰富，共有十几产品系列，十几种产品口味，上百种产品规格。其产品线的长度、深度都达到了比较合理的水平，使企业充分利用了现有资源，更广泛地满足了市场的各种需求。

2. 缩减产品组合策略

一般情况下，企业可采取扩大产品组合策略，充分利用自有资源和技术，提高经济效益。但当市场疲软或经济不稳定时，企业应采取缩减产品组合策略，即削减产品线或产品项目，特别是取消生产那些获利小的产品，以便集中力量经营获利大的产品线和产品项目。

（1）缩减产品组合策略的优点

① 集中资源和技术力量改进保留的产品线或产品项目的品质，提高其知名度。

② 生产经营专业化，提高生产效率，降低经营成本。

③ 有利于企业向市场纵深发展，寻求合适的目标市场。

④ 减少资金占用，加速资金周转。

（2）缩减产品组合的方式

① 减少产品线数量，实现专业化生产经营。

② 保留原产品线，削减产品项目。

3. 高档产品策略

高档产品策略是指在原有的产品线内增加高档次、高价格的产品项目。

（1）高档产品策略的优点

① 高档产品的生产经营能为企业带来丰厚的利润。

② 高档产品可以提高企业现有产品的声望，提高企业的市场地位。

③ 高档产品有利于带动企业生产技术水平和管理水平的提高。

（2）高档产品策略的风险

企业以往生产廉价产品的形象在消费者心目中不可能立即转变，这使得高档产品不容易快速打开销路。

4. 低档产品策略

低档产品策略即在原有的产品线中增加低档次、低价格的产品项目。

（1）低档产品策略的优点

① 借高档产品的声誉，吸引消费水平较低的消费者慕名购买该产品线中的低档廉价产品，能够帮企业快速开拓新的市场。

② 充分利用企业现有的生产能力，填补产品项目空白，形成产品系列。

③ 增加企业销售总额，提高市场占有率。

（2）低档产品策略的风险

如果处理不当，可能会影响企业原有产品的市场声誉和形象。

5. 产品线现代化策略

当产品线的生产方式已经落后，并且影响到企业的生产和营销效率时，企业就必须实施产品线现代化策略，即应用现代化科学技术对现有的产品线技术或设备进行更新或改造。

第二节　核心产品

核心产品是企业向消费者提供的基本效用或利益，主要包括产品的功能、质量、特色等因素。

一、功能

产品功能是吸引消费者最基本的立足点，功能越强、效用越大的产品对消费者的吸引力就越大。下面举例说明。

史蒂夫·乔布斯在产品开发中，曾派工程师走访了 30 多所大学，调查和咨询大学里需要什么样的机器。根据调查和咨询的结果，他推出了存储量大、程序简单和兼容的分体式计算机。该计算机一面世，就立即受到普遍的欢迎。

宝洁公司设计出了满足消费者不同需求的产品系列。比如洗发水，宝洁公司设计出了满足消费者营养头发需求的潘婷洗发水，满足消费者去头屑需求的海飞丝洗发水，满足消费者柔顺头发需求的飘柔洗发水，满足消费者保持发型需求的沙宣洗发水等。因此，宝洁公司的产品被不同需求的消费者竞相追捧。

IBM 全球服务部不仅可为消费者提供基于软硬件维护和零配件更换的售后服务，还可为其提供诸如独立咨询顾问、业务流程与技术流程整合服务、专业系统服务、网络综合布线系统集成、人力培训等信息技术和管理咨询服务，从而满足消费者日益复杂和个性化的需求。

喜马拉雅作为专业的移动音频综合平台,汇集了儿童睡前故事、相声小品等数亿条音频。喜马拉雅不仅能够满足消费者学习成长的需求,也能够满足其休闲娱乐的需求,其内容涵盖了商业、外语、音乐等十几个类目。目前,喜马拉雅付费知识产品包括系列课程、书籍解读等,平台大多采用邀约制邀请优质内容生产者入驻,并全面参与到其付费知识产品的生产过程中。此外,喜马拉雅还将直播、社群、问答等与课程体系相结合,完善了知识服务的运营体系。

从功能上看,相比于好大夫在线、春雨医生、微医、阿里健康、平安好医生等平台,京东健康涉及的业务范围更广,包括挂号预约、线上问诊、药品零售、医药供应链、送药、慢病管理、家庭医生、消费医疗、互联网医院等。京东健康由医药电商起家,如今已经形成了相对完善的"互联网+医疗健康"生态体系。

二、质量

产品质量在吸引消费者方面起着至关重要的作用,质量优异的产品总是能受到消费者的青睐。因为质量往往代表着安全、可靠和值得信赖。消费者之所以会购买某个品牌的产品,最主要的就是看重其过硬的质量。一种质量有问题的产品,即使非常便宜也没有消费者愿意购买,甚至唯恐避之不及;相反,对于高质量的产品,即使价格高些,消费者往往也愿意接受。

通用电气公司前总裁韦尔奇说:"质量是通用提升消费者忠诚度的最好保证,是通用对付竞争者的最有力武器,是通用保持增长和赢利的唯一途径。"

哈雷戴维森公司始终坚持质量第一的信念,其对产品质量的要求非常苛刻。在工业化批量生产、追求规模效应的今天,哈雷戴维森公司仍然坚持手工工艺和限量生产,从而使每一辆哈雷车的品质都很过硬,使每一位车迷都能获得物有所值的满足感。

苹果公司的产品能持续保持对消费者的吸引力的关键原因,就是其"至高"的产品品质。自1976年创立至今,苹果公司始终坚持技术领先、创新为本的企业理念,开创性发掘和最大化满足消费者需求。无论是最核心的CPU,还是其他快迭代、易复制的软硬件,苹果公司都始终坚持以"至高品质"面向消费者。

LV是一个有着100多年历史的皮具品牌,传奇的故事背景使其成为奢华品牌的"代名词"。LV对产品质量精益求精的动人故事在业界和消费者中被广泛传颂——LV皮具在加工成形后,要进行耐腐蚀、红外线、紫外线及高处摔下等破坏性试验;LV皮具使用的所有拉链出厂前,都要经过数千次的破坏性试验;LV皮具的原材料严格选用上好牛皮,以至于连宝马公司都以其车内座椅选用的是LV皮革为荣。这些都为LV品牌增光添彩。

众多世界品牌的发展历史告诉我们,消费者对品牌的满意,在一定意义上也可以说是对其质量的满意。只有过硬的质量,才能提升消费者的感知价值,才能真正在消费者的心目中树立起金字招牌,受到消费者的爱戴。所以,企业应保证并不断提高产品的质量,使消费者的满意建立在坚实的基础上。

三、特色

产品特色是指企业向消费者提供的产品具有独特性。

如今,市场上同类同质的产品越来越多。因此,企业要想在激烈的市场竞争中脱颖而出,吸引消费者的注意力必须有足够的特色。

例如，今麦郎凉白开的特点是"喝熟水、真解渴"，农夫山泉、康师傅、娃哈哈的特点分别是天然水、矿物质水和纯净水。

又如，浙江绍兴鲁迅纪念馆附近有一家咸亨酒店，酒店古朴庄重，以经营名扬四海的绍兴加饭酒、鲁迅笔下的孔乙己爱吃的茴香豆、阿 Q 头上戴过的乌毡帽等特色产品吸引了众多中外游客。

案例	"肮脏牛排店"

美国得克萨斯州有间"肮脏牛排店"，店堂里不用电灯，点的是煤油灯，天花板上全是灰尘（人造的，不会往下掉）。墙上钉有数不清的纸片和布条，还挂着几件破旧的装饰品，如木犁、锄头、毡帽和木雕等。桌椅是木制的，做工粗糙，椅子坐上去还会"咯吱"响。厨师和侍者穿的是花格子衬衫和牛仔裤，其颜色使衣服看上去像从来没洗过似的。侍者端上来的牛排一块足有 250 克，血淋淋的，但味道很好，而且完全符合食品卫生要求，保证消费者吃了不会闹肚子。

最有趣的是，"肮脏牛排店"有个怪规定：消费者不能戴领带，否则"格剪勿论"。如果一位戴领带的消费者进门，就会有两位笑容可掬的服务员小姐迎上前去。她俩一人持剪刀，一人拿铜锣，随着锣响刀落，消费者的领带已被剪下约 5 寸（1 寸≈3.33厘米）长的一段。站在一旁的当班经理则马上给消费者递上一杯美酒，敬酒压惊，以表歉意。这杯酒不收费，其售价足以赔偿消费者领带被剪的损失。那被剪下一段的领带则连同消费者签了名的名片，被钉到墙上作为留念。这一招数，从未引起消费者的不快，反而使消费者感到颇有情趣。更有不少消费者为了一睹那满墙的领带"残骸"所构成的特殊景致，不远千里来品尝"肮脏牛排"。

美国维多利亚饭店是一家主题餐厅，餐厅通过老式火车、瓦斯灯、行李袋、站牌等设计元素，为消费者提供了一种全新的用餐体验。虽然其主餐仍然是牛排，却因为使消费者感受到别样的怀旧氛围而得到消费者的追捧。

案例	3 家电商的特色

叮咚买菜是一款自营生鲜平台并提供配送服务的生活服务类 App，以"品质确定、时间确定、品类确定"为核心原则，利用前置仓为消费者提供新鲜、便捷的生鲜即时配送到家服务。叮咚买菜提供"线上运营+前置仓配货+即时配送+消费者"的买菜送到家服务，围绕一日三餐的生活场景，以高频刚性的生鲜产品为主要经营品类，对标菜市场，致力于为一二线城市中没有时间或者懒得去菜市场的年轻消费者提供高品质的到家产品和一站式服务。

唯品会是一家做特卖的网站，网站上的产品大多按原价 70%左右的价格售卖。另外，唯品会通过和品牌合作方或者一级经销商直接合作，保证产品的质量。同时，唯品会大多数是自营产品，这样就可以保证卖的是正品，也可以让追求高品质生活的女性白领群体放心购物，还可以提高网站的复购率。唯品会还开创了"名牌折扣+

限时抢购+正品保障"的电商模式，并进一步深化为"精选品牌+深度折扣+限时抢购"的正品特卖模式。

近几年，Z世代（指1995年至2009年出生的人）逐渐成为互联网新消费的主力军。他们并不是一味追随大品牌，而是对新品牌、新产品、新体验更感兴趣，而且对价格十分敏感，因而更青睐拥有极高性价比的产品。完美日记通过绑定欧莱雅、香奈儿等国际一线美妆品牌的同款代工厂，一方面塑造品牌形象，赋予产品大牌品质；另一方面压缩毛利率，通过节日营销提供大力度的折扣优惠，打造Z世代心目中的"大牌平价替代"产品。完美日记正是靠着绝大多数产品价格集中在100元以内的价格优势，吸引了一大批追求时尚但是又不愿意花太多钱的年轻女性消费者。

总而言之，产品特色是企业与同行竞争的重要"武器"。企业如果能够不断地提供竞争者难以模仿的特色产品，就能够形成不可替代的优势，成功地与竞争者的产品相区分，从而有效抵制竞争者对消费者的诱惑，达到提高消费者忠诚度的目的。

第三节　形式产品

形式产品是核心产品借以实现的形式，由品牌、商标及包装等构成。

一、品牌

（一）品牌的概念

品牌是用来识别产品的制造商和销售商的名称、术语、标记、符号、图案或是它们的组合。

20世纪50年代，美国的广告大师大卫·奥格威第一次提出品牌的概念："品牌是一种错综复杂的象征，它是产品的属性、名称、包装、价格、历史、声誉、广告风格、销售方式的无形组合。"

菲利普·科特勒给品牌下的定义是：品牌就是一个名字、称谓、符号或设计，或是上述的总和，其目的是要使自己的产品或服务有别于其他竞争者的产品或服务。

（二）品牌对企业的作用

1. 有利于吸引消费者、留住消费者

在市场竞争日益激烈的今天，如何让自己的产品或服务快速脱颖而出，为消费者所接受、占领消费者的心智？唯有品牌。品牌可以给消费者带来光环效应，使消费者因对品牌的认可或信任而趋之若鹜。消费者出于对品牌的信任会追逐、跟随品牌，而得到消费者认可和信赖的品牌会获得更高的溢价收益。另外，通过品牌，企业与消费者可以建立一种牢固的关系。因为品牌一旦创建成功，就像竖起了一道屏障，如果消费者从认同品牌升华到喜爱品牌、信赖品牌，最终达到对品牌的偏爱、忠诚，那就很可能会对其他品牌采取抵制或不配合的态度，从而有效阻止消费者"跳槽"到其他品牌。

2. 有利于拓展市场

拥有市场比拥有工厂更为重要，而拥有市场的有效途径是拥有占市场统治地位的品牌。品

牌是企业生存发展的重要依托，良好的品牌形象是企业开拓占领市场的标签和通行证。拥有品牌，企业就可以通过连锁、联营、合作等方式，迅速地开拓新市场，并且节省大量的推广费用。例如，麦当劳、万豪、希尔顿等通过连锁经营，实现了规模经营、跨国经营。企业可借助成功或成名的品牌，扩大企业的产品组合或延伸产品线。这有利于企业推动新产品进入市场的进程，降低新产品进入市场的门槛，降低新产品的市场风险，并有效降低新产品的推广成本。

3. 有利于塑造企业形象

品牌是企业的"脸面"，产品可以被替代，但品牌却是独一无二的，具有不可复制性。可以说，品牌是企业的灵魂，是企业的无价之宝，有利于塑造企业形象，提高企业的知名度、信赖度。

4. 有利于聚集各类资源

品牌塑造成功可以帮助企业聚集各类社会资源，如人力、财力、物力资源等。例如，品牌可以很好地吸引和激励人才，因为效力于一个优秀的品牌意味着良好的发展空间和机会。一流品牌的员工往往会对自己有着卓尔不凡的自信，这样的自信将促使其更加用心地工作，从而提高绩效，同时获得自豪感。此外，强有力的品牌容易获得供应链上下游企业的渠道支持，也容易获得融资上的便利。

5. 有利于获得法律保护

品牌经过注册之后获得商标专用权，其他个人或者企业不能进行仿冒或者侵害，一旦出现此种行为就会受到法律制裁。因此，品牌有利于企业保护自身合法权益。

二、商标

（一）商标的概念

商标是产品的生产者、经营者在其生产、制造、加工或者经销的产品上施加的区别于竞争者产品的、具有显著特征标志的文字、图形、字母、数字、三维标志、声音、颜色或上述要素的组合。经国家核准注册的商标为"注册商标"，其专用权受法律保护，他人不得侵犯。

（二）商标的认定

国际上对商标权的认定，有以下两个并行的原则。

① 注册在先，指商标的专用权归属于依法首先申请注册并获准的企业。中国、日本、德国、法国等国家坚持这种原则。

② 使用在先，指商标的专用权归属于该品牌的首先使用者。美国、加拿大、英国和澳大利亚等国家遵循这种原则。

（三）商标与品牌的联系与区别

首先，商标是按法定程序向商标注册机构提出申请，经审查，予以核准，并授予商标专用权的品牌或品牌中的一部分。它们都是无形资产，都具有专有性，其目的都是有别于竞争者。

其次，商标是一个法律概念，而品牌是一个市场概念。商标是合法注册的名称、符号、标记，是受法律保护的、获得专用权的品牌，用以识别不同生产者或经营者的不同种类、不同品质的产品或者服务的商业名称及其标志。经国家核准注册的商标为"注册商标"，他人不得侵犯使用。

最后，商标往往由品牌的标志和名称构成，是品牌的组成部分。如果把品牌比作一座巨大的冰山，商标只是冰山露出水面的一小部分，而品牌则有着更丰富的内涵。

三、包装

包装是指为产品设计并制作容器或进行包扎的一系列活动，是不属于产品本身而又与产品一起被销售的物质因素。按包装在产品流通过程中的作用，包装可分为运输包装和销售包装。

（一）包装的作用

1. 保护产品

包装可以保证产品从出厂到出售之前不被损坏、散失、变质，这是包装的基本作用。包装能够方便产品的保护、运输、储存、摆放上架，并能够方便消费者携带和使用。

2. 促进销售

包装是"无声销售员"——产品给消费者的第一印象，不是来自产品的内在质量，而是来自其外在的包装。当产品被放到自选柜台或者自选超市的货架上时，好的包装能够吸引消费者的视线，引起或加强消费者的购买欲望。美国杜邦公司研究发现，63%的消费者是根据产品的包装来选择产品的。

例如，好的食品包装可以引起人们的食欲，并能够提示产品的口感和质量，令人垂涎欲滴。据英国市场调查公司报道，去超市购物的消费者，受精美包装等因素的吸引而购买的产品的数量常常会超出原来计划购买数量的45%。

此外，颜色、造型、风格、陈设、标签等，实际上也属于"大包装"的范畴。它们可以为产品建立赏心悦目的形象，吸引消费者购买。

例如，基于打造华贵且精致的外观的考虑，雅芳选择了一种光滑饱满且带金属光泽的蓝色作为其所有外包装的底色，这会带给消费者一种和谐高档的视觉感受。

（二）包装策略

1. 与产品要素相适应的包装策略

① 类似包装策略，是指企业对生产的各种产品，在包装上采用相似的图案、颜色，以体现共同的特征。

② 差异包装策略，是指企业的各种产品均有自己独特的包装，在设计上采用不同的风格、色调和材料。采用这种策略能避免因个别产品销售失败而对其他产品的销售产生不利影响的情况，但会相应地增加包装设计和新产品促销的费用。

③ 等级包装策略，是指企业对同一种产品采用不同等级的包装，以适应不同的购买水平，如优质产品采用高档包装，一般产品采用普通包装。

④ 配套包装策略，是指将多种相互关联的产品配套放在一个包装内销售。

⑤ 改进包装策略，是指企业在改进产品质量的同时，改变包装的形式，使产品以新的形象出现在市场上。

⑥ 绿色包装策略，又叫生态包装策略，是指使用可再生、循环的包装材料，使包装废物更易处理且对生态环境无害。采用这种包装策略易被消费者认同，有益于环境保护。

2. 与促销要素相适应的包装策略

① 方便包装策略，是指包装易携带、易开启和重新密封。易携带的包装，如提袋式、拎包式、皮箱式、背包式；易开启和重新密封的包装，如拉环式、按钮式、卷开式、撕开式。

② 附赠品包装策略，是指在包装内附赠奖券或实物，以吸引消费者购买。

③ 改变包装策略，是指当某种产品销路不畅或长期使用一种包装时，企业可以改变包装设计、包装材料，通过使用新的包装使消费者产生新鲜感，以达到扩大销路的目的。

第四节　附加产品

附加产品是消费者购买产品时所能得到的附加利益的总和，包括服务、体验、保证与承诺、定制等。

一、服务

服务是指伴随着产品的出售，企业向消费者提供产品介绍、送货、安装、调试、维修、技术培训、产品保证等。企业向消费者提供的各种服务越完备，产品的附加价值就越高，消费者从中获得的实际利益就越大，该产品吸引消费者的能力也就越强。

例如，商店为购买电冰箱、彩电、洗衣机、家具的消费者提供送货上门服务，镜屏厂为消费者提供免费运输、安装大型镜屏的服务，以解决运输、安装两大困难。这些都降低了消费者的体力成本，从而提高了消费者的满意度。

海尔集团是世界第四大白色家电制造商、中国优质品牌之一。海尔推行的"全程管家365"服务为海尔的成功立下了汗马功劳——在全年的365天里，海尔"全程管家"的星级服务人员24小时等待海尔消费者的来电，无论在一年中的哪一天，只要消费者打电话到海尔当地的服务热线，"全程管家"服务人员都会随时按消费者下达的需求上门服务。"全程管家"服务内容包括售前上门设计、售中咨询导购、售后安装调试、定期维护保养等，这些优质的服务使消费者购买海尔产品的信心大大提升。

IBM公司发生过这样一件事情：一位消费者住在小镇的一个小岛上，一天其计算机出了故障，呼叫中心判断必须由服务人员现场解决，但当地没有服务网点，于是公司决定派工程师乘飞机到城市再坐出租车到小镇，然后租用快艇到小岛上进行维修。碰巧当天下暴雨，工程师在深夜两点才赶到小岛上。为了不打扰消费者，工程师露宿于小岛，第二天上门服务并很快排除了故障。这件事情不久后就得到了积极的市场反应，那就是小镇上几乎所有准备购买计算机的人都选择或者表示将选择IBM——这就是优质服务的魅力。

南方一家钻探设备厂也为消费者提供了全套无风险服务——消费者购买该厂的钻探设备后，厂方安排维修人员进行钻井全过程现场服务，并提供备品、备件和消耗材料。最后，由消费者参照国外进口设备的钻井进尺、质量标准、生产成本、维护费用进行考核，若达不到要求则退货退款。这种全过程现场服务从各个方面解除了消费者的后顾之忧，使许多消费者打消了原本想购买外国产品的念头，最终定购了该厂的国产钻探设备。

二、体验

消费者在购买产品时，除了购买产品本身的使用价值，还会购买感觉、文化、面子、圈子、尊严、地位等象征性的意义，也就是体验或感受。

案例　　　　　　　　　　**第三生活空间**

星巴克和其他咖啡馆一样，都填补了"人们与他人建立联系的内心渴望"。但与 18 世纪伦敦的咖啡馆和 20 世纪 50 年代纽约的咖啡屋不同的是，"星巴克让你感觉同样可以在公共空间里享有独立"，即第三生活空间——家和办公室之外的第三个地方。

星巴克没有把自己定位为单纯的咖啡厅。星巴克传奇 CEO 霍华德·舒尔茨（Howard Schultz）早在 1995 年就这样描述了他的愿景：一种传达浓缩咖啡技艺的真实体验，一个思考和想象的地方，一个人们可以饮一杯绝佳的咖啡、聚会畅谈的休憩之所，一个有社区归属感的舒适港湾，一个欢迎和鼓励人们再来的场所，一个可以休息、阅读、思考、写作，甚至发呆的地方，一种能同时包容快速服务和内心平静的空间，星巴克也愿意将自己称为"家以外的另一个家"。据调查，美国人光顾星巴克的前三大原因中，第一是"第三生活空间"，第二是会面地点，第三是其饮品。

星巴克没有把咖啡馆开在星级酒店里，反而开在机场、商务中心和飞机上（联合航空公司唯一指定咖啡供应商）。为什么会开在这些地方？因为这些地方的消费者都没有自己的空间。比如在机场候机，人们最郁闷的就是没有自己的地方；到商场购物，最郁闷的也是没有自己的地方。所以，当星巴克告诉消费者要给他们"第三生活空间"时，用一杯咖啡做载体，就让消费者在没有自己空间的地方突然感到原来有一个自己的空间。这里有熟悉的咖啡味道，人与人之间能够最轻松地交往，是一个可以不受任何干扰地写作、看书的地方。

此外，星巴克的店面装潢十分考究，既创造了统一的外观，同时又在其中加入了各种变化，利用风格体现星巴克门店的美感。这就使得商务人士在选择商务会谈地点时，会毫不犹豫地选择星巴克这样一个地理位置优越、装修风格良好、氛围舒适轻松、利于洽谈的咖啡厅。

在星巴克，精湛的钢琴演奏、经典的欧美音乐背景、流行时尚的报纸杂志、精美的欧式饰品等配套设施，营造出一种高贵、时尚、浪漫的氛围。这种独特的"星巴克体验"，让全球各地的星巴克店成为人们除了工作场所和生活居所之外温馨舒适的"第三生活空间"。星巴克店内灯光柔和，环境清洁，有软软的大沙发与木制桌椅，消费者随便挑一把椅子坐下，就可以让自己在音乐混着纯净咖啡香的气氛中静静放松。如果你是常客，不用开口，店员就会送来你习惯喝的饮料，让你在陌生的人群中享受一点熟悉的礼遇。这是让消费者感到放松、安全的地方，也是有归属感的地方。用星巴克前 CEO 霍华德·舒尔茨的话说，星巴克为忙乱、寂寞的都市人提供了一片"绿洲"。在星巴克，消费者心情放松，并享受交际的乐趣。

三、保证与承诺

保证与承诺是企业以消费者满意为导向做出的承诺，即保证产品能够带给消费者某种利益，其目的是降低消费者的风险，引起消费者的好感和兴趣，从而促进消费者消费。

由于消费者的购买行为隐含着一定的风险，这在一定程度上会限制其购买欲望，而企业提供的保证和承诺则可以起到一种保险作用。如果企业对提供的产品做出保证与承诺，就可以减轻消费者购买时的心理压力，引起消费者的好感和兴趣，从而促使消费者放心地购买和消费。实际上，企业敢于做出保证与承诺就已经体现了企业的一种气魄、一种精神，这有利于吸引消费者。

例如，某快餐店承诺"半小时送到，否则半价"；某羊毛衫品牌承诺"水洗不变形，一年变形免费换"；某出租汽车公司承诺"凡是气温在 30 摄氏度以上时一律打开空调，如果没有打开，乘客可要求退回所有的车费，并获得面值 30 元的乘车证一张"；某汽车销售公司承诺"永远公平对待每一位消费者，保证消费者在同一月份购买汽车，无论先后都是同一个价格"，这样今天购买的消费者就不用担心明天的价格会更低了；某航空公司承诺保证航班准点，承诺当航班因非不可抗拒因素而延误、延期、取消、提前时，保证补偿乘客的损失，这样便可减轻乘客的心理压力，增强其对航空服务的信心。

京东商城上的手机销售也有其独有的碎屏保险服务。只要消费者在京东商城上购买手机后又购买了碎屏保险，那么一旦消费者的手机屏幕破碎，京东商城就会免费为其更换原装的屏幕，并且由京东物流免费上门取件，由京东维修中心提供手机屏保和维修服务，更换的是厂商授权的配件，有品质保证。手机维修完毕之后，再由京东物流配送到消费者家中，使消费者不用等待，不用亲自去线下实体店花更多的钱维修。众所周知，苹果手机的屏幕极其易碎，而且换屏的成本在 200～500 元不等，但是京东手机碎屏保险根据消费者的不同需求价格在 49～139 元不等，此成本远远低于碎屏之后去线下实体店换屏的成本，并且谁不想在家里等着手机"完璧归赵"呢？这样的服务保证与承诺，让更多的消费者愿意在京东商城上购买手机，因为他们可以没有碎屏的后顾之忧。

安全性、可靠性越重要的产品或服务，其承诺就越重要。例如，美容业推出"美容承诺"，并在律师的确认下，与消费者签订美容服务责任书，以确保美容服务的安全性。

当然，承诺应该量力而行，企业一旦做出承诺就要不折不扣地兑现，切不可给消费者"开空头支票"，欺骗消费者。而一旦承诺实现，企业就会在消费者心中建立起可靠的形象。

案例　　　　　　　　　　**BBBK 公司的承诺营销**

BBBK 灭虫公司销售的杀虫剂的价格是其他同类产品的 5 倍。它之所以能够以溢价价格销售，是因为它把销售中心放在一个对质量特别敏感的市场，即旅店和餐馆，并且向旅店和餐馆提供它们认为最有价值的东西：保证没有害虫，而不只是控制害虫。

BBBK 灭虫公司承诺：在您那里的所有害虫被灭光之前，您不欠我们一分钱；如果您对我们的服务不满意，您将收到相当于 12 个月服务费的退款，外加第二年您选择新的灭虫公司的费用；如果您的客人在房间里看到一只害虫，我们将支付客人本次和下次的全部费用，并送上一封道歉信；如果您的酒店因为害虫的存在而停业，我们将赔偿全部罚金和利润损失，并再加 5000 美元。

该公司为了提供此种高档服务，在一年中花费了 10 多万美元的成本，但是赢来了 3300 万美元的服务销售额——实际花费的保证与承诺的费用是营业额的 0.36%。正是通过无条件的承诺与保证，BBBK 公司不但可以收取远超同行的费用，而且受到许多大客户的追捧。

四、定制

定制是指根据每个消费者的不同需求来制造产品，其优越性是通过提供量身定做的产品来满足消费者的特殊需求。

在这个彰显和倡导个性的时代，越来越多的消费者追求品质生活，不愿被动地接受企业抛售的大众化服务，而是搜寻着能够最大限度地满足自己个性化需求的服务：一方面，不同的消费者有不同的需求；另一方面，消费者总是希望自己能够得到特殊的对待。因此，企业如果能够为消费者提供量身定制的产品来满足消费者的特殊要求，则可以打动消费者的心。另外，定制生产、定制服务避免了大众化生产、服务造成的滞销，有利于促进企业的不断深化发展。

例如，有家专卖青少年 T 恤衫的商店内挂着几十种不同的 T 恤衫图案。当消费者选购 T 恤衫时，老板会说："请挑选一个您喜欢的花样吧"。随后，店员就会用机器将消费者选中的图案印在 T 恤衫上。这样，在许多式样相同的 T 恤衫中，不同的图案就显示了不同的个人风格，因而受到了消费者的欢迎。

延伸阅读 **定制家具、定制皮鞋、定制鞋垫**

定制家具是家具企业根据消费者的设计要求来制造的个人专属家具，如定制衣柜、定制沙发、定制榻榻米、定制木床、定制电视柜等。

定制皮鞋是指皮鞋企业根据消费者的需求，为其提供从售前、产品制作到售后的一条龙式服务。定制皮鞋为消费者带来的最直接的享受就是穿着舒适，而要保证皮鞋穿着舒适，就要量脚制"鞋"。对尺码比例、色泽款式、场合需求及个人爱好，设计师都要全面考虑，这样才能体现消费者的个性并为其带去尊贵的体验。定制皮鞋时，设计师会充分考虑到消费者两脚的不同构造，精确计算消费者身体各部位的压力，并辅以最个性的款式设计。

例如，博马舍定制皮鞋非常注重个性和文化，其目标消费者是注重个人形象和穿着品位的政商界成功人士及社会名流。消费者通过预约后，首先会和设计师交流，内容包括爱好、个性、生活……消费者的消费观念和需求都会被设计师记录和领悟。设计师在为每位消费者制作鞋品时，都会了解消费者所处的环境，注重穿着的场合性，强调产品要体现和满足人的生理、心理、社会、精神等多个层面的需求。在设计师一对一的全程陪同下，消费者完成对产品的定制选择，哪怕是楦型、款式、工艺、材料、颜色、细节处理等微小环节，都会由消费者亲自做出决定。一双好的高级定制皮鞋，从里到外无不蕴含着科技、工艺、文化的魅力。量脚、制楦、裁料、缝帮、缝底、配跟、修饰等200多道工序，每个环节都精益求精。

另外，英国的一家仅有十几位员工的小公司却另辟蹊径，在鞋垫上做文章。可别小看这些不起眼的鞋垫，每双价格可达190英镑，比一双名牌运动鞋都要贵出不少。如果运动员要定制，造价更是普通鞋垫的数倍。这家名叫Sub-4的公司只有短短4年的历史，他们综合各界研究发现，人体并非绝对的对称，对于专业运动员来说，两条腿"长短不一"可能更容易受伤。因此，他们研发了可调节身体平衡的鞋垫。公司建立之初，每周仅生产10副鞋垫，现在每周也只能生产八九十副。英国3000米障碍赛运动员斯图亚特•斯托克斯在进行了五小时的测试、付出400英镑之后，拥有了这样一副鞋垫。他说："我以前膝盖有问题，这种伤痛到岁数增长了以后肯定更麻烦。可当我用上Sub-4的鞋垫后，身体变得平衡了，两天后就感觉好了许多。"

定制可以满足消费者的不同个性需求，从而给消费者带来一种不可名状的满足感。随着人类社会的进步和人们生活水平的提高，许多消费者希望购买的产品中能够融入自己的智慧、彰显自己的个性、充分体现自我价值，而定制正好顺应了这种潮流，并将成为未来的发展趋势。

例如，许多老人希望居家养老，但很多子女心有余而力不足。如何化解这个问题？虚拟养老院或许是一个解决方案。虚拟养老院里没有一张床位，却能服务上万名老人。只需一个电话，虚拟养老院便能为居家老人提供从买菜做饭到打扫卫生、从按摩到生病陪护等各项服务，使老人足不出户即可享受"个人定制养老"。通过建立"信息服务+居家养老上门服务"平台及"智能养老信息化"管理平台，虚拟养老院可以将分散居住的在册老人纳入信息化管理中，通过大数据收集，及时准确地为他们提供上门养老服务。

延伸阅读　　　　　　　　定制营销

定制营销是指企业考虑到每个消费者的特殊性，时时刻刻站在消费者的角度，根据不同消费者的不同需求，分别提供有针对性的产品。

在这个彰显和倡导个性的时代，越来越多的消费者开始追求品质生活，不愿被动地接受企业提供的大众化服务，而是搜寻着能够最大限度地满足自己个性化需求的服务。一方面，不同的消费者有不同的需求；另一方面，消费者总是希望自己能够得到特殊的对待，希望在购买的服务中能融入自己的智慧、彰显自己的个性、充分体现自我价值。

因此，企业如果能够为消费者提供量身定制的产品来满足消费者的特殊需求，则可以打动消费者的心，提高消费者的满意度，从而达到提高消费者忠诚度的目的；相反，企业如果不能满足消费者的特殊需求，就始终无法成为消费者心目中最好的企业，也就无法成为消费者唯一、持久的选择。

例如，美国汉堡王快餐店就提供"定做汉堡"服务，即先点再做。消费者可以按照自己的喜好决定汉堡包中的馅料，再交由快餐店现场制作，这使得汉堡王快餐店将自己的服务与麦当劳标准化的备货服务模式区别开来。

定制营销可以满足消费者对产品的个性化需求，能给消费者带来一种不可名状的满足感。随着人类社会的进步和生活水平的提高，人们对个性化的要求越来越高，定制理念已经深入人心。另外，定制营销实现了按需生产，避免了大众化生产带来的滞销，同时大大加快了企业资金的周转速度。所以，定制营销有利于促进企业不断深化发展，更可能成为未来企业一个重要的经济增长点。

第五节　新产品开发

一、新产品开发的重要性

首先，任何产品都有生命周期，今天你的产品能满足消费者的需求，而明天可能会出现更能满足消费者需求的其他产品，那么你的产品就落后了，就有可能被淘汰，消费者就会"移情别恋""另觅新欢"。因此，为了持续满足消费者的需求，企业要站在消费者的立场上去研究和设计产品，不断地为消费者提供新产品。

其次，通过科技创新开发的新产品，不但可以更好地满足消费者的需求，而且可以构筑竞争者进入壁垒，有效地阻止竞争者的"进攻"。

再次，新产品能够恢复利润——维持老产品的市场份额所需花费的费用往往很高，但是这仍然难以改变老产品利润持续下降的趋势，因为维持策略基本上是采取促销让利、广告和降低价格等手段；而开发新产品虽然费用高，但是初始利润一般也会很高。

最后，开发新产品能够维护企业的声誉，树立企业不断进取的良好形象。

案例　　　　**斯沃琪：唯一不变的是我们一直在改变**

为了在手表市场上站稳脚跟，斯沃琪一直在与时俱进。最关键的是，斯沃琪的设计师并不是坐等灵感、跟随潮流，而是洞悉先机，预先估计即将出现的潮流。正如斯沃琪一直强调的："唯一不变的是我们一直在改变。"公司每年都要向社会公开征集钟表设计图，根据选中的图案生产不同的手表系列，其中包括儿童表、少年表、少女表、男表、女表、春天表、夏天表、秋天表、冬天表；后来又推出了每周套装，从星期一到星期天，每天一块，表面图案各不相同。由于公司的产品不断翻新，满足了社会中不同层次、不同年龄、不同爱好、不同品位的消费者的需求，因此其深受广大消费者的欢迎和喜爱，销售量年年攀升，市场份额不断扩大，公司的效益也越来越好。

在新品推广上，斯沃琪同样显示了它的独到之处，其新品发布会简直是一场无比精彩的"腕上时装秀"。优美的音乐、绚丽的灯光、美轮美奂的场面、千挑万选的模特、精心设计的时装……所有这一切都是为了衬托斯沃琪手表的风采——青春、时尚、与众不同。

一项消费者调查表明，在手表的满意度方面，劳力士是第一名，占30%；斯沃琪是第二名，占23%。撇开劳力士的高品质、高价位不谈，这份调查显示了斯沃琪品牌战略的成功。斯沃琪手表目前在150多个国家和地区销售。如今，斯沃琪手表已经成为世界各国青少年的腕上宠物。它早已不再是简单的计时工具，而是代表了一种观念、一种时尚、一种艺术和一种文化。

二、新产品的分类

营销学中的新产品不一定是新发明的产品，只要是产品中任何一部分有了创新和变革，而使产品有了新的功能，或者增加了新的品种，或者增加了新的内容、新的形态，并且能够为消费者带来新的利益的，就是新产品。因此，新产品可分为全新的新产品、换代的新产品和改进的新产品。

（一）全新的新产品

全新的新产品即指应用新原理、新技术、新材料和新结构等研制而成的前所未有的创新产品。这些全新的新产品的出现需要创意，还需要借助技术来实现，其开发过程相当不容易。谁率先把全新的新产品推向市场，谁就理所应当地成为这种新产品的开拓者和首席代表。

全新的新产品举例如下。

喜之郎果冻——第一种具有皮冻样的口感，晶莹剔透、口味清新的果冻。

旺旺雪饼——第一种用大米面做的饼干，有着爆米花的香味。

波力海苔——第一个把海藻做成零食的产品。

露露杏仁露——第一个把原来只能嚼的苦涩杏仁变成能喝的杏仁的产品。

朗科U盘——第一个代替原来时刻担心读取不了文件信息的3.5寸软盘的产品。

恋衣牌晾衣架——第一个晾衣不用竹竿挑，只需轻轻摇一摇的晾衣架。

随着互联网技术的发展和社交网络的兴起，移动互联网的应用层出不穷，如即时通信、移动搜索、手机支付、手机阅读、手机游戏、手机视频等。例如，"支付宝钱包"与银行卡绑定，便可以随时将卡中的钱任意转进转出。在现实中非常烦琐的转账，由于支付宝公司的服务创新，消费者通过手机操作就能全部完成，完全摆脱了空间距离的限制。

案例　　　　　　　　　　**微信与微信小程序**

腾讯旗下的产品QQ在很长的一段时间里都处于即时通信市场的绝对领导者地位。但是在2010年12月，腾讯出现了一个生死之敌——"米聊"。当时腾讯内部也存在巨大争议，到底是用QQ去竞争，还是启动新的产品呢？米聊虽然起步早，但毕竟不是做即时通信出身的，而腾讯做了十几年的即时通信，已经是这个行业的领导者了。于是腾讯很快就把公司所有的力量调动起来，花了不到一个月的时间，于2011年1月推出了微信，然后迅速把QQ上的用户引导到微信上。经过3个月的努力，微信在用户数量上超过了米聊。腾讯经历过此危机，稳固了其在市场上领导者的位置。

随着互联网技术的普及应用和智能手机技术的不断发展，手机上网用户不断增加。但用户需要不断地更新或者下载新的应用，这不但占据手机空间内存，而且操作起来比较麻烦。微信小程序具有不需要下载就可以直接使用的特点，用户只需在线扫描二维码或者直接搜索小程序的全名就可以打开微信小程序并使用其中的所有免费功能。这种小程序不但不占用手机的内存，而且拥有非常出色的外观和交互功能。微信的创始人张小龙曾说："小程序是一款不需要安装即可使用的应用，它实现了'触手可及'的梦想，用户扫一扫或者搜一下就能打开应用，也体现了用完即走的理念，用户不用安装太多应用，应用随处可用，但又无须安装卸载。"

（二）换代的新产品

换代的新产品是指在原有产品的基础上，采用或部分采用新技术、新材料、新结构制造出来的产品。例如，计算机从使用电子管、晶体管、集成电路，发展为使用大规模或超大规模集成电路和具有人工智能的计算机。

又如，宜家不断采用新材料、新技术来提高产品性能并降低价格，其产品奥格拉是一种性能优越的椅子，很漂亮、很实用，重量又轻。起初，奥格拉椅子用木材制作，当平板包装不能满足低成本要求时，宜家的设计师便采用复合塑料替代木材。后来，为了进一步降低成本，宜家采用将气体注入复合塑料的方式，从而节省材料并减轻重量，同时还能够更快地生产产品。

2012 年年初，邢凯开始创业，在淘宝上开了个化妆品店——"悠刻"。因为他经常用淘宝，讨厌难开的箱子，所以干脆就自己定制纸箱。没想到，化妆品店砸了上万元没收回成本，问纸箱的电商一波一波涌来。他干脆关掉化妆品店，转身做起了"一撕得"——给纸箱装上拉链。为了给剁手族提供更好的拆箱体验，邢凯设计了一款双头拉链纸箱。封装时波浪双面胶即可一秒揭开粘上，收到货时则一撕即开，可以让消费者体验到 3 秒的快感。这款纸箱还具备防盗功能，因为整个纸箱充满了圆角，只要不是从拉链处开启箱子，圆角处必会留下痕迹。两年间，"一撕得"的客户从当年的一家飙升至了上百家，并且个个都是大品牌！

（三）改进的新产品

改进的新产品是指在原有产品的基础上适当改进，使得其在质量、性能、款式、服务等方面有所改善的产品。

1. 改进质量

改进质量即指在产品的耐用程度、可靠性、方便性等方面进行改进。

例如，"鸳鸯火锅"就是重庆"小天鹅"的创新——"小天鹅"请人在锅的中间焊了一块钢板，将锅一分为二。这样一来，喜欢吃辣的消费者就吃红汤，怕辣的消费者就吃清汤。"鸳鸯火锅"的发明，被一位记者评价为"最简单的创意、最赚钱的革命"。

2. 改进性能

改进性能即指在产品的大小、重量、材料或附加物等方面改进产品的性能，以加强产品在多方面的适用性。

例如，当年日本丰田公司为了改变自己只生产低档车的形象，推出了"凌志"牌轿车。这种车线条流畅，造型优美，内饰豪华，乘坐起来舒适、平稳。为了证明车的平稳性能，丰田公司曾经做了一个实验——分别将一杯水放在行驶的"凌志"和另一种车上，放在另一种车上的水晃动不已，而放在"凌志"车上的水则波澜不惊。此外，"凌志"车的方向盘可以根据需要自由升降，以满足消费者的不同需求；更妙的是，当手机铃声响起时，车内音响的播放音量会自动调低。

3. 改进款式

改进款式即指通过改变产品款式，增加美感来提升产品的竞争力。

例如，豆制品在中国历史悠久，豆腐、豆浆是中国人的传统食物，而且中国的豆制品具有"寻常豆腐皇家菜"的美誉。但是中国的豆腐总是千篇一律，千百年来并没有太大的变化和发展。而美国的商人通过自己的创意，把中国的豆浆制造出不同颜色和味道，比如有草莓味、香蕉味、巧克力味，因此受到众多消费者的欢迎。另有一位商人，通过创意制造出不同颜色和味道的豆腐，即根据消费者的喜好，在豆腐中加入奶油、咖啡、果汁等，并用红色的甜椒把豆腐调制成漂亮的红色，还通过加入不同的原料制造出红、黄、绿三色豆腐。

4. 改进服务

对于许多耐用消费品和工业用品来说，服务是构成产品的重要内容之一，提供新的服务方式、增加新的服务内容，对提升企业产品销售量、延长产品成熟期有重大促进作用。

例如，新零售是在现代移动互联技术和新兴消费者群体的出现与带动下，产生并发展起来的以大数据、云计算、物联网、系统仿真、虚拟现实等技术为支撑，以线上线下物流结合为特点，以消费者为中心的新型零售业态。

三、新产品开发的程序

（一）识别机会：从企业角度定义产品概念

该阶段是新产品开发的开端，主要有产生创意和评估创意两个步骤。

1. 产生创意

新产品的开发过程是从寻求创意开始的。在该阶段，企业主要的目标是提出各种创意，并明确阐述与这些创意相关的市场机会，也就是明确新产品所能提供的核心利益。虽然并不是所有的创意都可以变成产品，但寻求尽可能多的创意却可以为企业开发新产品提供更多的机会。

新产品创意的主要来源有消费者、科学家、竞争者、市场营销研究公司、广告代理商，以及企业的推销员、经销商、高层管理人员等。

2. 评估创意

在取得足够多的创意后，企业要对这些创意加以评估，研究其可行性，并挑选出可行性较强的创意，这就是评估创意。评估创意的目的在于淘汰那些不可行或可行性较低的创意，将企业有限的资源集中于成功机会较大的创意上。

企业在评估创意时，一般会考虑以下两个准则：一是企业目标准则，也就是该创意是否与企业的利润目标、销售目标、销售增长目标、形象目标等方面相匹配；二是企业实力准则，也就是企业有无足够的能力实现这种创意，这些能力表现为资金能力、技术能力、销售能力和协同能力等。

（二）形成概念：从消费者角度定义产品概念

该阶段的主要任务可以归纳为以下 3 个方面。

1. 产品设计

产品设计就是企业通过赋予某种创意以形式、属性和意义，将创意更好地转化为物质实体或概念实体。其最重要的目标是找出符合消费者偏好及使用习惯的产品形态、属性、水平，如高性能化、多功能化、微型化、轻型化、方便化、简便化、节能化、多样化、系列化、知识化、智慧化等。

2. 探究市场细分与定位

探究新产品的市场细分及定位就是为了验证消费者是否认同新产品带来的核心利益，哪些消费者对新产品提供的核心利益有最强烈的需求，以及如何进行市场定位才能更好地吸引消费者。

3. 销售预测分析

在这一阶段，企业还要完成对新产品市场销售情况的初步预测。进行销售预测可以帮助企业更好地理解市场，了解目标市场的规模、结构、消费者购买行为及可能的利润情况。

（三）开发测试

1. 产品开发

通过企业及消费者两方面的筛选后，研究与开发部门及工程部门就可以把这种新产品概念转变为实体产品，并进入试制阶段。只有在这一阶段，原本仅用文字、图标及模型等描述的产品才能转变为实体产品。

2. 市场测试

如果实体产品能顺利开发出来，下一步企业就应着手制定营销组合策略，把产品试验性地推向小范围的市场，其目的在于了解消费者和经销商对购买、经营这种新产品的意向、诉求及真实的市场容量。此外，测试情况还能为企业提供一些诊断信息，如对产品或营销策略进行怎样的改动能提高新产品成功的可能性。如果测试表明产品是成功的，企业就有理由将产品导入市场。

（四）市场导入

产品的市场导入就是产品的商业化过程。在此过程中，企业需要进行许多决策，如协调生产计划和营销计划，对产品设计进行微调以适应大规模生产及分销渠道管理等。此外，导入新产品还要求企业对市场业绩进行持续监测以制定改进新产品的营销策略。

第六节　产品生命周期

一、产品生命周期的概念

任何一种产品都不可能无止境地在市场上延续下去，因为消费者对产品的态度和需求会发生变化，产品所处的行业技术也会发生变化。

产品生命周期是指一种产品从进入市场到被淘汰、退出市场的过程。

产品生命周期实际上就是产品的市场寿命，是某种产品在市场上存在的时间，其长短受消费者需求变化、产品更新换代的速度等多种市场因素影响。它与产品的使用寿命（自然寿命）是不同的。

一般来说，产品生命周期可分为导入期、成长期、成熟期和衰退期4个阶段，但并非所有的产品都要经历这4个阶段。

二、产品生命周期各阶段的主要特征及相应的营销策略

产品生命周期的每个阶段都有其市场特征，企业应根据这些特征来制定适合的营销策略。

（一）导入期

1. 导入期产品的主要特征

① 生产批量小，制造成本高，销量低而销售成本高。

② 产品的知名度和认知度低，经销商缺乏信心导致分销渠道不畅通，消费者对产品缺乏信心导致销售缓慢。

2. 导入期产品的营销策略

（1）快速撇脂策略

这种策略也称为快速掠取策略，指采用高价格和加大促销力度的方式推出产品，以求迅速增加销售量，获得较高的市场占有率。

实施该策略的市场条件是市场有较大的需求，潜在消费者急于购买新产品，并乐意付出高价；企业面临潜在竞争者的威胁，需要尽早建立品牌形象。

（2）缓慢撇脂策略

这种策略是以高价格和减小促销力度方式推出产品，高价格是为了抓住时机尽量从每单位销售中获取更多的毛利，而减小促销力度是为了降低营销费用。只有将两方面相结合，企业才能够从市场上获取更大利润。

实施该策略的市场条件是：市场规模较小，竞争威胁不大，市场上大多数消费者对该产品没有过多的疑虑；适当的高价可以为市场所接受。

（3）快速渗透策略

这种策略是以低价格、加大促销力度的方式推出产品，以期迅速打开市场并取得较大的市场份额。

实施该策略的市场条件是：产品市场容量很大；潜在消费者对产品不了解，并且对价格敏感；潜在竞争比较激烈；产品的制造成本可以随产量的提高而快速下降。

（4）缓慢渗透策略

这种策略是以低价格和减小促销力度的方式推出产品。低价格有利于市场迅速接受新产品，减小促销力度可以实现更多的利润。

实施该策略的市场条件是：市场容量较大；潜在消费者容易或者已经了解该新产品，并且对价格十分敏感；有相当多的潜在竞争者准备加入竞争。

（二）成长期

1. 成长期产品的主要特征

① 经过市场导入期以后，消费者对产品逐渐熟悉，产品的销售量迅速增长，企业开始批量生产，生产规模的扩大使产品成本降低，产品价格维持不变或略有下降。

② 为维持市场的继续增长，企业需保持或稍微增加促销费用，但因销售量大增，促销费用相对销售额的比率不断下降。

③ 销售量激增和单位生产成本及促销费用的下降，使得利润迅速增长。

④ 市场竞争日益加剧，新的产品特性出现，市场开始被细分。

2. 成长期产品的营销策略

（1）改进产品

企业要对产品进行改进，提高产品质量，增加新的功能，丰富产品样式，适当扩大产品组合，并且强化产品特色，努力树立起品牌形象，提高产品的竞争能力，满足消费者更多、更广泛的需求。这样既能扩大销量，又能限制潜在竞争者加入。

（2）拓宽渠道

企业既要通过市场细分，找到新的尚未被满足的细分市场并迅速占领这一市场；又要开辟新的分销渠道，增加销售网点，方便消费者购买。

（3）适时降价

企业在适当的时候，可以采取降价策略，以促使那些对价格比较敏感的潜在消费者产生购买欲望并产生购买行为；同时，低价格还能抑制潜在竞争者的加入。

（4）促销重心的转移

以广告策略为例，企业要把广告宣传的重心从介绍产品、提升产品知名度转移到说服消费者接受产品和产生购买行为上来，以促进企业销售额的增长。

（三）成熟期

1. 成熟期产品的主要特征

① 产品的销售量增长缓慢，逐步达到最高峰，然后缓慢下降。

② 生产批量很大，生产成本降到最低水平，价格开始有所下降。

③ 产品的服务、广告和推销工作十分重要，销售费用不断提高。

④ 利润已达到最高点，并开始下降。

⑤ 大多数消费者都已加入购买队伍，包括理智型、经济型消费者。

⑥ 同类产品逐步趋于同质化，竞争十分激烈，并出现价格竞争。

2. 成熟期产品的营销策略

在这一阶段，企业的营销目标是延长成熟期，巩固原有市场并使其进一步扩大，充分挖掘老产品的潜力，以便获取尽可能高的利润。为此，企业要致力于改进产品、调整营销组合、扩大市场，而不可畏惧竞争，轻易放弃成熟期的产品。

（1）改进产品

① 改善产品的功能特性，如耐用性、可靠性、速度等。例如，汽车制造商通过增强汽车的安全性能（安装安全气囊），或者降低油耗，或者提供自动驾驶功能等来延长产品的生命周期。

② 增加产品的特点，如增强产品的多功能性、安全性或便利性。

③ 改变产品款式、颜色、配料、包装等，以增强美感或者增加时尚特性。例如，面包从传统的面包到纤维面包，牙膏从普通牙膏到药物牙膏。

（2）调整营销组合

例如，增加产品概念和特征、降价或者设计特价活动、拓展营销渠道、改变广告媒体组合、变换广告时间和频率、增加推销人员、强化公共关系等，争取获得更多的消费者。

（3）扩大市场

这种策略是指在不改变产品本身的情况下，通过以下方式扩大市场、增加销售量。

① 发掘产品的新用途。例如，美国杜邦公司生产的尼龙，最初的消费者是军队，它被用于制造尼龙降落伞、尼龙绳；后转入民用市场，以尼龙针织品的形式进入服装、日用品市场，如用于生产尼龙衫、尼龙袜、尼龙毯子；接着转入工业品市场，如用于生产尼龙轮胎、尼龙包装材料等。每次进入不同的市场，尼龙都从成熟期退回成长期，从而焕发了新的生机。

② 寻找新的细分市场。例如，从城市到农村，从国内到国外；或者反过来，从农村到

城市，从国外到国内。

③ 创造新的消费群体。例如，有一种巧克力饮料，原来其主要消费者是中老年人，后来以青少年为营销对象和目标进行广告宣传，从而进入了青少年市场。

④ 将非消费者转变为消费者，争取竞争者的消费者，以及鼓励消费者更频繁、更大量地使用产品。

（四）衰退期

产品进入衰退期的原因有很多，如技术进步、消费者需求变化、竞争加剧、政策影响等。

1. 衰退期产品的主要特征

① 产品销售量急剧下降，甚至出现产品积压。

② 新产品开始进入市场，并逐渐替代老产品。

③ 市场竞争不激烈，许多竞争者已经退出，竞争突出表现为价格竞争，产品价格不断下降，消费者数量日益减少。

④ 企业利润日益下降甚至为零。

⑤ 消费者是落后于市场变化的保守型消费者，他们实行习惯性购买，而大多数消费者的态度已发生转变。

2. 衰退期产品的营销策略

（1）维持策略

维持策略即指继续沿用原有的策略，仍按照原来的细分市场，使用相同的分销渠道、定价及促销方式，直到这种产品完全退出市场。

（2）集中策略

集中策略即指把企业的能力和资源集中在最有利的细分市场和分销渠道上，从而为企业创造更多的利润，同时有利于延缓产品退出市场的时间。

（3）收缩策略

收缩策略即指企业抛弃无希望的消费者群体，大幅度降低促销水平，尽量减少销售费用，以增加目前的利润。这样虽然可能导致产品加速衰亡，但也可能使企业从忠实的消费者那里获取尽可能多的利润。

（4）放弃策略

尽管在某一市场上坚持到底的企业可能因其他竞争者的退出而获利，但对于大多数企业来说，只能当机立断地放弃经营进入衰退期的产品。

企业在淘汰进入衰退期的产品时，到底是采取立即放弃策略、逐步放弃策略、完全放弃策略还是转让放弃策略，要妥善考虑，力争将企业损失降到最低限度。但是不管怎样，企业都要避免与市场潮流做无效的对抗。

课后练习

一、判断题

1. 产品是指能够满足消费者需求和欲望的任何东西。　　　　　　　（　　　）

2. 产品本身并不会使任何人感兴趣，它不过是满足或创造或引导市场消费需要的一种载体。   （　　　）

3. 产品组合的宽度是指企业内拥有多少条不同的产品线。   （　　　）

4. 新产品不一定是新发明的产品，只要是产品中任何一部分有了创新和变革，能够为消费者带来新的利益的，就是新产品。   （　　　）

5. 产品生命周期就是产品的市场寿命，它与产品的使用寿命（自然寿命）是不同的。

（　　　）

二、选择题

1. 在产品生命周期的（　　　），企业应积极主动地扩大分销渠道，为日后产品的销售奠定良好的网络基础。

　　A. 投入期　　　　　　B. 成熟期　　　　　　C. 衰退期　　　　　　D. 成长期

2. 当产品处于（　　　）时，市场竞争最为激烈。

　　A. 成长期　　　　　　B. 投入期　　　　　　C. 成熟期　　　　　　D. 衰退期

3. 产品生命周期各阶段划分的依据是（　　　）。

　　A. 时间长短　　　　　　　　　　　　B. 销售量与利润额变化

　　C. 市场特点　　　　　　　　　　　　D. 产品特点

4. 满足人们短期需求的产品是（　　　）。

　　A. 日用品　　　　　　B. 时尚品　　　　　　C. 耐用品　　　　　　D. 选购品

5. 产品是一个整体概念，是创造需求或满足需求的解决方案，可分为（　　　）3个层次。

　　A. 核心产品　　　　B. 形式产品　　　　C. 附加产品　　　　D. 实惠产品

三、填空题

1. 概括来说，产品策略是企业满足或引导市场需求的_____。

2. 产品组合或称产品搭配，是指一个企业提供给市场的全部_____、_____。

3. 企业在调整产品组合时，可以针对具体情况选用以下产品组合策略：_____、_____、高档产品策略、低档产品策略、产品线现代化策略。

4. 新产品开发的程序是：识别机会、_____、_____、市场导入。

5. 产品组合的关联度是指各条产品线在最终用途、_____、分销渠道，或者其他方面的关联程度。

四、简答题

1. 什么是产品？如何对产品进行分类？

2. 什么是产品组合？产品组合有哪几个要素？

3. 什么是核心产品？它包含什么内容？

4. 什么是形式产品？它包含什么内容？

5. 什么是附加产品？它包含什么内容？

6. 产品生命周期分为哪几个阶段？每个阶段分别有什么特点？每个阶段应当采取什么样的营销策略？

第九章
定价策略

视频导学

引例：COSTA 的会员打折卡

当你走进 COSTA 点了一杯 36 元的拿铁咖啡，准备掏出钱包付款时，服务员告诉你："先生，这杯价格 36 元的咖啡，您今天可以免费得到。"此时你一定会问："怎么得到？"

服务员接着说："很简单，您办理一张 88 元的打折卡，这杯咖啡今天就是免费的了。并且这张卡全国通用，您在任何时候到 COSTA 消费，都可以享受 9 折优惠。"

调查表明，约有 70% 的消费者会购买这张打折卡。

此策略可谓一箭双雕。

第一，可以提高消费者第一次消费的单价。对于消费者来说，咖啡的价格是 36 元，办一张 88 元的打折卡，送一杯咖啡，然后这张卡以后还可以持续打折，乍一听感觉很划算。但是，真实的情况是消费者多花了 52 元。原因很简单，打折是建立在消费的基础上的。如果你不消费，这张卡对你就没有任何用处；就算你消费了，那也是给商家持续贡献利润。

第二，可以"锁定"消费者。当你响应了 COSTA 的主张之后，便获得了一张打折卡，就在你办卡的一瞬间，其实他们已经锁定了你的消费。由于 COSTA 咖啡与星巴克咖啡定价接近，所以当你下一次要喝咖啡时，因为有了这张打折卡，你基本就不会考虑星巴克了。

企业以营利为经营目标，该目标需要通过创造收入来实现。为此，企业要考虑怎么定价及可采取的定价策略。

第一节　定价概述

一、定价的重要性

价格对于消费者而言，不是利益的载体，而是一种牺牲，是消费者为获得某个产品而付出的经济代价。因此，价格既可能体现出企业对消费者的关心，也可能给消费者留下利欲熏心的印象。

消费者总是会将价格与其对该产品的认知价值加以比较，然后决定是否购买。另外，消费者购买产品时一般都有一个期望价格，当市场价格高于期望价格时，就会有消费者放弃购买这个产品或减少购买量；当市场价格低于期望价格时，消费者又可能产生怀疑，而不购买——认为"便宜没好货"。特别是当消费者不能客观地鉴别产品质量时，其就会把价格当作一个质量标准，认为贵的产品才是好的产品。

总之，价格太高、太低都不行。企业要认真研究定价策略，不仅要科学定价，还要艺术性地定价。

二、影响定价的主要因素

影响定价的主要因素有 7 个，即经营目标、经营成本、市场需求、消费心理、竞争状况、产品的需求弹性、政府管制。

（一）经营目标对企业定价的影响

1. 维持生存

当企业把生存作为主要目标时，只要价格能够补偿成本，能使企业继续留在行业中，企业就会定低价，而不会考虑如何获取过多的利润。

2. 市场占有率最大化

如果企业想通过定价来使市场占有率最大化，企业就会尽可能定低价。

3. 当期利润最大化

如果企业的目标是在短期内尽快收回成本，或实现当期利润最大化，企业就会采取高定价策略。

4. 定位高端

当企业的经营目标是走高端路线或塑造高质量的产品形象时，企业就会采取高定价策略。

（二）经营成本对企业定价的影响

经营成本可分为固定成本、变动成本。固定成本是指不随着产出多少而变化的成本，如建筑物折旧费、租金、公用事业费、保险费、管理人员工资、利息、维修成本等；变动成本则是指随着产出的变化而变化的成本。

经营成本决定了产品销售价格的最低水平，因为如果产品销售价格低于经营成本，企业便无利可图，甚至会出现亏损。从长远来看，任何产品的销售价格都必须高于成本，只有这样，企业才能以销售收入来抵偿生产成本和经营费用，否则就会亏损。因此，企业确定产品价格时必须估算研发、生产和分销该产品的所有成本。

为此，医院、律师事务所、管理咨询机构等向消费者提供服务之前，一般不会预先估价，原因是这些机构只有在服务开始后，才能根据实际产生的成本来收费。

（三）市场需求对企业定价的影响

市场需求对企业定价的影响非常显著，企业可按市场需求及其变化制定价格。当市场需求旺盛时，企业可以定高价；当市场需求萎靡时，企业只能定低价。

例如，当处于市场需求的高峰时，航空公司会定高价；当处于市场需求的低谷时，航空公司为了争抢客源都会执行折扣价格，既会争抢其他航空公司的消费者，也会争抢公路和铁路运输公司的消费者。

（四）消费心理对企业定价的影响

由消费心理产生的折中效应、锚定效应、对比效应都会对企业定价产生影响。

1. 折中效应

折中效应即指当人们在偏好不确定的情况下做选择时，往往更喜欢中间的选项。因为中间的选项能让人感到安全，不至于犯下严重的决策错误。

企业因势利导，把主销品种设定为中间选项就可以影响消费者的选择。

2. 锚定效应

锚定效应是指人们在对某人某事做出判断时，易受第一印象或第一信息支配，就像沉入海底的锚一样把人们的思想固定在某处。也就是说，人们对事物的判断容易依赖最初的参考点，而且无法予以充分调整。

例如，某消费者第一次看到某产品的价格，那么这个第一印象的价格将对该消费者产生巨大的影响，一旦其发现打折后就会立即购买。因为当时的原价已经在消费者心中占据了第一印象，所以打折就会让消费者觉得便宜了，甚至觉得自己赚到了。

虽然我们都知道对事物的判断依赖第一印象的认知方法并不科学、准确，但还是无法摆脱第一印象的影响。如你喜欢的某品牌牛仔裤原本卖 50 美元一条，现在以 35 美元一条的折扣价出售，相信这一定会让你很动心，因为最初的 50 美元起到了"锚"的作用。因此，企业对产品进行促销时，千万别忘了把原价写在折扣价的旁边。

在奢侈品行业中，有一些价格高得离谱、令人咋舌的产品，所起到的就是"锚点"作用。它存在的价值就在于与其他价格相对便宜的产品形成对比，在消费者的心中挠痒痒，操纵消费者的心理："好吧，十几万元的限量款的包太贵，那几千元的包总该不算贵吧？"

又如，房产中介为了推销 90 平方米、售价 170 万元的房子，会先带消费者看一套 100 平方米、售价 200 万元的房子，使消费者有一个心理定式——每平方米 20000 元，这就影响了消费者对房价的预期。这样，当消费者看到每平方米低于 20000 元的房子时，就比较容易接受。

再如，"依云矿泉水"在星巴克一般标价为 20 多元人民币。作为星巴克咖啡的陪衬，它向消费者传递出一句潜台词：你看，一瓶水都卖 20 多元，我二三十元一杯的咖啡能算贵吗？

3. 对比效应

对比效应即指人们会对几个价格进行对比，从中选择自己认为最划算的产品。

对此，企业可以把不是主销产品的高端产品的价格定得略高，这样消费者心中就有了一个可以参考的对比价格。在这个高价产品的对比下，主销产品就会显得性价比较高，从而对消费者产生吸引力。

（五）竞争状况对企业定价的影响

在日益激烈的竞争环境中，价格不仅是影响消费者与企业关系的关键点，也可能是竞争者夺取市场份额的利器。企业应当根据产品的特点及市场状况和竞争状况，为自己的产品确定一个对消费者有吸引力的价格。

企业会定出怎样的价格，取决于竞争者生产的同类产品的价格水平。如果两者大体一致，则两者的价格也应大体一样，否则本企业产品可能卖不出去；如果企业产品表现得较好，那么产品价格可以定得较高；如果本企业产品表现得较差，那么产品价格就应定得低一些。

（六）产品的需求弹性对企业定价的影响

产品的需求弹性是指产品的需求量对价格变动的敏感程度。

需求弹性大的产品，价格的变动会引起这种产品的需求量的较大变动。

需求弹性小的产品，价格的变动不会引起这种产品的需求量的较大变动。

为此，对于需求弹性大的产品，企业可以通过降价来提高销售量；而对于需求弹性小的产品，企业则不能通过降价来提高销售量。

一般来说，影响需求弹性的因素如下。

1. 产品是必需品还是奢侈品

如果一种产品是人们生活中的必需品，其需求弹性就小或缺乏弹性，即使价格上涨，人们也必须购买，不会因为价格提高而大幅度减少需求。例如，粮食价格上涨，人们为了生存仍然需要购买，因而对粮食的需求不会大幅度下降。

而一些非必需品，像贵重首饰、高档服装等，其需求弹性就大，人们会因为其价格提高而大幅度减少需求。例如，金银首饰属于非必需品，是可有可无的，人们对其需求的变化受价格影响就较大：其价格升高，购买的人就减少；其价格降低，购买的人就增多（不考虑保值，只考虑消费）。

人们对一日三餐和夜宵零食的需求受价格波动的影响也不同：三餐的饭食价格上涨，人们的需求一如既往，可能吃得少一点、差一点，但基本每日三餐不误；但如果夜宵零食涨价，人们就会减少购买或不购买。

2. 产品是否容易被替代

一种产品若有许多相近的替代品，那么这种产品的需求弹性就大，反之则小。因为这种产品一旦价格上涨，消费者往往会舍弃它而去选购它的替代品。例如，毛织品的价格提高后，人们对毛织品的需求就可能被棉织品、丝织品、化纤品等替代。

3. 购买产品的支出占收入的比重

一般来说，购买产品的支出占收入的比重大，其需求弹性就大，这是因为这种产品价格的提高会消耗消费者较多的收入，所以可能导致人们对其需求量的减少；反之，如果购买该产品的支出占收入的比重小，其需求弹性就小，甚至可以忽略不计。

4. 消费者因素

当消费者对产品的价格不太在意，如不需要他付钱，或者他不缺钱时，该产品的需求弹性就小。

例如，消费者购买了医疗保险，那么当他看病买药时，可能就不会太在意治疗费用和药品费用了——因为这些开支大部分是由保险公司支付的。

（七）政府管制对企业定价的影响

有些产品的定价是受政府管制的，如电信、医疗、水、电、气等公共产品必须在政府的指导下定价。

1. 政府管制的必要性

从理论上说，与人们生活密切相关的产品，由于其需求弹性很小，消费者对这些产品的价格不敏感，从商业角度来讲，它们是可以定高价的。但现实是这类产品的价格受到政府的管制，如粮食、水、电、气等，为使消费者消费得起而定价较低。

从理论上说，奢侈品的需求弹性很大，消费者对这些产品的价格敏感，价格就不能定得太高，如游艇、珠宝、首饰，从商业角度来说，这些产品的价格应当定低一些，以促进购买。但现实是政府往往通过税收等政策，使奢侈品都保持在高价位——这有利于调节贫富差距、提倡节约、反对浪费。

政府管制的必要性在于可以弥补市场机制的局限性，以避免低收入阶层被排除在某些公共产品的消费之外，保证社会上大多数人都有能力享受一定的公共产品。所以，政府管制不是替代价格机制，而是对市场失灵措施的弥补。

2. 政府管制的范围

政府管制的是一些缺乏竞争且对社会稳定和国计民生有重大影响的产品的价格，主要包括自然垄断的产品，如原油、天然气、少数稀有金属等的价格；不适于竞争性经营的产品，如城市交通、城市自来水、煤气供应，生产、生活用的电力供应等；事业单位的重要收费，如各类社会公共保障、公办教育、公办医疗等的收费。

3. 政府管制的原则

政府管制遵循经济效益和社会公平、公正兼顾的原则。一方面，要使公共事业单位在正常的生产经营情况下能够补偿成本并有适当盈利，使其有内在动力发展公共事业，同时使政府财政有适当的税收收入，以便有足够的资金来源进一步扩大投资公共事业；另一方面，要使绝大多数居民都有能力进行必要的消费，使公共事业真正具有公共性、公益性。

4. 政府关于价格的政策法规

在我国，规范企业定价行为的相关政策法规有《中华人民共和国价格法》《中华人民共和国反不正当竞争法》《制止牟取暴利的暂行规定》《价格违法行为行政处罚规定》《关于制止低价倾销行为的规定》等。

第二节　定价方法

由于经营成本、市场需求、竞争状况是影响和制约企业定价的最主要因素，因此企业在选择定价方法时，通常会充分考虑这些因素，由此形成了成本导向定价法、需求导向定价法、竞争导向定价法3种定价导向。

一、成本导向定价法

成本导向定价法，顾名思义，是一种主要以成本为依据的定价方法，包括成本加成定价法、目标收益定价法和盈亏平衡定价法。其特点是简便、易用。

（一）成本加成定价法

成本加成定价法是指用单位成本加上一定百分比的加成来确定产品的销售价格的方法。加成的含义就是增加一定比率的利润。

成本加成定价的公式为：$P=C(1+R)$。

其中，P 为单位产品售价，C 为单位产品成本，R 为成本加成率。

1. 成本加成定价法的优点

① 成本的不确定性一般比需求的不确定性低，参考单位成本定价，计算相对简单，且可以大大简化企业的定价程序，而不必根据需求情况做调整。

② 一般认为，成本加成定价法对买方和卖方来讲都比较公平。当买方需求强烈时，卖方不会利用这一有利条件谋取超额利润；当买方需求萎靡时，卖方也不会相应降价。

2. 成本加成定价法的缺点

① 成本与价值可能不存在明显的对应关系——一方面，经营成本高，其所带来的产品价值未必高。例如，咨询师为咨询方案所付出的时间和精力多，并不能保证其提供的服务价值就一定高；师傅与徒弟一起为消费者提供维修产品，虽然徒弟所花费的时间和精力更多，但这并不能说明徒弟的服务价值更高。

另一方面，同样的成本会产生不同的产品价值。例如，修理有同样故障的汽车时，把新车（或豪华型轿车）和旧车（或经济型轿车）修好所耗费的服务成本是一样的，但是修好后的新车（或豪华型轿车）和修好后的旧车（或经济型轿车）所具有的服务价值是不一样的——作用在新车（或豪华型轿车）上的维修服务所带来的价值高于作用在旧车（或经济型轿车）上的维修服务所带来的价值。

② 成本加成定价法容易忽视市场需求、供求关系、市场竞争，从而不能很好地实现定价目标。

（二）目标收益定价法

目标收益定价法是指根据估计的销售额和销售量确定一个目标收益率，从而制定价格的方法。举例说明如下。

假设企业的预期销售量为 80 万件，达成这一销售量的总成本为 1000 万元；再假设企业希望利润为成本的 20%，则目标利润为 200 万元，总收入为 1200 万元。那么，单价应该是 $P=1200\div80=15$（元）。

目标收益定价法有一个严重的缺陷，即企业制定的价格是以估计的销售量为条件求出的，而价格恰恰是影响销售量的重要因素。

（三）盈亏平衡定价法

盈亏平衡定价法也叫保本定价法或收支平衡定价法，是运用盈亏平衡的原理来确定产品价格的方法。在销售量既定的条件下，企业产品的价格必须达到一定的水平才能实现盈亏平衡、收支相抵。

盈亏平衡定价法的核心是确定盈亏平衡点，即企业收支相抵、利润为零时的状态。科学地预测销售量和变动成本是运用盈亏平衡定价法的前提。

二、需求导向定价法

需求导向定价法是一种以市场需求强度及消费者感受为主要依据的定价方法，即定价应随市场需求的变化而变化。

需求导向定价法包括认知价值定价法、反向定价法和需求差异定价法。

（一）认知价值定价法

认知价值定价法是指企业根据消费者对产品价值的认知来确定价格的方法。消费者总是会将价格与其对该产品的认知价值加以比较，然后才决定是否购买。认知价值定价法的关键在于提供并向消费者展示比竞争者的产品更高的价值。所以，企业必须准确地掌握消费者的价值取向、对产品的认知价值及决策的过程。这就要求企业必须进行科学的市场调研。当然，企业也可以通过策略改变消费者对产品价值的认知。此外，有时候消费者虽然关心产品的价格，但更关心使用和维修产品的总费用。因此，如果企业能使消费者相信某种产品的使用和维修费用比竞争者的低，那么企业就可以把这种产品的价格定得比竞争者的稍高一些。

（二）反向定价法

反向定价法是指企业依据最终消费者能够接受的最终销售价格，计算出自己的经营成本和利润后，推算出产品的批发价和零售价。这种定价方法不是以实际成本为主要依据，而是以市场需求为定价出发点，力求价格能为消费者所接受。反向定价法的优点是考虑了消费者对价格的敏感性及消费者通过价格对质量的感知，从而使价格可以随市场需求的变化而变化。但是，反向定价法需要计算消费者的感知价值、消费者的心理感受等，而这些都很难量化。

（三）需求差异定价法

需求差异定价法又称差别定价法，是指企业根据销售的对象、时间、地点的不同而产生的需求差异，对相同的产品采用不同价格的定价方法。需求差异定价法的基础是消费者需求、消费者购买心理、时间差别及地点差别等。需求差异定价法能考虑到消费者因素，体现企业以市场为中心的营销观念，可以使企业确定的价格最大限度地满足市场需求，促进产品销售，有利于企业获取更大的经济效益。但是，需求差异定价法的应用较为复杂，需要通过深入的市场调研来准确地了解消费者对产品价格的认同情况，而这是一项相当困难的工作。

应当注意的是，需求导向定价法的缺点是也需要考虑消费者的感知价值、消费者的心理感受等，而这些主观体验都很难量化，所以存在定价失败的风险。

三、竞争导向定价法

竞争导向定价法是企业在与竞争者进行各方面的对比后，以竞争者的价格作为定价依据来确定自己价格的方法。

竞争导向定价法主要包括三种：随行就市定价法、主动竞争定价法和投标定价法。

（一）随行就市定价法

随行就市定价法是指企业基于竞争者的现行价格水平来定价。企业产品的价格可能与它主要竞争者产品的价格相同，也可能略高于或者略低于竞争者产品的价格。随行就市定价法是相当常见的方法，企业一般在以下情况下会采用这种定价方法：难以估算成本；打算与竞争者和平共处；如果另行定价，很难了解消费者和竞争者对本企业产品价格的反应。采用随行就市定价法的优势主要表现在 4 个方面：通行价格易为消费者所接受、可以避免与竞争者发生恶性竞争、能为企业带来合理的利润、有利于检验企业的经营管理水平。

（二）主动竞争定价法

主动竞争定价法即指企业不追随竞争者的价格，而是根据自身的实际情况及与竞争者的差异来确定产品的价格。采用此方法的优点主要表现在：符合竞争态势；可以随时根据对方定价的变化及时调整自己的定价。

（三）投标定价法

投标定价法即指企业根据招标方的要求，于规定的期限内在投标书上填明可供应产品的名称、品种、规格、价格、数量、交货日期等，密封送给招标方。根据"最低价最优"的选择机制，企业如果想中标，就必须使自己的报价低于竞争者。可见，这种价格是供货企业根据对竞争者报价的估计来制定的，而不是按照供货企业自己的成本费用或市场需求来制定的。

应当注意的是，竞争导向定价法的缺点是：容易忽视企业自身的成本和市场需求，从而影响企业的盈利水平；很难反映产品质量的差异，在一些专门产品或特殊产品的定价方面存在很大的限制，容易造成恶性的价格竞争，从而影响市场秩序。

第三节　主要定价策略

企业可采取的定价策略主要有低价策略、招徕定价策略、高价策略、最小单位定价策略、地区定价策略、差别定价策略、固定价格策略、产品组合定价策略、结果定价策略、关联定价策略、关系定价策略、认知价值定价策略、消费者自主定价策略、心理定价策略、新产品定价策略。

一、低价策略

低价策略就是企业把产品的价格定得偏低。

例如，沃尔玛在与供应商的关系方面，绝对站在消费者采购代理的立场上，苛刻地挑选供应商，顽强地讨价还价，贯彻"帮消费者节省每一分钱"的宗旨，提出"天天平价，始终如一"的口号，并努力实现价格比其他商家更便宜的承诺，这无疑是使沃尔玛成为"零售终端之王"的根本所在。

又如，美国西南航空公司把自己定位为票价最低的航空公司，公司的策略是在任何市场环境下都要保持最低的票价。按照传统的经商原则，当飞机每班都客满时，票价就要上涨，但西南航空公司不是提价，而是增开班机。有时，西南航空公司的票价比陆地的运输工具票价还要低。

（一）低价策略的优点

第一，降低了消费门槛，有利于增加产品的销售量，提高市场占有率。

第二，低价薄利，竞争者可能会望而却步。

（二）低价策略的缺点

第一，虽然能够获得一定的竞争优势，但很容易被竞争者模仿，一旦竞争者也压低价格，企业便很快就会失去这种优势。

第二，由于采取低价策略，为了降低成本，企业往往不愿投入必要的人力、财力、物力来提高产品质量，如果消费者的消费方式、消费水平和消费观念发生变化，不再根据价格做出购买决策，或者竞争者的产品在某些方面更具吸引力，那么低价策略就再无立足之地。

（三）低价策略适用的条件

首先，目标消费者对价格高度敏感，低价能刺激需求的快速增长。

其次，生产与分销的单位成本会随着产量销量的扩大而下降。

再次，低价能抵御现有的和潜在的竞争者的"攻击"。

最后，同质化程度高、市场竞争激烈。

二、招徕定价策略

招徕定价策略是利用部分消费者的求廉心理，将某种产品的价格定得较低以吸引消费者，而消费者在采购了廉价产品后，往往还会选购其他正常价格的产品，这样就能促进企业的销售。

一般而言，企业会将那些消费者购买频率高、单价低的产品定为低价。

例如，超市为了吸引更多的消费者，会把一些广大消费者熟悉的产品的价格定得很低。超市并没有打算通过这些产品赚钱，而是寄希望于吸引消费者购买其他可为超市带来较多利润的产品。

又如，饭店通过价格相对较低的食品吸引消费者前来用餐，而在酒水上获利。当然，有的饭店会将酒水的价格压低来吸引爱喝酒的消费者，而将食品的价格提高以从中获利。

再如，美容院为初次消费的消费者提供很低的体验价格，而之后的护理费用则较高；汽车修理厂对一般性修理服务的收费较低，为的是吸引消费者光顾，从而招徕高价的特殊性修理服务。

在宾馆业，客房的利润是最高的，客房消费增加带来的成本增加很少；而相对来说，餐饮产品的成本高、利润低。有的酒店干脆牺牲餐饮的利润，以餐饮产品作为促销工具，运用低价或打折的手段来吸引住客，从而通过提高住房率来提高利润。

比如，旅游公司打出旗号，为游客提供价格非常优惠的线路，然而被吸引来的消费者却发现，由于出游时间或其他原因，实际上享受不到这些"招牌线路"的优惠，这时游客就可能被说服接受价格更高的其他线路。

前几年，小米上线了一款智能音箱，市面上跟它功能差不多的产品要 1000 元钱，但小米的这款音箱却只要 299 元一台。这样定价的目的是要让这款低价音箱成为其他产品的连接器，最终整合小米生态链。比如，当用户用音箱召唤空调、净化器时觉得很方便，很可能在买电饭煲、加湿器、扫地机器人时也会图方便直接购买小米的产品。时间一长，用户家庭可能就离不开小米了。在生态链中，这款音箱是一个引子，能引导用户用它（自然就要购买）连接越来越多的产品。

三、高价策略

高价策略即指企业把产品的价格定得相对偏高。

（一）高价策略的优点

第一，高价策略可帮助企业获得较高的单位利润。例如，1945 年美国雷诺公司最先制造出圆珠笔，并且将其作为圣诞礼物投放到市场上，使圆珠笔成为畅销产品。虽然当时每支圆珠笔的成本只需 50 美分（100 美分=1 美元），但是该公司以每支 10 美元的价格卖给零售商，零售商再以每支 20 美元的价格卖出。尽管价格如此之高，但圆珠笔仍然受到当时追时尚、赶潮流的消费者的追捧。

第二，高价策略可树立产品高档优质的形象。这是因为有些消费者以价格高低来判断产品的质量，认为高价格代表高质量，例如，高档的汽车、别墅、西服、香水及酒店等。

（二）高价策略的缺点

第一，高价策略提高了购买门槛，会影响一部分对价格敏感的消费者的需求。

第二，由于定价高，可能招来竞争者进入市场。

（三）高价策略适用的条件

首先，目标市场的规模足够大。

其次，高价不至于大幅降低消费者的购买意愿，而使产品销售量大幅降低。

再次，产品的质量和形象必须能够支持产品的高价格。

最后，一般来说，技术含量高的产品、具有高附加价值的产品、名牌产品、时尚类产品宜采用高价策略。

四、最小单位定价策略

最小单位定价策略是指以产品的最小单位或者最小包装来定价。

这种定价策略最大的优点就在于用合适的单位、合适的包装来弥补性价比的缺陷。例如，500mL 的矿泉水通常售价 2 元，平均每升是 4 元；1.5L 的大瓶装饮用水，售价仅在 3 元左右，平均每升售价是 2 元；而 18L 的桶装饮用水，每升的价格甚至不到五毛。尽管如此，500mL 性价比最低的小瓶饮用水销量却位居首位。

以最小单位定价的物品有两个优势。一是让人感觉精致。调查显示，消费者在潜意识里认为小包装的品质要优于大包装。例如，消费者会觉得小瓶饮用水要比桶装水纯净，也许这是小包装单位价格较高所带来的错觉。二是小包装比大包装适用的场合更多，消费起来更加方便、更加灵活。为此，明知小包装单位价格较高，消费者有时也会选择购买多个小包装来替代大包装。

五、地区定价策略

地区定价策略是指企业销售同样的产品，对不同地区的消费者分别制定不同的价格。地区定价有以下几种形式。

（一）FOB 原产地定价

FOB 原产地定价是指消费者按照出厂价购买某种产品，企业负责将这种产品运到原产地的某种运输工具（如卡车、火车、船舶、飞机等）上交货，交货后从原产地到目的地的一切风险和费用均由消费者承担。

这种定价对企业的不利之处是距离较远的消费者可能会选择购买其附近企业的产品。

（二）统一交货定价

统一交货定价是指企业送货上门，对不同地区的消费者，不论远近都实行统一定价。

（三）分区定价

分区定价是指企业把市场分为若干价格区，对不同价格区的消费者分别制定不同的价格。距离企业远的价格区，价格定得较高；距离企业近的价格区，价格定得就较低。而在同一个价格区范围内，则实行同一个价格。

企业采用分区定价也存在一些问题：第一，在同一价格区内，有些消费者距离企业较近，有些消费者距离企业较远，前者购买产品就不划算；第二，处在相邻价格区界两边的消费者虽相距不远，但仍要按不同的价格购买同一种产品，这可能会导致"窜货"现象的发生。

（四）基点定价

基点定价是指企业选定某个位置作为基点，然后按一定的出厂价加上从基点到消费者所在地的运费来定价。

（五）运费免收定价

运费免收定价是指企业负担全部或部分实际运费。例如，在淘宝网上，有许多卖家会免收买家的运费，从而吸引买家购买产品。如果免收运费而使销售量增加，企业的平均成本就会降低，这样企业还是有利润的。

六、差别定价策略

差别定价也叫"价格歧视"，就是企业按照不同价格销售产品。

（一）常见的差别定价策略

1. 消费者差别定价

消费者差别定价即指企业按照不同的价格把产品销售给不同的消费者。

例如，消费者由于年龄、健康、风险等情况不同，几乎没有哪两个消费者的投保成本是一样的，所以保险公司会为不同消费者制定不同的价格。同样，银行贷款利率也可能因贷款者的类型、风险、信誉的不同而不同。

汽车租赁公司可以对"生意人"和"旅游者"的租车制定不同的价格——"生意人"对价格不敏感，但很看重时间；而"旅游者"对价格敏感，但对时间不太在乎。那么，对"生意人"的租车价格可以定得高一些，但是要给出"黄金时间"或灵活时间；而对"旅游者"的租车价格则要尽可能定得低一些。

有的企业为了承担社会责任或树立公益形象，也会为某些特殊消费者提供优惠价格。

例如，航空公司每年寒暑假为教师和学生提供优惠票价；公交车对老年人不收费，而对学生收取半价，对其他人则收取全价。

又如，某地海洋公园为了突出本土企业的形象，特别向本地市民推出了不同的票种，如全年入场证，让本地市民一年内可无限次享受园内设施；还推出了各种社会团体的特别票，希望以更优惠的价格和"人性的收费"吸引本地市民多次入园游览。

2. 消费时间差别定价

消费者对消费时间的需求往往有所不同，这导致在消费时段，商家有时门前车水马龙，有时门可罗雀。为此，企业可以按照不同的时间，如不同的季节、不同的时期、不同的日期、不同的钟点来制定不同的价格。

实行消费时间差别定价有利于企业充分利用资源，使企业的设施和人员得到均衡使用，达到供求平衡。其主要做法是在消费需求较少的时段或季节采取增加优惠或降价的措施，而在消费需求较多的时段或季节减少优惠或适当提价。

例如，在旅游淡季，一些地方利用将旅游景点的门票改为低价，或使用折扣价、优惠价等方式来吸引游客。

又如，人们习惯于在晚上唱歌、跳舞、看电影，因此企业可以把晚上的价格定得比白天的价格高一些。

乘坐飞机外出旅行的乘客可以分为两类：一类是商务旅行的乘客，他们对机票的价格不敏感，而对时间很在意；另一类是休闲旅游的乘客，他们对价格比较敏感，而对时间的要求有一定的弹性。航空公司可以在飞行淡季大幅度降低机票价格，这对商务旅行的乘客可能没有什么吸引力，而对休闲旅游的乘客就很有吸引力，因为后者的考虑是不必支付飞行旺季那样高昂的费用。

中国飞往欧洲的飞机票价一般有两种：淡季票价和旺季票价。淡季是 11 月 1 日至第二年的 3 月 31 日，在此期间，市场需求比较小；而旺季是 4 月 1 日至 10 月 31 日，在此期间，客流量始终很大——因此淡季与旺季相比，票价要低 10%左右。

3. 消费地点差别定价

消费地点差别定价，即指对在不同消费地点的同种产品制定不同的价格。

例如，矿泉水在高档酒店、普通餐厅、便利店、自动售货机、旅游景点、火车上等不同消费地点的销售价格不同。

4. 消费条件差别定价

消费条件差别定价，即企业根据不同的消费设施、消费环境等消费条件制定不同的价格。

例如，开发商可以根据商品房的地段、朝向、楼层、环境等制定不同的价格。

又如，在某些演唱会上，虽然不同座位的成本费用都一样，但票价却相差很大，这是因为人们对不同座位的偏好有所不同。

再如，飞机头等舱的价格比经济舱的价格高，剧院前排座位的价格比后排座位的价格高，空调列车比普通列车的票价高，列车软卧、硬卧比软座、硬座的票价高，卧铺的下铺比上铺的票价高。

5. 产品形式差别定价

产品形式差别定价，即指企业对不同型号、规格、级别等形式的产品分别制定不同的价格。

例如，一些产品既有散装，也有礼品包装，但是礼品包装的价格可能是散装价格的两倍甚至几倍。

又如，保险公司的保险产品种类繁多，有寿险、财险、终身保险、分期保险等，保险公司会对不同险种的产品制定不同的价格。

又如，医院的专家门诊比普通门诊收费高，律师事务所的知名律师比普通律师收费高。

（二）差别定价策略的适用条件

① 细分市场有不同的需求。也就是说，该市场能够进行细分，而且各个细分市场之间有明显的需求差别，并且消费者认可这种差别，那么这种差别定价才是有意义、有市场需求的。

② 以较低价格购买产品的消费者没有可能以较高的价格将产品倒卖给别人。

③ 采取的"价格歧视"形式不违法。

④ "价格歧视"不会引起消费者反感而使其放弃购买。

⑤ 差别定价要与差别产品一致。也就是说，产品的内容、水准、质量要与产品价格相匹配。例如，剧院周一到周五的歌剧门票打折，但伴奏音乐会改为录音（周末由乐队演奏），使消费感受和价格高低挂钩、减价与简化服务同步，保证了市场的公平。又如，宾馆可为支付高价的旅客提供开胃酒或免费早餐，由于得到了额外产品和特别待遇，旅客的心理会平衡许多。再如，航空公司在头等舱和商务舱推出了机上卧床、自选菜单、播放影视节目等服务项目；而对经济舱的乘客，则没有提供这些服务。

七、固定价格策略

固定价格策略是指企业设定在某种情况下或者某段时间里收取固定的费用，常见的形式有包月、套餐等。

例如，计算机硬件维护，不管一年内硬件出现多少次故障，服务机构都收取固定的包年费用；电信公司推出宽带包月收费，每月收取一定的固定费用，消费者就可以不限时上网，甚至不计流量。

案例	"随心飞"的价格策略

2020年6月21日，华夏航空公司发布全国不限次数飞行套餐，从购票日至2020年10月24日，2999元百余条航线，无限次飞行权益。而在此之前，东方航空公司推出的周末"随心飞"，消费者只要支付3322元，就可以在2020年年

底前的任何一个周六或周日无限次兑换东方航空公司和上海航空公司的国内航班经济舱。

"随心飞"主要面对的是异地恋、探亲旅客等消费者，以刺激其消费需求。同时，"随心飞"规定只能周末用，且要提前 5 天以上订票，不能临时变更，就是为了防止高端旅客消费降级。航空公司通过"随心飞"揽客，可以较早锁定现金流，在某种程度上刺激消费者选择本航空公司产品。商旅出行的不确定性使得航空公司营销和上座率均面临压力。基于此，既然飞机上座率不高，与其在航班起飞前尾舱低价售票或者浪费座位，还不如早点拿出来做营销，获得现金流和锁定消费者。

八、产品组合定价策略

当某种产品成为产品组合的一部分时，企业就需要制定一系列价格，以实现整个产品组合的利润最大化。产品组合定价可分为 5 种形式，即产品线定价、选择品定价、附属品或补充品定价、分部定价和产品捆绑定价。

（一）产品线定价

首先，确定某种产品的最低价格，它在产品线中充当吸引消费者购买其他产品的角色。

其次，确定产品线中某种产品的最高价格，它在产品线中充当代表品牌质量和收回投资的角色。

最后，对产品线中的其他产品，企业也分别依据其角色制定不同的价格。

例如，餐厅为了吸引消费者，既提供价廉物美的"特价菜"，又提供高档菜、中档菜。

（二）选择品定价

有些企业会提供可供消费者选择的多种相关产品。

例如，汽车消费者可以选购倒车雷达、扫雾器和减光器等。选不选产品，选几种产品，不同的情况对应着不同的价格。

（三）附属产品或补充品定价

有的企业会提供与其主要产品一起使用的产品，即附属产品或补充品。

例如，汽车必须与汽车轮胎配套使用，而机械剃须刀要有刀片才能使用。在这种情况下，企业可以把主体产品（汽车、剃须刀）以极低的价格进行销售，甚至可以不赚钱，以吸引消费者购买，然后寄希望于从其附属产品（轮胎、刀片）的销售中获利。

但需要注意的是，如果附属产品或补充品的定价过高，可能会给"非法仿制者"带来仿制的机会。

（四）分部定价

服务型企业常常采用分部定价法，也就是收取一笔固定费用，再加上一笔可变的使用费。

例如，厦门鼓浪屿就是先收取一笔进岛的固定船票费用，如果游客想进入其他一些景点，则需另外购买门票。

（五）产品捆绑定价

企业经常以某一价格出售一组产品，这一组产品的价格低于消费者单独购买其中单个产品的费用的总和。这是因为消费者可能并不打算购买其中所有的产品，所以这一产品组合的价格必须有较大的降幅，以推动消费者购买。消费者可以单独购买或成组购买，但成组购买更便宜，即组合价低于分别购买单个产品的价格总和。

例如，某业余培训学校规定只报书法班 400 元，只报美术班 500 元，只报舞蹈班 600 元，但一次性支付 1200 元就可以同时参加这 3 项培训。

又如，如果消费者只进行营销管理咨询，咨询公司会按最高价格向消费者收费；如果消费者同时接受咨询公司提供的人力资源管理咨询、财务管理咨询等，咨询公司就会按组合定价来收费，组合定价明显低于消费者分别购买单种咨询产品的价格总和，这能为咨询公司争取到更多的服务业务。

九、结果定价策略

对消费者来说，产品的价值取决于产品的功效。因此，企业可以根据产品的使用结果进行定价，即保证消费者得到某种效用后再付款。

结果定价策略是企业向消费者做出的一种保证，它象征着企业有义务也有能力帮助消费者达到某种结果。采用这种定价策略有利于消除消费者对产品的疑虑，增强消费者对产品的信心。

例如，广告公司的收费标准是广告宣传后销售额增长不低于 10%，全价收费；广告宣传后销售额增长低于 10%但不低于 5%，半价收费；广告宣传后销售额增长低于 5%，不收费。

职业介绍所推出"等到当事人获得了适合的工作职位后才收取费用"的规定，就可以吸引求职者放心、大胆地接受职业介绍所提供的服务。

律师和消费者约定，律师在案件审理结果出来之后才收费，并为各种可能的审理结果设定不同的收费标准，甚至约定如果出现最不利的审理结果则不收取任何费用。

有的培训机构承诺，如果学员毕业 3 个月后未能找到月薪在 3000 元以上的工作，学校将返还学费的 10%；毕业 1 年后未能找到月薪在 4000 元以上的工作，学校将返还学费的 20%；毕业 3 年后未能找到月薪在 5000 元以上的工作，学校将返还学费的 30%。

结果定价策略可以降低消费者承担的风险，对消费者有较强的吸引力。尤其是当高质量的产品无法在削价竞争的环境中获取应有的竞争力时，以及企业对产品效用有把握的情况下，特别适合使用这种定价策略。

当然，结果定价策略要求企业确定自己能满足消费者的需求，若没有把握就不要轻易采用。

十、关联定价策略

关联定价策略是指企业为相互关联的企业的消费者提供优惠价格的策略。当然，这种优惠是相互的。

例如，商厦与邻近的酒店签订联合促销协议，即凡在酒店住宿、用餐的消费者可享受商厦的购物优惠；在商厦购物满 800 元以上的消费者，则可在酒店享受 8 折及以下的住宿、用餐折扣。这种商厦与酒店互惠互利的定价策略可以吸引和促进消费者在商厦和酒店进行更多的相关消费。

书店和快餐店联手，规定在书店一次性购买 50 元图书就可获得 10 元的餐饮代金券，而在快餐店一次消费满 50 元就可以在书店购买任意图书享受 75% 的优惠。书店和快餐店相互借力、聚敛人气，乃"双赢"之举。

十一、关系定价策略

关系定价策略是指企业给予老消费者一定优惠的价格策略，其目的是发展和巩固与消费者的关系。

由于获得新消费者比留住老消费者的成本要高得多，因此企业总是希望能够拥有越来越多的老消费者，并且通过老消费者的关系吸引更多的新消费者。为此，企业愿意给老消费者更多的优惠，从而发展长期的消费者关系，或者巩固现有的消费者关系，刺激消费者持续购买产品而间接抵制竞争者提供的产品。

比较典型的关系定价策略是会员制。企业会向会员提供一定的优惠价格，消费者可以凭借其会员身份享受一定的价格折扣。它将一系列独立的交易转变为一种稳定的、可持续的交易，也使企业由于同消费者建立了长期的交易关系而获得了稳定的收入，降低了经营风险。

例如，某商厦为持有会员卡购物的消费者提供一定的折扣，并根据消费的金额自动累计积分。会员还可通过电话订购该商厦销售的各种产品，不论大小，市区内的该商厦全部免费送货上门，并对电视机、音响等产品进行免费上门调试，礼品实行免费包装。会员在生日时，还能收到该商厦的祝福贺卡及小礼物。

十二、认知价值定价策略

消费者对特定产品的价值有自己的判断，即产品大概"值多少钱"，那么企业就可以根据消费者的认知价值进行定价。也就是说，当企业预判消费者对产品价值相当认可时，就可以把价格定得高一些，反之则应把价格定得低一些。

例如，同时对系统运营进行维护，如果是针对关键业务系统，消费者一般肯花大价钱，这类服务的价格就可以定得高一些；如果只是边缘业务系统，如办公自动化等，消费者一般只愿出一小笔钱，这类服务的价格就只能定得低一些。

又如，对于通信公司来说，不同号码的成本是一样的，但是不同号码带来的价值却是不一样的。如人们一般比较偏爱带"8"的号码，认为其更吉祥、更体面、更有价值，那么通信公司在出让带"8"的号码时完全可以制定相对高的价格。

案例	星巴克定价

星巴克在中国主要有三种杯型，对应三种容量：中杯、大杯、特大杯。

以摩卡来说，中杯，240mL，30 元人民币；而特大杯，480mL，需要 36 元。

即消费者只要花 36 元就能够得到相当于两个 30 元买的中杯的量！星巴克有一个

很牛的定价原则：不管小杯饮品价格是高是低，其2倍容量的大杯的价格都是只加6元钱！

当消费由中杯星巴克升级到特大杯星巴克时，可以看到，冲咖啡的人工成本不会变，水电、房租不会变，只有原材料咖啡豆、牛奶成本增加了微乎其微的一点，但星巴克的收入却净增加了6元，每杯净利润直线上升到近8元！特大杯，让消费者以低于原价80%的价格占了便宜，星巴克的净利润却净增加了4.4倍。

这是一个多赢的结果，供应商多卖了咖啡豆，消费者占了大便宜，星巴克利润大长，政府还多收了税。

再如，金融危机后，大量产品都在降价，按理说办学成本也应该下降，但是高级管理人员工商管理硕士（Executive Master of Business Administration，EMBA）课程费用不降反升，如长江商学院、中欧商学院等就大幅提高了EMBA学费。这是为什么？因为学员们认为通过学习EMBA课程，可以实现知识的升华、思想的飞跃、机会的增加、薪酬的提升……由于对未来可能得到的价值和利益有这样的认知，消费者似乎就觉得"价有所值"了。

案例　　　　　　　一个杯子到底能卖多少钱

第一种卖法：卖产品本身的使用价值，一个杯子只能卖3元。

如果你仅将它当成一个普通的杯子，放在普通的商店里，也许最多只能卖3元。

第二种卖法：卖产品的文化价值，一个杯子可以卖5元。

如果你将它设计成今年最流行的款式，一个杯子可以卖5元钱。因为你的杯子有文化价值。

第三种卖法：卖产品的品牌价值，一个杯子就能卖7元。

如果你给杯子贴上商标，它就能卖7元。因为你的杯子是有品牌的产品，几乎所有人都愿意为品牌付钱。

第四种卖法：卖产品的组合价值，一组杯子可以卖50元。

如果你将3个杯子全部做成卡通造型的套装杯并为其进行温馨、精美的包装，为其起名为"我爱我家"，其中一个叫父爱杯，一个叫母爱杯，一个叫童心杯，那么卖50元一组也没问题。

第五种卖法：卖产品的延伸功能价值，一个杯子可以卖80元。

如果这个杯子是由磁性材料做的，有磁疗、保健功能，那么一个杯子卖80元也是绝对可以的。

第六种卖法：卖产品的细分市场价值，一对杯子卖188元也不是不可以。

如果你将具有磁疗、保健功能的杯子印上十二生肖的图案，并且将其装入时尚的情侣套装礼盒，取名为"成双成对"或"天长地久"，那么一对杯子可以卖188元。

第七种卖法：卖产品的包装价值，一对杯子卖288元都可能供不应求。

例如，把具有保健功能的情侣生肖套装做成3种包装：第一种是实惠装，可以卖188元一对；第二种是精美装，可以卖238元一对；第三种是豪华装，可以卖288

元一对。

第八种卖法：卖产品的纪念价值，一个杯子可以卖 2000 元。

如果这个杯子被名人用过，或者有遨游太空的经历，那么一个杯子可以卖 2000 元。

十三、消费者自主定价策略

既然消费者对产品价值有自己的判断，那么企业可以考虑让消费者自己对产品定价，也就是让消费者自愿付费。

可能有人会担心消费者自主定价策略不能确保企业的利益，虽然可能存在这种情况，但是消费者自主定价策略也可能给企业带来超额的利益——假如消费者在消费产品时意外得到了附加利益，如在使用产品的过程中得到了重要的信息，或者结识了重要的人物，或者谈成了一笔生意……那么消费者很可能愿意为此次消费支付比平常更高的费用。

即使消费者在消费产品的过程中没有得到附加利益或没有得到意外的惊喜，素质较高的消费者，出于面子的考虑，一般也会支付比正常价格更高的费用。所以，企业不妨试试消费者自主定价策略——先予后取。

案例　　　　　　　　　　**自愿付费**

伦敦一家叫作 Just Around the Corner 的餐厅执行着一种特别的定价法：它让消费者自己预估这顿饭值多少钱并以其认定的价格来买单。这种定价法自 1986 年开始实施以来大获成功，大多数消费者支付的费用都高出餐厅正常收取的费用。3 道菜的正餐消费者平均付费 25 英镑（1 英镑≈9.1175 元人民币，2024 年 1 月 27 日汇率），但是一些消费者会倍加小心付足费用。"一个晚上，4 位美国政府官员用过一顿价值不到 200 美元的晚餐后，递过来 1000 美元。他们问这是否够了。"餐厅老板迈克尔·瓦萨斯（Michael Vasos）说："我的这家餐厅比其他 4 家赚得多。"他认为他的餐厅和其定价策略的成功要归功于其消费者的慷慨大方，虽然有人认为这是因为英国人为了避免尴尬而付费很多。

十四、心理定价策略

消费者在购买某种产品时，通常会受到其个性、价值观、认知等多种心理因素的影响。因此，企业可以根据目标消费者的心理特征确定产品的最终价格。

（一）整数定价

整数定价是指生产高价产品的企业利用消费者仰慕品牌产品声望的心理，以整数给产品定价。这样不仅能满足消费者对消费高价产品的心理需求，吸引对质量敏感而对价格不敏感的消费者，也可提升企业的利润与形象。

例如，高档酒店推出的一桌宴席的价格是 3000 元、5000 元，就是运用了这种定价方法。

对于那些质量、等级不易鉴别的产品，最适宜采用此种定价方法。

但使用这种定价方法时也不能把产品的价格定得过高，还是要视消费者的心理特征而定。

（二）零头定价

零头定价是指企业利用消费者的特殊心理制定带有零头的价格。这不仅能使消费者产生价格低廉、没有水分的感觉，还能使消费者产生企业定价认真、作风严谨的印象——有尾数的价格是经过认真的成本核算得出的。这样就容易使消费者对所定的价格产生信任感，从而愿意购买产品。

例如，普通餐厅的菜单上列出 56 元、89 元的菜品价格，就是运用了这种定价方法。

（三）吉利数字定价

吉利数字定价即指企业依据消费者对价格数字的敏感程度和不同联想确定价格的技巧。

例如，某商业银行推出一款理财产品，投资期限为 365 天，预期年化收益率为 5.8%，投资门槛为 11.88 万元。365 的意思是"天天"，5.8 谐音"我发"，11.88 谐音"要要发发"，连起来就是"天天我发，要要发发"。

6、8、9 这几个数字都被认为比较吉利、招人喜欢，所以有的酒店推出的宴席价格为一路顺风 666 元/桌、恭喜发财 888 元/桌等。

（四）声望定价

声望定价是指企业根据服务在消费者心中的声望来确定价格的策略，适用于一些知名度高、有较大影响力、深受市场欢迎的服务定价。声望定价可以满足某些消费者的特殊欲望，如彰显地位、身份、财富、名望和自我形象等。

（五）阶梯定价

阶梯定价，一种形式是让产品价格随着时间的推移出现阶梯式上涨的变化。例如，产品上架第一天按 5 折销售，第二天 6 折，第三天 7 折，第四天 8 折，第五天 9 折，第六天原价销售。这样给受众造成一种时间上的紧迫感，让他们觉得越早买越划算，从而缩短犹豫时间，尽早购买。

另一种形式是让产品价格随着时间的推移出现阶梯式下降的变化。例如，日本东京有个银座绅士西装店。它就是首创"打 1 折"销售的商店，曾经轰动了东京。该店首先定出打折销售的时间，第一天打 9 折，第二天打 8 折，第三天、第四天打 7 折，第五天、第六天打 6 折，第七天、第八天打 5 折，第九天、第十天打 4 折，第十一天、第十二天打 3 折，第十三天、第十四天打 2 折，第十五天、第十六天打 1 折。看起来好像最后两天买东西是最优惠的，但是你想买的东西不一定会留到最后那两天，往往是等不到打 1 折产品就全部卖完了。

价格随着时间的推移出现阶梯式的变化主要是给消费者一个心理暗示——千万别错过，让消费者感觉错过了就会吃亏，也是利用了消费者规避损失的心理。

十五、新产品定价策略

一般来讲，新产品定价有两种策略可供选择，即撇脂定价和渗透定价。

（一）撇脂定价

撇脂定价是指在产品生命周期的最初阶段，企业把产品的价格定得很高，以攫取最大利润，犹如从鲜奶中撇取奶油。

1. 撇脂定价的优点

① 有利于企业尽快收回成本，并获得高利润。

② 假如高价格影响了销售量，企业可以再降价销售。

2. 撇脂定价的缺点

① 由于定价过高，分销商可能不支持或消费者可能不认可。

② 高价厚利会吸引众多的生产者和经营者转向此产品的生产和经营，从而引起激烈的市场竞争。

3. 撇脂定价的适用条件

① 无类似的替代品，新技术尚未公开，竞争者难以进入市场。

② 市场上有足够的消费者，他们的需求缺乏弹性，即使把价格定得很高，市场需求也不会大量减少。

③ 高价格使需求减少，产销量因此减少，单位成本因此增加，但这不至于抵消高价所带来的利益。

④ 高价格能给人以高质量的印象，能够促使消费者购买，而不至于引起消费者的反感。

⑤ 产品的质量和形象必须能够支持产品的高价格。

（二）渗透定价

渗透定价是指企业把新产品的价格定得相对较低，以吸引大量消费者，提高市场占有率。

1. 渗透定价的优点

第一，企业能够迅速进入市场，打开销路，快速吸引大量消费者，从而获得较高的销售量和市场占有率，增加产量，使成本降低。

第二，低价薄利，使竞争者望而却步。

2. 渗透定价的缺点

第一，不利于企业尽快收回投资成本，甚至会使企业产生亏损。

第二，可能引起消费者对产品质量的怀疑。

3. 渗透定价的适用条件

首先，市场需求对价格极为敏感，低价格会刺激市场需求迅速增长。

其次，企业的生产成本和经营费用会随着生产量、销售量的增加而下降。

最后，低价不会引起实际和潜在的竞争。

第四节　价格变动策略

企业处在一个不断变化的环境中，为了生存和发展，有时候需主动降价或提价，有时候又需对竞争者的价格变动做出适当的反应。

一、企业降价与提价

（一）企业降价

1. 降价的适用条件

第一，当企业的生产能力过剩，市场供过于求，企业库存积压严重，但采用其他非价格竞争手段，如加大销售力度、改良产品、加强促销等都不能达到增加销售量的目的时，就要考虑降价促销。

第二，当企业的成本费用比竞争者低时，可以通过降低价格来进一步提高市场占有率，从而扩大生产和销售量，降低成本费用。

第三，当企业或其他企业的新的同类产品上市时，就要降价销售老产品。

第四，在强大竞争者的压力下，企业的市场占有率下降时可适当采取降价措施。

第五，当企业与竞争者的产品无差异时，如果竞争者降价，企业必须随之降价，否则消费者就会购买竞争者的产品。

2. 降价的缺点

第一，降价措施有时需要企业付出很大的代价，损失一部分本来能够赚到的钱。因为在降价时购买产品的消费者中，有相当大比例的消费者即使没有降价优惠也照样会以正常价格购买，这样在无形当中，降价措施就使企业损失了一部分本来可以获得的利润。

第二，一项降价活动如果被消费者视为没有充分理由的行为，其就可能有损产品的形象，尤其是当准备过分频繁地使用降价的手段时，企业更应当慎重。因为人们往往都有一个思维定式：好货不便宜，便宜没好货。企业千万不能弄巧成拙，赔了夫人又折兵。

3. 降价的策略

降价的主要策略有：①直接降价；②价格不变，赠送礼品；③价格不变，加大折扣力度；④价格不变，提高产品的质量或性能；⑤价格不变，增加服务项目，如提供送货上门或免费安装、调试、维修及为消费者投保等服务。

例如，德国的奥斯登零售公司，经销任何产品都很畅销，资金周转平均只需 17～20 天，其诀窍就是采取灵活的定价策略。如推出一套时装，由于风格独特，有强烈的吸引力，消费者也感到很新鲜，于是奥斯登公司采取高价策略，即定价是普通服装价格的 4～6 倍，但照样销售得很好；后来，当其他企业也相继推出这种时装时，奥斯登公司改变策略，再继续推出两万套这种时装，但将价格下降到相当于普通时装的价格，许多商客闻风而来，两天便抢购一空；又过了一段时间，奥斯登公司则以成本价——不到普通时装价格的 60%销售，这下连经济拮据的消费者也纷纷跑来购买。

4. 降价的注意事项

① 给降价一个恰当的理由。先给降价一个恰当的理由，不能让消费者认为是产品卖不出去或质量不好才降价。降价的理由通常有：季节性降价、重大节日降价酬宾、商家庆典活动降价（如新店开张、开业一周年、开业 100 天、销售突破若干万元或若干万件等）、特殊原因降价（如店铺拆迁、店铺改变经营方向等）。另外，即使降价，也应尽量使用"折扣优惠价""特卖""让利酬宾"等能给人较好印象的字眼。

② 注意把握降价的幅度。一般来说，降价幅度在 10%以下时，促销效果不明显。至少

有 15% 的降价幅度，才会产生明显的促销效果。但是，如果降价幅度超过 50%，必须说明大幅度降价的充分理由，否则消费者会怀疑这是假冒伪劣产品，反而不敢购买。

③ 传递降价信息的办法。向消费者传递降价信息有很多种办法，而把降价标签直接挂在产品上最能吸引消费者立刻购买。因为消费者不但一眼能看到降价金额、幅度，同时还能看到降价产品，从而立刻做出买与不买的决定。此外，在降价标签或降价广告上，应注明降价前后两种价格，或标明降价金额、幅度。最好是把前后两种价格标签一起挂在产品上，以证明降价的真实性。

（二）企业提价

1. 提价的适用条件

一般来说，企业主动提价可能是由于通货膨胀，也可能是因为产品供不应求。通货膨胀时，企业的成本费用提高，因此许多企业不得不提高产品价格，这是企业提价的最主要原因。此外，当企业的产品供不应求时，企业也可以提高产品价格。

2. 提价的策略

（1）直接提价

直接提价即指直接提高产品价格。企业采取直接提价策略时要注意以下 4 个技术性问题。

① 把握好提价幅度，不得危及已有的市场地位。

② 根据各类产品的不同情况选择适当的提价时机，提高市场的接受能力。

③ 通过广告宣传向消费者说明原因，如原材料、人工等成本上升。

④ 宣传产品质量、性能等方面有进步，使消费者认为应该涨价。

（2）间接提价

间接提价即指采取一些方法使产品价格保持不变，实际价格却隐性上升。间接提价主要可以采用以下方法。

① 压缩产品分量。

② 缩小产品的尺寸、规格。

③ 改变或减少产品构成。

④ 减少或改变产品的功能以降低成本。

⑤ 使用更为经济的材料或配件作为替代品。

⑥ 使用价格较为低廉的包装材料，以降低包装的相对成本。

⑦ 采取延缓报价策略——暂时不定价格，等到产品制成或交货时才最终确定价格。工业建筑和重型设备制造等行业一般采取这种定价策略。

⑧ 减小折扣力度，即削减正常的折扣力度，并限制销售人员以低于价目表的价格来增加销售。

⑨ 创造新的更为经济的品牌或无品牌产品。

二、消费者对价格变动的反应

首先，消费者对企业产品价格的变动会有想法。例如，他们对企业的降价行为可能会这样理解：这种产品的样式过时了，将被新产品所代替；这种产品有某些缺点，销售不畅；企业财务出现困难，难以继续经营下去，价格还会进一步下跌，观望一段时间可能会买到更划算的产品。而对企业的提价行为，他们也有着自己的理解：这种产品很畅销，不赶快买就买不到了；这种产品很有价值；企业想尽量取得更多的利润。正是由于消费者存在这样的心理，才会出现买涨不买跌、追涨杀跌的购买行为。

其次，消费者对不同产品的价格变动会有不同的反应。消费者对价格高、经常购买的产品的价格变动较敏感；而对那些价格低、不经常购买的产品的价格变动不敏感。

再次，消费者对产品价格变动的感受多取决于变动的百分比而非绝对值。

最后，消费者的心理价格有上、下限，将价格调整到界限外易被注意，调整到界限内往往会被忽视。因此，企业在上限内一点点提价比一下子提至较高价更易被消费者接受，一次降到下限之下比多次小幅降价效果好。但是在价格谈判中，企业降价不能一下子让步太多，要一点点地降，让对方觉得这个价格谈判下来不容易。

三、企业对竞争者价格变动的反应

一般来说，如果某一个企业提价，且提价对整个行业有利，则其他企业也会随之提价。

但是，当企业的产品与竞争者的产品存在差异时，企业对竞争者价格变动的反应将有更多的选择余地。因为消费者选择企业不但会考虑产品的价格因素，而且会考虑产品的质量、性能、外观、可靠性等多方面的因素。

课后练习

一、判断题

1. 一般来说，当需求旺盛时，企业可以定高价；当需求萎靡时，企业只能定低价。（　　）

2. 产品的需求弹性，是指产品的需求量对价格变动的敏感程度。　　　　　　　　（　　）

3. 对于需求弹性大的产品，企业可以采用降价来提高销售量；而对于需求弹性小的产品，则不能通过降价来提高销售量。　　　　　　　　　　　　　　　　　（　　）

4. 成本导向定价法容易忽视市场需求、供求关系、市场竞争，从而不能很好地实现定价目标。　　　　　　　　　　　　　　　　　　　　　　　　　　　　　　（　　）

5. 关系定价是企业给予关系消费者一定优惠的价格策略，其目的是发展和巩固消费者关系。　　　　　　　　　　　　　　　　　　　　　　　　　　　　　　　（　　）

二、选择题

1. 影响定价的因素主要有（　　）、竞争状况、产品的需求弹性、政府管制等。
　　A. 经营目标　　　B. 经营成本　　　C. 市场需求　　　D. 消费心理

2. （　　）即当人们在偏好不确定的情况下做选择，往往更喜欢中间的选项。因为中间的选项能让人感到安全，不至于犯下严重的决策错误。
　　A. 折中效应　　　B. 锚定效应　　　C. 对比效应　　　D. 心理效应

3. （　　）即人们对事物的判断容易依赖最初的参考点，而且无法充分调整。虽然我们都知道对事物的判断依赖第一印象并不科学和准确，但还是无法摆脱第一印象的影响。
　　A. 折中效应　　　B. 锚定效应　　　C. 对比效应　　　D. 心理效应

4. （　　）即人们会对几个价格进行对比，从中选择自己认为最合算的。
　　A. 折中效应　　　B. 锚定效应　　　C. 对比效应　　　D. 心理效应

5. 产品组合定价可分为产品线定价、（　　）和产品捆绑定价。

　　A. 选择品定价　　　B. 补充品定价　　　C. 分部定价　　　D. 副产品定价

三、填空题

1. _____策略是指企业按照不同价格销售产品的定价策略。

2. _____指人们对事物的判断容易依赖最初的参考点，而且无法充分调整。虽然我们都知道对事物的判断依赖第一印象并不科学和准确，但还是无法摆脱第一印象的影响。

3. 定价方法主要有成本导向定价法、_____、_____等。

4. _____指在产品生命周期的最初阶段，把产品的价格定得很高，以攫取最大利润，犹如从鲜奶中撇取奶油。_____指企业把新产品的价格定得相对较低，以吸引大量消费者，抢占市场占有率。

5. 消费者自主定价策略是企业让消费者自己对产品定价，也就是让消费者_____。

四、简答题

1. 主要定价策略有哪些？

2. 什么是需求差异定价法、竞争导向定价法？

3. 新产品定价策略是什么？

4. 招徕定价策略、声望定价策略分别是什么？

5. 产品组合定价策略、结果定价策略分别是什么？

6. 认知价值定价策略、心理定价策略分别是什么？

7. 企业降价与提价的策略分别有哪些？

第十章

分销策略

视频导学

某公司经营的奢侈品品类主要包括服装、鞋靴、美妆、数码家电、家居、母婴、运动、配饰等，能够为消费者提供高端的生活方式。目前，该公司采取线上线下全渠道的分销策略。

线上渠道是该公司主要的销售渠道，销售占比高达 85%，主要包括 PC 网站、移动端 App、微信小程序等。奢侈品为高价值产品，线上销售节省了高额的铺货费用和店面成本，遍布全国的消费者都可以随时随地地浏览、购买产品。一方面，该公司每年都花费大量的市场费用做线上渠道的推广引流，以此扩大市场份额。另一方面，该公司也入驻了京东、小红书、洋码头等第三方平台，从而进一步提升了关注度和影响力。此外，该公司还在直播上进行全新的尝试，入驻了快手、抖音两个直播平台，在直播平台上进行 24 小时的直播，每场直播观看人次达上百万，在扩大品牌影响力的同时，也带来了不菲的销售额。

该公司线下销售渠道主要是设立在北京、上海、成都、米兰、纽约、东京等的线下会所。这些线下会所可以作为该公司的仓库、消费者体验店、会员活动中心、鉴定养护中心、直播中心、购物场所等，在自身实现销售的同时为线上进行导流。该公司会所是全渠道的有机组成部分，提升了消费者对该公司的信任度，同时也有利于品牌传播。

企业的产品只有借助一定的分销渠道才能进入市场，而科学正确的分销策略、便捷高效的分销渠道可以有力地推动产品进入和占领目标市场。

第一节 分销渠道概述

一、分销渠道的定义

生产者与消费者之间存在时间、地点等多方面的差异和矛盾。企业生产的产品只有通过一定的分销渠道，才能在适当的时间、地点，以适当的价格、数量、品种、信息和方式供应给消费者，从而解决生产者与消费者之间的矛盾。

分销渠道一般是指产品从生产者流向消费者所经过的整个通道，也指能够促使某种产品顺利地被使用或消费的组织，其成员包括分销商、代理商等。

二、分销渠道的功能

分销渠道的基本功能是将产品顺利地分销给消费者，具体包括以下内容。

（一）调研

调研即指收集、分析和传递有关消费者、行情、竞争者及其他市场营销环境的信息。

（二）寻求

寻求即指解决消费者与生产者"双寻"过程中的矛盾，寻找潜在消费者，为不同细分市场的消费者提供便利的营销服务。

（三）分类

分类即指协调专业化生产者及其有限的品类与消费者多样化需求之间的矛盾，按消费者的需求整理产品，如按产品相关性进行分类组合、分级分等、改变包装大小等。

（四）促销

促销即指传递与产品相关的各类信息，与消费者充分沟通并吸引消费者。

（五）洽谈

洽谈即指与供需双方达成关于产品价格和其他条件的协议，实现所有权或持有权的转移。

（六）物流

物流即指组织产品的运输和储存，保证正常供货。

（七）财务

财务即指融资、收付货款，将信用延伸至消费者。

（八）风险

风险即指在执行分销任务的过程中承担相关风险。

（九）服务

服务即指提供信用、交货、安装、维修等附加服务。

三、分销渠道的结构

分销渠道的结构是指分销商的市场空间分布，包括分销渠道的长度和宽度两个方面。

（一）分销渠道的长度

分销渠道的长度是指产品在流通过程中所经历的中间环节或层次的多少。

根据分销渠道的长短，分销渠道可分为长渠道和短渠道。

1. 长渠道

长渠道即是产品经历的分销环节或层次比较多。长渠道可以使生产者充分利用分销商的资源及专业化优势和人员等方面的投入，获得广泛的市场覆盖面。但是，长渠道会使生产者对分销渠道的控制力变弱，获取市场信息变得更加困难。

2. 短渠道

短渠道即指产品经历的分销环节或层次比较少。短渠道可以使生产者对分销渠道有较强的控制力，但市场覆盖面较小，要求企业自身实力雄厚，具有大规模的存货和较强的配送能力，或者能有效利用第三方物流资源。

分销渠道的长短主要取决于消费者规模、消费者集中度、产品通用性、技术复杂性。当消费者规模大、分布相对集中、产品专业性强、技术复杂时，生产者一般会选择短渠道或者零阶渠道（直接分销渠道）；反之，则会选择长渠道。

（二）分销渠道的宽度

分销渠道的宽度是指分销渠道的每个层次使用同类型的分销商数量的多少。

分销渠道可分为密集分销、独家分销、选择分销 3 种。

1. 密集分销

密集分销也称广泛分销，是指生产者通过发展尽可能多的分销商，以促进产品销售，尽可能扩大市场覆盖面，让消费者可以随时随地购买。采用这种分销方式能使某产品快速进入新市场，增加产品销售量。

2. 独家分销

独家分销是指生产者在一个区域内只选择一家最适合的分销商销售其产品。这种方式适用于大型专用成套设备或者具有技术诀窍、针对专门消费者的特殊产品。独家分销有利于生产者控制市场，降低分销渠道的管理难度和费用。

3. 选择分销

选择分销是指生产者在某一地区仅通过少数几个分销商推销其产品。选择分销介于独家分销与密集分销之间，吸取了独家分销与密集分销的优点，又避免了两者的缺点。这种方式能较有效地维护品牌信誉，帮助企业建立稳定的市场并获得竞争优势。相对而言，消费品中的选购品和特殊品最适合采取选择分销方式。

四、分销渠道的形式

根据分销渠道的形式，分销渠道可分为线下分销渠道和线上分销渠道。

（一）线下分销渠道

线下分销渠道是指企业通过传统的渠道，即不通过互联网渠道进行分销。

（二）线上分销渠道

线上分销渠道是指企业通过互联网渠道进行分销。

例如，优衣库目前的分销渠道有线下的实体店，也有线上的官网、天猫旗舰店、手机 App 等。

五、分销渠道的类型

根据分销渠道的类型，分销渠道可分为直接分销渠道和间接分销渠道。

（一）直接分销渠道

直接分销渠道是指企业通过自有的渠道进行销售。

直接分销渠道是最短的分销渠道，或称零阶渠道。

（二）间接分销渠道

间接分销渠道是指企业通过分销商销售产品。

例如，旅行社、旅游承包人、观光旅游中心、酒店、航空公司、集中预订系统等渠道都是旅店的间接分销渠道，它们为游客提供住宿预订服务、接待服务等。当然，旅店本身也可以作为分销商为游客提供其他服务，如汽车租赁、导游等。

间接分销渠道可分为一阶渠道、二阶渠道、三阶渠道等，即产品要经过 1～3 层分销商才能到达最终消费者手中。

第二节　线下分销与线上分销

一、线下分销

线下分销的形式主要有店面分销、机器自动化分销等。

（一）店面分销

1. 店面位置的重要性

古语"一步差三市"，说的是两家店面的开店地址差一步就有可能差三成的销售额；还有人说，正确的选址是成功的一半。麦当劳、肯德基每开设一家分店都要事先进行深入的调查研究和论证，由此逐步形成了一套科学的选址程序。其对店址潜在商业价值的正确判断，是其开连锁店成功率较高的重要原因。店面位置是否便于消费者购买产品，店铺附近是否有足够大的停车场所，店铺周围是否有便利的公共交通……这些都是影响消费者光顾与否的重要因素。

总之，店面的地理位置不仅影响消费者购买的便利程度，还可以展现出企业的市场定位和形象。因此，选择店面位置对企业来说尤为重要。

2. 店面选址的原则

店面选址一般要遵循以下原则。

（1）方便消费者

店面是否方便消费者寻找和到达，是否有足够的停车场所，是否有便利的公共交通路线……这些因素决定了消费者的时间成本、体力成本及货币成本等。为此，店面的位置要考虑消费者进入的便利程度，要以方便消费者接受服务为原则，符合目标消费者的需求。

比如，饭店、超市、特色小吃店要设置在住宅小区旁，咖啡厅、茶社、酒吧等要设置在高档写字楼旁，小食店、动漫店则要设置在学校旁。

（2）在路人易停留的地方开店

有的地方虽然人流量比较大，比如在一些快速通道边上，但大多数人只是匆匆赶路，少有停留，所以不适合开店。因此，店铺一定要注意选在消费者易停留的位置。

例如，我国的行走或行驶习惯都是靠右侧，所以人流在右侧，尤其是在上游的店铺，往往能优先接触到消费者。又如，在广场附近，有休息的座椅、舒适的环境，路人常会停下来休息、玩乐，这样便容易汇集人气，在这里开店就比较适宜。

案例 　　　　　　　　　　　**加油站卖咖啡**

　　2019年9月，中石化易捷便利店推出全新品牌易捷咖啡，第一家店落户苏州，正式进入咖啡行业。目前，易捷咖啡已推出三大系列产品，分别为92#（黑白咖啡）、95#（时尚特饮）、98#（精品系列）。凭借中石化遍布全国的3万家加油站，易捷便利店拥有高达约2.7万家门店。而由这个数字可知，易捷咖啡店的规模是相当壮观的。加油站卖咖啡，虽然新鲜，但不是个例。在国内，中石油早已创立了自有连锁咖啡品牌——好客咖啡。在国外，荷兰皇家壳牌集团的优选便利店每年能够售出2.5亿杯咖啡。区别于传统型咖啡店位于居民住宅区、办公区及客流量大的繁华商圈，面向都市白领、上班一族的特点，加油站咖啡店拥有得天独厚的场地条件，背靠全国庞大的加油站便利店网络，可谓站在巨人的肩膀上。同时，其与传统型咖啡店形成了消费者错位，在加油站消费场景中，所有进站人群都是潜在消费者。

　　（3）在聚客点附近开店

　　聚客点就是能够把人集中在一起的商业地点，比如商贸中心、大超市等。商店、电影院、餐厅如果能够位于人口密集、人均收入高、交通便利、客流量大、目标消费者集中的地段，营业收入和利润可能就会较高。

　　例如，星巴克非常注重靠近所定位的目标群体，一般选址在写字楼集中的商务区域、休闲娱乐场所、繁华的商业区等。

　　（4）在消费氛围浓厚的地方开店

　　在消费氛围浓厚的环境里，很多人容易被感染，产生更多的购买行为。例如，在大城市的写字楼、商务区等白领聚集的地方，更多人喜欢购买较好的衣物、化妆品，品尝高级的美食，因此在这些地方开店会有更多的客源。

　　此外，由于各个城市的规划处于动态调整过程中，因此店面选址要有前瞻性，要考虑到今后的城市规划，如街道开发计划、道路拓宽计划、高速公路建设计划、区域开发规划等，并及时捕捉、准确把握其发展动态。

　　3. 店面布局的思路

　　（1）集中性布局

　　集中性布局是指同一家企业在一定区域内相对集中地开设足够多的网点，待这一区域的网点达到一定数量后，再逐步扩展到其他地区。

　　集中性布局的优点是：方便消费者购买；有利于提高地区的知名度，强化宣传效果，增强消费者的亲切感；获得规模效应，节省人力、物力、财力；降低物流成本、管理成本，提高效率。

　　（2）聚集性布局

　　聚集性布局是指企业之间相互依托、在同一区域布点。

聚集性布局的优点是：相互陪衬、相互烘托，有"众人拾柴火焰高"的功效，可以共同打造出一个成熟的专业市场，如上海的金融业都向黄浦区和浦东陆家嘴聚集，零售业向南京路、淮海路聚集；方便消费者选购，消费者一般喜欢到聚集性强的区域选择服务——可以"货比三家"。也正因如此，越来越多的金融街、小食街、建材街、数码城、家具城等开始出现。另外，企业不在已经成熟的商圈里布点是不行的，因为这里是窗口，是消费者习惯、熟悉、乐意光顾之地。

（3）避强布局

避强布局是指优先将网点开设在竞争者较少较弱的区域。

避强布局的优点是：进入竞争阻力小的地区，容易占据优势，避免过度竞争。

（4）竞争性布局

竞争性布局是指哪里的市场成熟、哪里的竞争激烈，企业就在哪里布点，与竞争者相邻、相伴。这是实力较强的企业采取的针锋相对的网点布局策略。

竞争性布局的优点是：企业给自己压力，可以保持斗志、不松懈、不落伍，激励和鞭策自己；企业可以相互衬托，相互吸引对方的消费者；消息灵通、相互借鉴、相互促进。竞争性布局要求企业有实力、有竞争力、有信心。竞争性布局最典型的例子就是肯德基和麦当劳的竞争性布局，基本上在有麦当劳餐厅的地方，不远处或者对面就会有一家肯德基餐厅，反之亦然。

4. 店面分销的趋势

首先，随着各类电商、微商等的迅猛发展，不管是新型企业还是传统企业，几乎没有不开展电子商务的，而且往往是线上线下相互依托。

其次，各类社区门店、便利店不断壮大，不仅满足了消费者的便利性购买需求，同时保持了与目标消费者的高频互动。所以挖掘"最后一公里"商机的社区门店正在兴起，以实现与消费者的零距离互动。

再次，"以服务取胜"的专卖店发展迅速，为提高销售中的产品性能体验和全程服务体验，很多企业纷纷大力发展品牌专卖店，如厨房电器、建材橱柜和生鲜农副产品等。

最后，传统百货商店、大型超市等积极尝试转型为购物中心和综合体，即集休闲、娱乐、社交和购物等于一体的城市综合体。

（二）机器自动化分销

机器自动化分销是指企业运用高新技术设备，如自动售货机、自助银行等先进的技术设备为消费者提供服务。

自动售货机可以放在自办营业厅里，也可以设置在政府机构、大型企业、学校、居民小区等固定人口较多的地区，还可以设置在商业中心、车站和码头等流动人口密集的地段。自动售货机可以24小时为当地消费者提供便捷的购物服务，节省企业的人力，弥补企业网点的不足和覆盖死角。例如，航空企业可以在机场、银行、高级宾馆等地放置自动售货机。

银行业在运用自助银行、自动柜员机（ATM）、电子付款机（POS机）、手机银行方面也是佼佼者。自助银行使商业银行可以在不增加人力成本的前提下扩充营业网点，将24小时存取款服务延伸到社区。在年营业额达40亿美元以上的美国银行中，平均22%的交易是在自助服务设备上完成的。ATM深入大街小巷，24小时提供服务，消费者可以自由操作以获取自己所需服务，而不用在银行里排长队，这同时也可缓解银行的服务压力。

案例	菜鸟的线下分销

菜鸟校园驿站：菜鸟在全国建立了1000余家菜鸟校园驿站，使各大快递公司有了专用的包裹揽收、代收点。

社会网络驿站：通过与社区便利店、连锁超市、邮局进行战略合作，联合向社会开放分享网点，利用数据平台完成物流"最后一公里"的末端配送工作。

菜鸟驿站智能柜：菜鸟驿站智能柜为消费者提供了无人取快递的场景，并且均已开通刷脸取件功能，消费者可以在柜子上自主选择、授权。使用刷脸取件功能，消费者取件的方式更快捷、智能化，不仅节省了取件时间，还优化了使用体验。

二、线上分销

常见的线上分销形式有企业官网与App、网络平台、新媒体、呼叫中心等。

例如，当前生鲜的网上分销渠道就有京东到家、超级物种、盒马鲜生等平台，以及兼做网上到家服务的连锁超市、天猫、淘宝等综合性电商平台等。

（一）企业官网与App

这是指通过官网与App进行分销，如中国移动官网、中国银行官网、中国人寿App、京东App等。

App是人们可以在手机、平板电脑等移动设备上使用，满足其社交、购物、娱乐、游戏和运动等需求的应用程序。随着智能手机和平板电脑等移动终端设备的普及，人们逐渐习惯了使用App上网的方式。因此，App营销现在已经成为较重要的分销渠道。

App营销是指企业通过智能手机、平板电脑等移动终端上的应用程序来开展营销活动。在App营销中，品牌或者产品的信息被根植于App中，用户可以从多方面对品牌或者产品进行了解。

（二）网络平台

这是指通过互联网平台，如阿里巴巴、淘宝、美团、京东、小红书、快手、抖音等平台进行分销。

例如，网易严选的线上分销渠道有：天猫、京东、拼多多等电商平台；海外平台，如入驻北美最大亚洲产品购物平台——亚米网，网易严选负责提供优质的产品及物流，亚米网负责销售及售后服务；其自建的App，将服务提供给消费者，为消费者带来良好的购物体验。

（三）新媒体

这是指通过微信、微博、微信公众号、微信小程序等新媒体进行分销。

例如，喜茶布局了线下体验店、"喜茶GO"小程序、微信公众号、微博、天猫旗舰店、抖音直播及美团外卖等触点，并且使线上线下营销传播无缝连接。比如，通过小程序下单，消费者可以在线下实体店提取产品，同时企业利用线下活动吸引消费者到线上购买。打开喜茶微信公众号，其中的文案、海报、色调等内容元素精致有趣，具有很浓的艺术气息，十分走心。特别是内容一般以漫画的形式呈现，将喜茶的故事娓娓道来，和年轻消费者群体产生了情感共鸣。如此一来，消费者不但会产生精神依赖感，而且会主动将其分享给其他兴趣相似的人。

（四）呼叫中心分销

呼叫中心是综合利用先进的计算机及通信技术，对信息和物流进行优化处理和管理，集中实现沟通、服务和生产指挥功能的系统，是将企业的通信系统、计算机处理系统、人工业务代表、信息等资源整合至统一、高效状态的服务工作平台。呼叫中心由于不受时间与空间的约束，可提高商家的服务能力，使成本更低。此外，呼叫中心还具有个性化服务、主动性服务、便捷性服务、智能化服务、"一站式"服务等功能。

例如，厦门航空公司开通了全国统一购票服务电话 95557，由于避开了中间的层层环节，公司不仅实现了快速售票，也大幅降低了成本。此外，厦门航空公司还通过自己的官方网站及自媒体向消费者提供网上机票销售业务。

案例　　　　　　　　　　**中国移动的线上分销**

进入中国移动网上营业厅，有业务办理、业务推荐、号卡办理、积分商城、消费者服务等几大模块，各模块都提供了丰富的产品信息和服务。移动消费者足不出户就可以获得和实体营业厅一样的服务与支持。

1. 掌上营业厅

通过下载手机或电脑客户端，用户登录后，可随时随地进行操作，享受各项服务。除了 10086 App、中国移动 App，中国移动还推出了各地区掌上营业厅。

2. 微信平台、小程序

中国移动开通了"中国移动 10086""中国移动手机营业厅""中国移动手机俱乐部"等多个公众号，它们除了提供基本业务的办理查询等服务，也是中国移动进行营销宣传推广的途径。此外，中国移动还推出了小程序，可方便消费者通过小程序进行简单的业务办理，为消费者提供方便。

3. 支付宝平台

中国移动在支付宝 App 开设了生活号，用户可进行业务查询及办理、号码选择等基础服务。

4. 电商平台

中国移动在天猫、京东都有自己的旗舰店，经营产品有手机、合约机、充值产品、号卡、智能设备等。

5. 服务热线

10086 是全国统一的中国移动通信服务热线，消费者可以通过拨打 10086 查询或咨询中国移动通信的基本政策、业务知识、新业务、计费标准等问题，对移动网络通信和服务质量提升进行反映，并对服务及业务提出意见或建议。

随着信息技术和自动化技术的不断普及，网络技术在产品或服务分销中的运用越来越广泛，这大大提高了产品或服务的可获得性。但是我们也应当看到，一些消费者也许喜欢接受线上的产品或服务，而另一些消费者则可能仍然喜欢传统的线下分销渠道。

案例　　　　　　盒马鲜生的分销

　　盒马鲜生是阿里巴巴对线下超市完全重构而成的新零售业态。它既是超市，也是餐饮店，还是菜市场，采用"线上外卖+线下门店"的经营模式。总的来说，它是"生鲜食品超市+餐饮+App电商+物流"的复合型商业综合体。

　　线上外卖业务端口为盒马App，App中分为盒马外卖与盒马鲜生两个模块。盒马外卖主打专业餐饮外卖，盒马鲜生主打生鲜配送，保证消费者通过App下单后，配送人员能在距线下门店5千米的范围内实现30分钟送达。

　　线下门店集合了展示、餐饮、仓储、分拣等功能，集"生鲜食品超市+餐饮体验+线上业务仓储配送"于一体。消费者可以在盒马鲜生的线下门店购买产品，生鲜产品可以在线下餐饮体验区进行加工，消费者可即时享用或打包带走。

　　此外，盒马用四大新业态来补足盒马鲜生尚不能渗透的区域，以不同的形态在不同的商圈和城市分区布局，四大新业态分别是盒马菜市、盒马小站、盒马F2、盒马mini。盒马菜市重点布局于社区，主打更接地气的散称蔬菜，且不带有餐饮体验区，这是基于家庭消费最高频刚需的客观情况设置的。盒马小站主要开在盒马鲜生无法布局的区域，且只提供外送服务。盒马mini最像盒马鲜生，是名副其实的缩小版盒马鲜生，面积约为500平方米，主要布局于社区场景，主营业务是提供社区居民一日三餐所需食材，主要开在城乡接合部或者物业设施不太完备的城市核心地带。盒马F2布局于办公楼商圈，有点像便利店，但更像一个速食餐厅。

　　三只松鼠是中国第一家定位于纯互联网食品品牌的企业，其主营业务涵盖了坚果、肉脯、果干、膨化食品等全品类休闲零食。三只松鼠主要以互联网技术为依托，利用B2C平台实行线上销售。凭借这种销售模式，三只松鼠迅速开创了一个以食品产品的快速配送、新鲜为特色的新型食品零售模式，同时加紧布局线下渠道。

案例　　　　　　完美日记的全渠道分销

　　线上分销　在抖音，完美日记以新品宣传预热、妆容展示、剧情小视频3种内容形式与消费者进行沟通互动之后，将产品链接至淘宝、天猫，直接打通销售渠道，实现快速变现。在微信，粉丝群内每天定时有各种新品上架、折扣优惠等提醒，引导用户在完子心选小程序平台内直接下单购买，达成转化；利用企业微信外显功能，关联小程序商城，消费者可直达商城进行购买；门店附近的消费者通过小程序下单，能够当天就体验到产品，也可以在预定时间内到门店取货。

　　线下分销　完美日记线下门店分为体验店、概念店、旗舰店等不同类型，每种门店都能带给消费者不一样的购物体验，更直观地为消费者展示各类产品。各门店在开店首日也会邀请知名模特和美妆时尚博主来点燃气氛，以带来更大的流量。同时，门店采用了混合业态型门店的设计，分别设置了产品展览区、体验区、会员区、具有社交功能的咖啡休闲馆及各类打卡点，可以让消费者产生沉浸式购物体验，把消费者的探店之旅发挥到极致，使其更好地领会完美日记的品牌理念、品牌故事，增加购买背书。总之，线下体验店作为线上的有益补充，在爆款产品的展示、现场服务及购物环境的营造等方面加强了品牌与消费者的互动。

第三节　直接分销与间接分销

无论是线下分销还是线上分销，都存在是自己分销还是他人帮助分销的问题。我们把通过自身渠道分销称为直接分销，把通过第三方渠道分销称为间接分销。

例如，线上直接分销是指通过自建网上平台将产品或服务分销给消费者，线上间接分销是指利用已有的网络平台，如阿里巴巴、8848、淘宝等网络平台分销产品或服务。

一、直接分销

（一）直接分销的优点

第一，对产品的供应与表现能进行较好的控制，对企业的策略、制度、规范、标准的执行和贯彻力度较大，有利于确保服务的总体水平。

第二，能够及时地从与消费者的接触中了解消费者的需求及其变化、消费者满意与否，从而适时做出调整，更好地适应市场的变化，更好地针对消费者提供个性化的服务。

（二）直接分销的缺点

第一，市场覆盖面有限，可能局限于某个地区，不利于业务范围的扩大。

第二，仓储运输费用、销售人员费用和管理费用较高。

（三）直接分销的类型

直接分销的类型主要有零售、批发、连锁经营等。

1. 零售

零售是指面向最终消费者直接销售产品的活动。

（1）零售商的职能

零售商是把产品出售给最终消费者的机构或个人。

零售商从生产者或批发商那里小批量购进产品，再直接向消费者零星地销售产品，每次的销售量小但交易频繁。零售商的销售对象是众多的消费者。在分销渠道中，零售商居于终点阶段。零售商的职能如下。

① 承担风险，促进销售，提供信息。零售商为生产商或批发商减轻了流通过程中的负担，如储存、运输等方面的费用和风险等。零售商利用人员推销、广告宣传及促销活动等手段来促进产品销售，提高产品的市场占有率，并提供有关零售市场上消费者、竞争者和市场状况等的有价值的信息。

② 以多种方式为消费者服务。零售商以多种方式为消费者服务的职能表现为：将不同生产者的产品汇集在一起供消费者挑选；通过广告和人员推销等促销手段向消费者传递产品信息；向消费者提供赊购和分期付款等信用付款方式；在适当条件下送货上门；等等。

（2）零售商的类型

① 商店零售商，指设店经营的零售商。商店零售商一般分为 8 类：百货商店、超级市场、大型综合超市、便利店、仓储式商场、专营店、专卖店、购物中心。

② 非商店零售商，指不设店面的零售商，又称无门市部零售商。非商店零售商包括直复零售（通过邮购、电话购物、电视购物、网络购物等方式开展业务）、直接销售（通过上门推销等方式开展业务）、自动销售、互联网销售。

2. 批发

批发是指成批量地销售产品的活动。

（1）批发商的职能

批发商是把产品出售给零售商和其他批发商的机构或个人。

批发商从事的是大宗的产品交易活动，每次的交易量都比较大，特别是购进产品的批量比较大。批发商在分销渠道中居于起点阶段和中间阶段，它从生产者处购进产品，向零售商批售产品。批发商的职能如下。

① 沟通产销信息。批发商处于生产者和零售商之间的中介地位，既可以了解产品的生产情况，又可以了解产品的市场销售动态。因此，批发商可利用这种便利条件，向生产者提供市场需求信息和消费者反馈意见，向零售商进行产品情况的介绍和宣传。

② 集散产品。批发商通过采购业务，将各个地区、各个不同的生产者分散生产的产品集中起来，进行必要的整理、包装等处理，再通过交易活动，将产品分散供应给零售商和其他批发商。

③ 调节供求。一方面，批发商集中、大批量地从生产者处购进产品，使生产者能及时实现产品的价值，提高资金周转率，加速再生产过程；另一方面，批发商小批量地将产品批售给零售商，减轻了零售商储存产品的负担。批发商实际上发挥了产品"蓄水池"的功能，把市场上暂时多余的产品收购储存起来，当市场供应不足时再投放出去。

④ 承担市场风险。批发商在多数情况下是大批量地购进和储存产品，分批少量地销售产品，在这个过程中为生产者和零售商承担了一定的市场风险。

（2）批发商对生产者的服务

首先，优秀的批发商有较大且较稳定的市场覆盖率，能满足生产者对产品市场覆盖面的要求。

其次，批发商具有在一定市场范围内联系大量客户的能力，生产者通过他们可以降低成本。

再次，批发商通常要储备生产者的产品，这样可以减轻生产者的融资负担并降低存货风险。

又次，批发商往往同时经营多家同类企业的产品，他们的订单处理成本可以被多个产品分摊，而不是局限于一家生产者，因此可减轻生产者处理大量小订单的压力。

然后，批发商可以通过零售商了解消费者对产品或服务的要求，并将这些信息传递给生产者，以便其改善生产和经营管理。

最后，生产者可依靠批发商向消费者提供全面的服务，包括维修、安装等售后服务。

（3）批发商对零售商的服务

首先，批发商随时供应能满足零售商需求的产品。

其次，批发商提供多种直接的销售帮助，如提供广告、现场促销材料。

再次，批发商可以为零售商在店面陈列、设计、库存管理等方面提供帮助。

最后，批发商可以对零售商在公共关系、日常管理、信息系统等方面给予指导与建议。

3. 连锁经营

（1）连锁经营的定义

连锁经营是经营同类产品的若干机构（分店），在同一核心机构的领导下，按照统一的经营理念和经营方针，采用规范化经营模式，将集中管理和分散服务相结合的经营形式或组织方式。

（2）连锁经营的优点

① 扩大销售规模，多地点的连锁经营可以有效解决地理限制问题，实现销售规模的扩大。

② 节约费用，连锁规模一旦扩大，广告宣传费用就会少于每家分店各自所支付的广告费用的总和，还可以降低采购费用等。

③ 标准化经营，在连锁经营中，总部负责分店地址的选择、人员的培训，并提供一揽子服务方案，自始至终地对分店进行监督与指导，从而保证各分店在店名、店貌、产品价格、服务规范、广告宣传等方面的统一，有利于扩大销售量。

例如，喜茶、瑞幸、西少爷、便利蜂等不约而同地选择了直营连锁方式。

（3）连锁经营的缺点

① 管理难度增加。

② 投入增加，需要大量的人力、物力、财力的投入。

③ 风险增加，若一家分支机构出现问题会殃及总部与其他分支机构。

案例	茶颜悦色的分销策略

茶颜悦色创立于 2013 年，以其独特的视觉风格、高品质的食材、亲切热情的服务赢得了众多消费者的喜爱。茶颜悦色提出"中茶西做"的新式理念，招牌幽兰拿铁与声声乌龙现已美名在外，不仅是长沙人民钟爱的饮品品牌，也是外地消费者来长沙旅游必"打卡"的一个"景点"，品牌影响力早已辐射到全国。

茶颜悦色的店面体系包括标准店（茶颜悦色）、概念店（别有洞天、好多鱼、方寸间桃花源等）、外卖店（茶颜欢喜殿）、新零售店（茶颜游园会）、联名店（三顿半联名），可满足不同需求。茶颜悦色的分销策略主要包括以下 3 个方面：一是深耕区域，二是密集开店，三是只做直营。

深耕区域。与其他品牌挤破头也想要抢占一线城市市场的套路不同，茶颜悦色反其道而行，稳扎稳打扎根长沙，把地域局限转化为自身特色，将劣势转化为优势，打造出"只有在长沙才能喝到的奶茶"。这种分销策略既能让本地消费者有一种地域文化的自豪感，也能让外地消费者产生强烈的好奇心。而在自媒体时代，这种原本主打本土化的品牌会不断在社交媒体上传播，通过区域饥饿营销刺激消费者的购买欲望。在微博、小红书等社交媒体上，很多网友都在分享自己专门为喝茶颜悦色的产品去往长沙旅游的经历。如此，茶颜悦色深耕长沙的做法带动了长沙旅游业的发展。

密集开店。在长沙，茶颜悦色采用了密集分销策略，在中心商圈及人流密集处大量开设直营店，"十米一家，一街十店"的说法毫不夸张。目前，茶颜悦色在长沙拥有

300多家直营门店，其门店都不大，以十几平方米的档口店为主，无论是在街头巷角还是在大型商圈都有分布。这种密集型布局不仅能有效提高品牌曝光度，增加消费者的消费频次，还能降低空间、运营成本，便于统一管理。另外，茶颜悦色产品的最佳赏味期大多在15分钟之内，外卖打包会影响其品质。为保证饮品质量，其将每一个门店的配送范围设定为"方圆三千米"；同时与饿了么建立战略合作关系，保证配送工作的效率。作为之前只有在长沙才能喝到的奶茶，茶颜悦色区域性饥饿营销的方式极大地刺激了外地消费者的购买欲望，也让本地消费者产生了一种地域文化的优越感。

只做直营。茶颜悦色不开放加盟，所有的茶颜悦色店都是直营店，这样可以做好品控，使茶颜悦色的产品始终保持统一的风味和口感，积累起良好的消费者口碑，增加消费者的好感。

二、间接分销

（一）间接分销的优点

第一，市场覆盖面较广，可不局限于某个地区，有利于业务的扩大。

第二，有利于提高分销的效率，分销商往往资源雄厚、经验丰富，可以为消费者提供更好的服务。

（二）间接分销的缺点

第一，生产者较难控制分销商的表现。分销商可能对生产者的策略、制度、规范、标准的执行和贯彻力度较小，不容易确保服务水平。只有分销商有意愿、有能力复制直接分销的服务品质，产品的服务价值才不会降低。

第二，生产者不能及时了解市场动态。由于生产者没有直接为消费者提供服务，因此不能及时地从与消费者的接触中了解消费者的需求及其变化、消费者满意与否，从而无法适时做出调整，为消费者提供温馨服务。

案例　　　　　　　　　　**星巴克不开放加盟**

星巴克是世界排名第一的咖啡连锁品牌，它在全球开设的几千家咖啡店根据不同的市场情况确定为4种形态的经营模式——独资自营模式、合资公司模式、许可协议模式、授权经营模式。不论是上述哪一种模式，星巴克总部都有权直接介入各店的经营管理，而且其设计、设备、物品、装修等的任何硬件都由其位于美国的总部提供，其目的是与总部的精神、风格统一，并保证其产品及服务质量达到要求的标准。所以，不论在世界的哪个地方，星巴克总部均不同意对外开放任何加盟业务。

（三）间接分销的类型

企业间接分销的类型主要有代理分销、经销分销、特许经营等。

例如，张小泉公司与京东、阿里的合作模式包括线上直销、线上经销、线上代销。其中北京京东世纪贸易有限公司（京东自营）为线上经销，通过在天猫平台开设张小泉天猫官方旗舰店进行线上直销，通过天猫超市进行线上代销。

1. 代理分销

代理分销是指依据代理合同的规定，代理商被授权或被委托从事某种产品的销售活动。代理商的利润来源于佣金。

例如，旅游代理人作为航空公司、饭店、景区的代理人，为旅游者提供旅游服务，包括提供交通工具、食宿、导游、办理护照和签证等服务，其收入主要来自航空公司、饭店、景区付给的佣金。在未收取佣金的情况下，代理人也可收取一定的服务费。

（1）代理分销的优点

① 比直接分销投资少、风险小。

② 通过人熟、地熟的代理商，企业容易打开一个新市场。

例如，航空公司建立代销网络，通过当地旅游部门、民航等代理机票销售服务，为乘客提供方便，自己则可以专注于提高航空服务质量，还可在一定程度上使航空公司摆脱因资金和人力的限制而对销售网络的发展产生的制约，同时降低机票的销售成本。

（2）代理分销的缺点

① 代理机构或代理人可能无法尽心尽力地开拓市场，以及为消费者提供周到的服务。

② 通过代理机构或代理人进行分销，企业可能难以在第一时间获取市场信息。

③ 企业要加强对代理机构或代理人的管理工作，而且管理是否有效存在不确定性。

知识拓展   **保险代理**

自从美国友邦保险公司率先在上海市招聘了 4000 多名保险员开展个人保险业务，这种方式便很快引起了我国保险业的重视。国内各家保险公司纷纷效仿，先后聘用了大批保险员，走街串巷代理保险业务，并取得了较好的成效。在肯定个人代理渠道的同时，其存在的问题也不可忽视，总结为以下几点。

首先，保险个人代理人的流动性大。由于保险个人代理人与保险机构之间只是一种松散的结盟，一方面，保险公司可依据自身的经营方向与经营策略任意制定考核办法，从而随时清退那些无法达到公司考核目标的保险代理人；另一方面，保险代理人也可以依据自身发展要求而随时另谋高就。无论是哪一方面的原因，都可能会导致保险单无对接服务人员，从而对保险购买者的后续服务产生影响。

其次，有些保险个人代理人业务素质不高。一方面，许多保险公司为提高销售额而盲目扩大招人，忽视了对代理人品质的选择，经短期培训甚至不经培训就上岗推销保险，这就难免出现保险代理队伍良莠不齐和缺乏专业知识的情况；另一方面，由于各家保险公司的经营重点不同，对各险种的奖励标准和佣金比例也不同，受利益驱动，保险代理人在宣传、销售保险产品时自然会有所侧重，这将直接影响购买者的决策。

最后，有些保险个人代理人道德水平不高。有些保险个人代理人由于缺乏展业技巧，单纯依靠沿街设点咨询，或者依靠"拉网"式战术，不分时间、场合地进行陌生拜访，实质是骚扰和黏性推销，导致众多保户产生反感和排斥，对保险公司在公众形象、社会舆论上造成很大的负面影响。此外，部分保险个人代理人展业时随意夸大保险责任、误导投保人，甚至私自埋单，或用非正常手段兜售保险，敲诈投保人钱财。为了签单，有的代理人不惜相互攻击甚至暗中向投保人许诺返还佣金，这些都对整个保险行业的形象造成了极其不好的影响。

2. 经销分销

经销分销是指经销商将产品买进后再加价售出，其利润来源于进销差价。经销制的根本特征是产品所有权发生了转移，即随着买卖行为的发生，销售风险被转移给了经销商。作为风险补偿，企业一般会为经销商提供较大的价格折扣或较低的出厂价，有的还提供广告支持等以帮助经销商开发市场。

3. 特许经营

（1）特许经营的定义

特许经营是指特许者将自己所拥有的商标、商号、产品、专利和专有技术、经营模式等以合同的形式授予被特许者使用，被特许者按合同的规定，在特许者设定的统一的业务模式下从事经营活动，并向特许者支付相应的费用。

特许经营是一种知识产权的授予，不受资金、地域、时间等条件的限制。正因如此，特许经营成为企业扩张的一种重要方式。

（2）特许经营给特许者带来的利益

① 通过控制店铺设计、管理模式、服务标准、服务品质、价格、促销、员工培训等因素，特许者可使所有店铺的形象保持一致。

② 特许经营模式可以降低企业扩张的财务风险和市场风险。

③ 从拥有特许经营权的特许者角度来看，他们不用建立庞大的、多层次的管理组织，因为诸如人员招聘、信息收集和处理等管理工作是由被特许者（如特许经营店）自己进行的，大部分运作成本也都由被特许者负责，所以特许者的管理成本很低，在广告和促销上也可以利用规模经济的优势。

（3）特许经营给特许者带来的风险

① 在特许经营模式下，被特许者的服务品质的一致性难以保证，特许者的形象和声誉容易受损。

② 被特许者更易直接控制其与消费者的关系。

③ 消费者信息可能脱离特许者的管理。

（4）特许经营给被特许者带来的利益

① 获得成熟的营利模式、服务标准和管理模式；获得品牌支撑和消费者的信任。

② 有利于降低开办企业的风险。

有研究表明，新开办企业的失败率是通过特许方式开办企业的失败率的 10 倍左右。特许经营的魅力在于特许者会给予被特许者一个强大的运营体系支持。对于被特许者来说，如果做得好，所得利润是自己的；如果做得不好或者遇到什么问题，则可以马上向特许者寻求支持。这种经营模式，对一些从未涉足过管理领域、缺乏相关管理经验的投资者而言，不失为一种好的选择。在可以标准化或实际上可以被复制的服务业中，特许经营模式已被越来越多地采用。

（5）特许经营给被特许者带来的风险

① 如果有少数，即使是一家被特许企业出现有损品牌形象的经营行为，其他被特许企

业也会受到牵连。

② 随着被特许企业数量的不断增加，特许者的管理能力可能无法跟上。这会导致整个特许经营体系混乱，被特许企业也会因此而受损。

案例　　　　　　　　　**麦当劳与肯德基的特许经营**

麦当劳至今已经在全世界的 100 多个国家和地区开设了 3 万多家餐厅，是目前世界上规模最大的特许连锁企业。麦当劳把最佳的地点一次性长期买断，然后建成统一标准的餐厅。这样，当一个人获得麦当劳的特许经营权的时候，每年他都要支付两笔费用：一笔是特许加盟费，另一笔是租金。

麦当劳加盟店必须严格按照总部规定的标准、规范的作业流程和服务规则进行经营，麦当劳坚持被特许者必须遵守它的复杂的制度体系。麦当劳的操作手册重达 2 千克，极其详尽地描述了如何进行操作，包括以秒为时间单位计算烹饪和服务的时间，还对每个员工的角色进行了详尽描述。被特许者要在汉堡大学经过几个月的现场培训后方可结业。一旦加盟店投入运营，就会有一批地区顾问来协助被特许者。他们会对被特许者经营的加盟店的运行状况进行经常性的、仔细的检查。

加盟麦当劳至少要满足 5 个条件：一要具备企业家的精神和强烈的成功欲望；二要有较强的商业背景，尤其是要具有处理人际关系和财务管理的特殊技能；三要愿意参加培训项目，并全力以赴；四要具备相应的经济实力与资格；五要拥有在麦当劳工作若干年以上的经历。

肯德基也将"特许经营"作为一种有效的方式在全世界拓展业务。与麦当劳不同，肯德基目前在中国发展加盟店的方式是让被特许者出资购买一间正在运营并已赢利的连锁店。转让已经成熟的餐厅，对肯德基和被特许者来说是最稳健、最便捷的做法。被特许者不必由零开始，可以较快地融入肯德基的运作系统，从而极大地保障被特许者成功。

肯德基要求被特许者有从业背景，能很快掌握该行业的基本知识。想要加盟的候选人将被要求参加一个内容广泛的为期 20 周的培训项目，项目包括以下内容：餐厅经理、餐厅副理、如何管理加盟经营餐厅等课程。肯德基只有在对被特许者的组织机构、金融状况和项目计划完全满意的情况下，才会与被特许者合作。

第四节　分销渠道的设计与管理

一、影响分销渠道设计的因素

（一）市场特性

目标市场中消费者的规模、地理分布、需求特征、购买行为特点等要素对分销渠道的设计具有决定性影响。

面对消费者人数多、分布范围广、要求多品种小批量购买的市场，企业通常需要选择能充分利用资源的长渠道；反之，则会倾向于采用短渠道。

另外，消费者的心理、购买习惯或消费方式、消费兴趣的转移，都是企业设计分销渠道时要考虑的因素。

（二）产品特性

产品特性即产品的物理化学性能、体积、重量、标准化程度、单位价值的高低等，这些对分销渠道的设计也会产生重大影响。

一般而言，易损耗、体积庞大、不安全的产品最好选择直接渠道或短渠道，尽可能减少分销商的参与。例如，水泥、矿石、啤酒等笨拙沉重的产品，应尽量缩短运输距离和减少重复搬运次数，所以应采用短渠道；蔬菜和鱼等生鲜食品也应尽可能地采用短渠道，以避免因搬运等造成产品变质；价值高、技术性强和专用性突出的产品，往往也选择直接渠道或短渠道。

与传统家电产品价格较高、安装复杂及使用周期较长的特点不同，个护小家电产品单价低、体积小、使用周期较短、无须安装的产品属性，降低了产品试错成本，与线上销售渠道高度匹配，使得个护小家电主要通过电商平台、直播带货等多种形式的线上渠道进行销售。

（三）企业特性

企业的总体规模、财务能力、产品组合、渠道经验、营销策略等也是影响分销渠道决策的重要因素。例如，财务实力较差的企业最好多依靠间接分销，因为它们无力承担广泛、直接的分销业务。

（四）竞争者特性

竞争者采用什么样的渠道策略也是企业设计分销渠道的参考依据。有的企业会直接照搬其他竞争者的分销策略，有的企业则需要采用不同的分销策略与竞争者展开竞争。

（五）分销商特性

一般来说，不同的分销商在广告、产品的运输和储存、信用条件、退货特权、人员训练、送货频率等方面有不同的特点。因此，分销渠道的设计必须考虑分销商的特性。

二、分销渠道设计的原则

分销渠道设计的原则是畅通高效、成本最小化、与企业目标相吻合，使产品分销以最短的时间、最好的服务、最少的投入实现最大的产出，完成产品从生产地点向消费者使用地点的安全转移。具体来讲，其包括以下几个方面。

（一）畅通高效

建立畅通高效的分销渠道对于缩短产品流通时间、提高产品流通速度，将产品尽快、尽早送达目标市场，从而使消费需求得到满足具有重要意义。

（二）成本最小化

分销渠道的成本有两种：一是分销渠道开发的投资成本，二是保持分销渠道畅通的维护成本。其中维护分销渠道的成本是主要的、经常性的，包括维持销售力量的直接开支和给予分销商的利润、报酬或佣金，以及业务洽谈和通信的费用等。

（三）与企业目标相吻合

企业的目标主要涉及企业的形象、产品的市场覆盖程度、产品的档次、市场占有率计划、企业对分销渠道的控制意愿等方面。例如，如果企业想较多地控制分销渠道，就必须设计较短的分销渠道。

三、分销渠道的管理

（一）选择分销渠道成员

选择分销渠道成员时应考虑以下几个因素。

1. 市场覆盖范围

市场覆盖范围是企业选择分销商时需要考虑的最关键的因素。首先，企业要考虑所选分销商的经营范围与企业产品的预期销售地区是否一致。其次，分销商的销售对象是不是企业预期的潜在消费者。最后，企业还要重点评估零售商的店面位置、布局和发展潜力等。

2. 声誉

声誉不仅直接影响企业产品的回款情况，还直接关系到市场的网络支持。

3. 历史经验

第一，具有丰富的专业知识和经验的分销商能在行情变动中掌握经营主动权，保持销售稳定或趁机扩大销售量。第二，经营历史较长的分销商早已为周边的消费者所熟悉，拥有一定的市场影响力和一批忠实的消费者，这类分销商的门店会成为周边消费者购物的首选场所。

4. 合作意愿

合作意愿直接影响双方合作的深度和成效。

5. 财务状况

企业应选择资金实力雄厚、财务状况良好的分销商。因为这样的分销商能保证及时付款，还可能在财务上为企业提供一些帮助，如分担一些销售费用、提供部分预付款或者直接向消费者提供某些资金融通服务，如允许消费者分期付款等，从而有助于扩大产品销路和生产发展；反之，若分销商的财务状况不佳，则往往会拖欠货款。

6. 促销能力

分销商的促销能力直接影响其销售规模。企业要考虑到分销商是否愿意承担一定的促销费用，有没有必要的物质、技术基础及相应的人才。

（二）培训分销渠道成员

为使分销渠道顺利运行且更有效率，企业需要为分销渠道成员提供训练方案并对其进行必要的培训。

（三）激励分销渠道成员

1. 物质激励

物质激励是指企业用高利润、额外奖金、广告津贴、功能折扣、送货上门或分担运费、资助促销奖励计划、提供免费印刷品、赠送陈列品、提供促销产品、帮助融资等措施使分销渠道成员得到物质上的满足，从而进一步调动其积极性和主动性。

企业要制定便于量化管理的销量返利制度，在制定销量返利制度时要明确是以现金形式返利，还是以产品形式返利，抑或将两者结合；明确以产品形式返利的数量能否算进下月的任务指标；明确返利的频率是月返、季返还是年返。

2. 精神激励

精神激励是指企业用信息、知识、赞扬、关心等方式感染分销渠道成员，使其愿意有所投入，并与其他分销渠道成员建立伙伴关系，风险共担、利益共享。

3. 创新激励

创新激励包括以下两点内容：第一，企业不断开发新产品、差异化产品、高利润产品，满足分销渠道成员的营利要求，提高其营利能力；第二，企业向分销渠道成员提供新的经营方式或营销模式支撑，提升分销渠道成员乃至整个分销渠道在市场上的竞争力。

4. 提供帮助

企业提供的帮助包括提供信贷援助、技术咨询、技术指导、技术培训，提供有关财务制度、销售技巧的培训，帮助分销渠道成员建立进销存报表，统计安全库存数，进行先进先出库存管理等，目的是帮助其提高销售能力、取得销售效果。

（四）约束分销渠道成员

企业通过合同或协议明确分销渠道成员的责任和义务，必要时对其采取处罚手段，如减少利润、停止供货、推迟交货、终止关系等。

延伸阅读　　　　　**窜货现象及其整治方法**

窜货是指分销商置分销协议和长期利益于不顾，进行产品跨地区降价销售。产生这种现象的原因主要有：某些地区的市场供应饱和，企业给予分销渠道的优惠政策各不相同，分销商利用地区差价窜货。

企业可以从以下几个方面整治窜货现象：首先，与分销渠道成员签订不窜货乱价协议；其次，实施外包装区域差异化措施，在产品的外包装上印刷"专供××地区销售"字样，在不同地区将产品标识用不同色彩加以区分；最后，经常性地开展调查跟踪，一旦发现窜货现象及时予以处罚。

（五）评估分销渠道成员

企业对分销渠道成员的绩效需要定期评估，评估的标准主要有销售计划指标完成情况、平均存货水平、货款返回情况、消费者服务水平等。

通过评估，企业要对那些忠实履行协议、绩效优良的分销渠道成员给予奖励，对未达到最低绩效目标的分销渠道成员给予处罚。

课后练习

一、判断题

1. 分销渠道的长度是指产品在流通过程中，所经历的中间环节或层次的多少。（　　　）

2. 分销渠道的宽度是指渠道的每个层次使用同种类型分销商数目的多少。　　（　　）

3. 线下分销的形式主要有店面分销、机器自动化分销等。　　（　　）

4. 直接分销渠道是最短的分销渠道，或称零阶渠道。　　（　　）

5. 一些消费者也许喜欢接受线上的产品或服务，而另一些消费者则可能仍然喜欢传统的线下分销渠道。　　（　　）

二、选择题

1. 当目标顾客人数众多时，生产者倾向于利用（　　）。

A. 长而宽的渠道　　B. 短渠道　　　C. 窄渠道　　　D. 直销渠道

2. 在产品具有（　　）特征时，宜采取短渠道分销。

A. 单价高　　　B. 技术性强　　　C. 季节性强

D. 耐久性好　　　E. 款式变化快

3. 企业在众多渠道类型中决定选用多少层次的渠道销售产品是（　　）决策。

A. 中间商类型　　　　　　　B. 渠道长度

C. 渠道类型的数量　　　　　D. 地区中间商

4. 生产资料分销形式中最常见的类型是（　　）。

A. 生产者—批发商—用户　　　B. 生产者—用户

C. 生产者—代理商—用户　　　D. 生产者—代理商—批发商—用户

5. 影响分销渠道的因素有：市场特性、（　　）、分销商特性。

A. 产品特性　　　B. 企业特性　　　C. 竞争者特性　　　D. 渠道特性

三、填空题

1. 分销渠道的结构指分销商的市场空间分布，包括渠道的_____、_____两个方面。

2. 分销渠道可分为密集分销、_____、_____等。

3. 企业间接分销的类型主要有代理分销、_____、_____等。

4. 企业直接分销的类型主要有零售、_____、_____等。

5. 选择分销商应考虑的因素有：市场覆盖范围、声誉、分销商的历史经验、合作意愿、_____、_____。

四、简答题

1. 店面选址有哪些原则？店面布局有哪些思路？

2. 线上分销有哪几种形式？

3. 直接分销的优缺点分别有哪些？

4. 间接分销的优缺点分别有哪些？

5. 连锁经营的优缺点有哪些？

6. 分销渠道设计有哪些原则？

7. 如何激励分销渠道成员？

第十一章

促销策略

视频导学

引例：×××的危机公关

2017年8月25日，《法制晚报》官方微博推出《恶心！暗访×××：老鼠爬进食品柜 火锅漏勺掏下水道》一文，以触目惊心的视频、图文，揭露×××北京劲松、太阳宫两店后厨恶劣的卫生状况及违规操作，包括老鼠在后厨乱窜、打扫卫生的簸箕和餐具同池混洗、用消费者使用的火锅漏勺掏下水道等。该报道引起轩然大波，大量消费者纷纷表达了失望之情，号召抵制×××，要求严肃问责。在社交媒体关于"你是否还会光顾×××"的调查中，25%的受访者表示不会再光顾×××，70%的受访者表示要在×××处理好后厨问题之后再考虑是否会再次光临×××。

在事件爆发后几个小时，×××在官方微博发表声明，承认报道中的卫生安全问题属实，并向公众道歉，承认自己在工作和管理上的漏洞，表示自己愿意承担一切责任，承诺会整改，同时会对调查结果进行公示。×××的致歉信在一定程度上平息了公众的怒火。之后，×××又发布了这次事件的处理通报，承诺采取以下措施：涉事门店立即停业整改，邀请第三方机构进行排查；对全国所有门店立即开展排查，打消公共顾虑；与政府展开合作，主动向相关部门汇报情况；邀请消费者和媒体前往门店检查监督。不仅如此，在×××用来点菜的iPad上也增加了一个专门的区域——视频监控"明厨亮灶"，只要点击就可以看到后厨的实时现场，并可以切换多个画面，能看到洗碗间、出菜区、小菜间等多个位置。同时，×××将后厨向社会大众开放，邀请消费者及社会各界人士参观后厨，明确表示"随到随接待"，并允许在参观区域内拍摄……×××通过一系列的努力总算解除了此次危机。

企业要想快速让市场接受自己的产品，需要通过信息传播及相应的推广活动引起消费者的注意，进而使消费者产生购买欲望。

第一节　促销概述

一、促销的含义

促销是指企业通过人员推销、广告、公共关系和销售促进等促销方式，向消费者传递产品的有关信息，引起他们的注意和兴趣，激发他们的购买欲望和购买行为，从而达到扩大销售的目的的活动。

二、促销的分类

如果促销行动的受益者是消费者，这种促销就是"消费促销"。例如，"凡购买一箱某品牌的牛奶可获赠一张价值 5 元的优惠券"便是消费促销。

如果促销行动的受益者是经销商，则这种促销就是"经销促销"。例如，"凡将某品牌牛奶安排在商场的优越位置的经销商可获赠电冰箱一台"就是经销促销。

三、促销的作用

（一）传递信息

企业只有将产品信息传递给消费者，才能引起消费者的注意，才有可能使消费者产生购买欲望。产品的知名度越高，消费者对企业的产品越了解，选择该产品的可能性就越大。

（二）指导消费

在促销活动中，企业向消费者介绍产品知识，可在一定程度上起到指导消费者消费的作用，有利于把消费者的潜在需求变为现实需求，也可能使消费者对产品产生偏好。

（三）增加需求

由于市场竞争激烈，同类产品很多，有效的促销可以让消费者分辨出产品间细微的差别并突出本产品的特色，从而诱导和激发需求。

（四）稳定销售

在销售淡季或低谷期，企业开展促销活动可以减少由市场需求的周期性、季节性或不规律变化导致的销售波动，达到稳定销售的目的。

四、促销组合

促销组合由人员推销、广告、公共关系、销售促进组成。

相对来说，人员推销多用于工业品的销售，因为工业品的消费者往往少而集中，产品的技术性强，需要内行人员促销；而绝大多数的消费品，由于其标准化程度较高、价格低廉、市场覆盖范围广，通常采用广告和销售促进形式。

另外，促销组合因不同时期、不同地区或不同的经营目标而不同。假如目标是树立企业形象、提高知名度，则促销组合中广告是重点，同时应辅以公共关系；假如目标是短期内迅速增加销售量，则销售促进最易立竿见影，并应辅以人员推销和适量的广告。

第二节　人员推销

人员推销即由推销人员通过接触、洽谈、介绍进行说服，促使消费者购买的活动。

一、人员推销的基本形式

（一）上门推销

上门推销是最常见的人员推销形式之一，是指推销人员通过携带产品的样品、说明书和订单等走访消费者来推销产品。这种推销形式可以针对消费者的需求提供有效的服务。

（二）柜台推销

柜台推销又称门市推销，是指企业在适当地点设置固定的门市，由营业员接待进入门市的消费者，对其进行产品推销。由于门市里的产品种类齐全，能满足消费者多方面的购买需求，为消费者提供较多的购买方便，并且可以保证产品安全无损，消费者乐于接受这种方式。

（三）会议推销

会议推销是指利用各种会议向与会人员宣传和介绍产品，开展会议推销。这种推销形式接触面广、推销集中，可以同时向多个推销对象推销产品，成交额较大，推销效果较好。

二、人员推销的优缺点

（一）人员推销的优点

1. 可与消费者直接对话，进行信息的双向沟通

一方面，人员推销可以向消费者介绍企业的现状及产品的特点、价格等信息，提高信息的透明度；另一方面，消费者可以向推销人员反馈其对产品质量、价格、功效是否满意及真实需求等信息。

2. 针对性强、易促成购买

人员推销可使推销人员直接观察消费者的态度和反应，及时调整推销策略，并根据消费者的特点和反馈调整自己的工作方法，及时答复和解决消费者提出的问题，消除消费者的疑虑和不满意感，从而促成消费者的购买。

3. 有利于建立良好的合作关系

面对面的接触容易使双方从单纯的买卖关系发展到建立起个人友谊，进而保持长期的业务关系。

（二）人员推销的缺点

首先，对推销人员的要求较高。人员推销的效果直接取决于推销人员素质的高低。企业为了使员工胜任推销工作，所花费的相关培训成本也比较高，要选择和培养出理想的能够胜任职务的推销人员比较困难。

其次，人员推销的成本较高。人员推销能直接接触的消费者数量有限，而各种费用（住宿费、交通费、补贴等）又高，这就提高了产品销售的成本，削弱了产品的竞争力。此外，为调动推销人员的积极性所支付的激励成本也比较高。

三、人员推销的基本流程

完整的人员推销过程，一般包括访问准备、约见消费者、洽谈沟通、达成交易、售后服

务、跟踪反馈这 6 个阶段。

（一）访问准备

访问准备是指为推销活动做好必要的准备。访问准备包括资料准备和策划准备两个方面，具体又包括了解消费者、了解产品、了解竞争者及其产品、确定推销目标、制定推销策略 5 个方面。

（二）约见消费者

推销人员做好必要的准备和安排后，即可约见消费者。约见是推销的开始，约见能否成功是推销能否成功的先决条件。推销人员接近消费者时应讲究时间、地点、方式、方法方面的策略，在恰当的时间、恰当的地点与恰当的对象做一笔适当的交易。

（三）洽谈沟通

推销洽谈是推销人员向消费者传递信息并进行双向沟通的过程，也是推销人员运用各种方式、方法、手段与策略说服消费者购买的过程。

管理大师德鲁克曾经讲过一个故事：20 世纪 60 年代，美国一家润滑油企业的一名销售人员到南美洲一个著名的矿厂推销润滑油。这里的机器设备很多，每年需要大量的润滑油，因此世界上许多润滑油生产厂家都把它作为重点的目标消费者。为了应对竞争，美国企业的这名销售人员不得不把价格压得很低，并许下很多承诺，但矿厂老板仍不为所动。在一次次的失败之后，这名销售人员苦思冥想，终于发现了真相：老板根本不关心该问题！他需要的是机器设备能够正常运转！在发现了矿厂的根本需要之后，销售人员找到矿厂老板，对他说："我负责赔偿你的机器设备出现故障停工造成的各种损失。"矿厂老板颇感意外，但显然产生了极大的兴趣。销售人员接着说："条件是你要按照我提出的保养计划保养机器，并要使用我的润滑油……"不用说，这名销售人员成功了，他的成功归因于他将自己的身份由润滑油推销人员转换成机器设备的保养顾问！

（四）达成交易

达成交易是指消费者同意接受推销人员的建议，并做出购买行为。

交易环节要注意明确以下几个方面的内容：产品的种类，包括名称、牌号、商标、型号、规格等；产品质量，包括品质要求、技术、卫生标准、产品等级等；产品数量，包括成交总量及计量单位等；产品价格，包括基本价格、折扣率等；期限与方式，包括何时付款、现金与结算等；交货方式，包括送货、提货方式等；保证措施，包括损坏产品的返赔、质量问题的承担、维修等；其他，包括违反合同的索赔与处罚等。

（五）售后服务

达成交易并不意味着推销过程的结束，售后服务同样是推销工作的一项重要内容。对计算机、电视、空调等产品来说，售后服务是成交后的一项重要工作。

（六）跟踪反馈

推销人员每完成一项推销任务，都必须继续保持与消费者的联系，加强信息的收集与反馈。这样既有利于企业修订和完善营销决策、改进产品或服务，也有利于更好地满足消费者需求，争取更多的回头客。

四、人员推销的技巧

推销是一项综合艺术，需要推销人员融知识、天赋和才干于一身，需要推销人员在推销过程中根据不同的环境和不同的消费者灵活运用多种推销技巧。

（一）活动介绍

推销人员要大大方方地介绍自己的公司，介绍自己的名字，自信地说出拜访理由，让消费者感觉你很专业且可信赖；要向消费者介绍企业的情况和产品的优点、价格及服务方式等信息，及时解答和解决消费者提出的问题，消除消费者的疑虑，并且根据消费者的特点和反应及时调整策略及方法。推销人员在介绍时，还可以运用富兰克林式的表达，即向消费者说明，如果你买了我们的产品，能够得到的第一个好处是什么、第二个好处是什么、第三个好处是什么、第四个好处是什么……同时也向消费者说明，不买我们的产品，蒙受的第一个损失是什么、第二个损失是什么、第三个损失是什么、第四个损失是什么……这样，消费者在权衡利弊得失之后，就会做出选择。日本汽车推销之王奥城良治，想了整整100条消费者买他的汽车能够得到的好处和消费者不买他的汽车会蒙受的损失。这么用心和富有技巧的推销人员，他的销售业绩怎么会不高呢？

（二）善于倾听

推销人员要想更多地鼓励消费者参与，了解更多的信息，就要在善于提问的同时善于倾听。倾听不仅有助于了解消费者，而且也显示了对消费者的尊重。良好的倾听表现是：身体稍微前倾，保持虔诚的身体姿势，眼睛保持与消费者的视线接触（不时对视，但不是目不转睛），经常点头，表示在听；认真听消费者讲的话，把消费者所说的每一句话、每一个字都当作打开成功之门不可或缺的密码而决不放过，当然也要留意消费者没有讲的话；适当地做笔记，适时地提问，确保理解消费者的意思，并且思考消费者为什么这么说或为什么不这么说。如果能够有意识地从这些方面提高技巧，那么大多数消费者都会乐意讲话。

（三）换位思考

一般来说，消费者只关心自己的事，只关心自己能够从企业得到什么。因此，企业应当站在消费者的立场上去想问题。

（四）投其所好

每个人都有自己的爱好，而且都希望这种爱好得到别人的赞赏和认同。因此，推销人员应当积极发现消费者的兴趣和爱好，迎合他、欣赏他，尽量予以满足，做到投其所好。这样消费者会把你当成"知音"，双方之间的距离会拉近很多，甚至成为好朋友，这样接下来的说服工作就容易得多了。

（五）说服消费者要有恒心

《荀子·劝学》告诫我们："锲而舍之，朽木不折；锲而不舍，金石可镂。"有一个古老的故事，说的是一个人试图用锤子砸烂一块巨石。他锤了十几下，巨石纹丝不动。他又锤了几十下，巨石依然如故。他又连续锤了几百下，还是没有任何结果。但是这个人毫不灰心，仍然接着锤啊锤……突然，一锤砸下后，巨石一下就裂开了，碎成许多小块。 这则故事启发我们：做事要持之以恒，"只要功夫深，铁杵磨成针""滴水可以穿石"，说服消费者也是同样的道理。

延伸阅读　　　　　　　　　　**直播间主播的推销技巧**

　　直播间的受众主要是通过主播的解说来了解产品的，因此在直播中，主播应该为受众提供优质解说，如果受众听完感觉不错可能就会下单购买。例如，美妆产品主播需要讲解化妆技巧以及上妆时的感受，展示上妆后的效果，受众觉得满意了，就会下单购买。一场美妆产品直播就如一节美妆知识教学课，受众观看直播的过程也是积累知识的过程。在这个过程中，通过主播的解说，受众可以更加了解产品，同时能够获取相关的知识，进而选择更加适合自己的产品，如此会感到心情愉悦。

　　一个优秀的主播不但会客观讲述产品特性，还会通过自己试用、试穿、试吃等向受众传达全方位的感受，帮助受众找到适合自己的产品。如通过口红试色、家居用品使用体验、食品的试吃、服装的试穿等，主播清楚地表述自己使用产品的感受，以强化受众对产品的感知。例如，"唐不灵"是一个身材微胖的服饰类主播，她在直播带货中会首先展示一下自己真实的身材，然后试穿自己售卖的衣服，这样对和她有同样身材的粉丝就有很好的参考效果。

　　此外，主播通过描述产品的使用场景可以触发受众认为自己需要对应产品的思考。例如，在推销护肤产品的时候，主播可以循序渐进地引出问题：冬天到了，天气变得干燥了，再加上寒冷的空气，对皮肤的损害不可忽视；在冬天，我们需要注意保湿和保温，防止冻伤和皲裂；皮肤太干的话，很容易出现各种皮肤问题。今天推荐的这套产品，就是专门为了预防冬季皮肤问题而研制的。又如，在推销消毒液的时候，主播可以由远及近地引出问题：在回家的路上，您可能摸过了万人摸过的扶梯把手、扶过了万人扶过的地铁扶手、推开了万人推过的门，到家后，您手上已经沾满了细菌，仅仅靠清水冲洗是很难把细菌全部去除的，为了自己和家人的健康，您一定要使用消毒液对手部进行完全消毒。

　　另外，主播还要生动说明产品的价值及优点，如更管用、更高档、更温馨、更保险……给消费者以购买的理由，通过强调消费者得到的利益、好处来激发消费者的购买欲望。例如，在直播间推荐基金定投，如果直接讲基金定投的操作方式，可能关注的人并不多，但如果与受众谈谈"子女18岁上大学的时候，28岁婚嫁的时候，资金到底从哪里来"可能就会引发受众的兴趣。例如，男生和女生对化妆品的需求及关注点不一样，女生是为了变美，看这个产品能否达到保湿、遮瑕、美白等目的，所以主播在推荐时要强调产品的使用效果；而男生则更加关注品牌，他们对化妆品的认识和了解不及女性，所以在推荐说服过程中可以添加品牌的宗旨及品牌文化的介绍。

　　某知名演员刘×的直播间最大的创新点在于采用沉浸式、场景化直播模式，直播过程都围绕着刘×的厨房、客厅、卧室等场景展开，结合不同的生活场景来充分展现产品的使用价值。在刘×看来，厨房是做饭的地方，则适合介绍破壁机、烤箱、电饭煲、榨汁机等厨房电器；餐厅，适合介绍啤酒、即食小龙虾和各种食品；客厅，则适合介绍沙发、地毯、生活用品等。一次直播中，刘×在客厅介绍可以抽真空的衣物收纳袋，一边介绍使用方法和优惠价格，一边抚平收纳袋的褶皱。介绍完之后，她往沙发后面一靠，擦了擦脸上的汗，随后顺理成章地介绍起了擦汗用的纸巾。当然，这些巧妙的场景都是经过精心设计的。在开播前，团队会和刘×一起设计直播中推荐产品的顺序，如哪些产品可以连在一起卖、哪些需要增加现场互动和演示。

第三节　广告

一、广告的定义、分类、特点与作用

（一）广告的定义

广告一词源于拉丁语"adverture"，有"注意""诱导""大喊大叫"的意思。

广义的广告，指向公众告知某种事务，如招聘求职信息、各种通知等。

狭义的广告，指以促进销售为目的，以支出一定费用的方式，由广告承办单位通过广告媒体向大众传播产品或服务等有关信息的活动。

（二）广告的分类

根据广告的内容和目的，广告可分为告知性广告、劝说性广告、提醒式广告。

1. 告知性广告

告知性广告的目的是将信息告诉目标消费者，使之知晓并产生兴趣，从而产生初始需求。

2. 劝说性广告

当目标消费者已经对某种产品产生兴趣，但还没有形成对特定品牌的偏好时，告诉消费者该品牌产品优于其他品牌产品的独到之处，使消费者形成对本企业产品的特殊偏爱。劝说性广告的目的就在于促使消费者形成选择性需求，即购买本企业的产品。

3. 提醒式广告

提醒式广告的目的是唤起消费者对产品的记忆，提醒消费者可能他很快就会需要某种产品，并提醒消费者购买的品牌或地点。即使是在淡季，这种提醒也可以促使消费者记住这些产品，使产品保持较高的知名度。

（三）广告的特点

首先，广告是单向沟通。

其次，广告内容由于受企业控制而使公众信任度较低，理性消费者会认为广告是"王婆卖瓜，自卖自夸"。

再次，广告受限于媒体形式、费用，传递的信息量有限。

又次，广告的效果往往受资金、策划、创意、设计、制作、发布时间的制约。

最后，广告的效果往往不易测定。

（四）广告的作用

西方商人认为，推销产品而不做广告，犹如在黑暗中向恋人送秋波。

1．大范围地进行信息传播和造势

广告是大众传播的一种形式，它不但可以大范围地进行信息传播，触及广泛的公众，而且传播迅速、影响力大、易于造势，其发布的内容、媒体、时间等完全由出资人控制。

2．提高知名度

广告最简单的作用机制是通过经常性地重复品牌的名称，使之成为消费者耳熟能详、铭记在心的品牌名称。

例如，恒源祥的广告"恒——源——祥，羊羊羊"，简简单单的六个字，让无数消费者记住了恒源祥这个品牌，大大提高了恒源祥的品牌知名度。"羊羊羊"不仅让消费者产生了对羊和羊毛的联想，还让消费者记住了恒源祥是卖羊绒线、羊毛衫的。就这么一句简单的广告语，让恒源祥成了国人想忘也忘不了的品牌。

3．激励消费，促进购买

即使是消费者经常购买的特定产品，也存在被消费者忘却的可能性。广告可以防止消费者忘却品牌，使消费者对品牌印象常新。

4．提升公司的士气

国外研究表明，广告有助于塑造和改善公司形象。另外，公司做不做广告对员工的士气也有影响，公司做了广告，名气会变大，员工也会产生自豪感。

二、各种广告媒体的优缺点

广告媒体的类型有很多种，并且有其各自的优势和缺陷，在灵活性、视觉效果、传播范围及成本等方面均有差异。

（一）报纸广告

优点：传播范围广，报纸作为传播新闻的重要工具，男女老少均能接触，它广泛联系着城乡各个角落的消费者；传播速度快，可及时地传播信息；制作简单、灵活；传播信息比较详尽；对消费者地区的选择性强。

缺点：报纸的保留时间较短，形式相对单一，公众的注目率较低，感染力差；文盲或无读报习惯的消费者无法接收信息。

（二）杂志广告

优点：与报纸相比，杂志的专业性较强，一般有固定的读者群；对地区和消费者的选择性较强；保留时间相对较长；传阅率高；广告内容含量大，印刷精美。

缺点：杂志的受众范围有限；出版周期长，发布不及时，对在时效上要求紧迫的宣传和短期促销活动不太适用。

（三）广播广告

优点：传播速度快，覆盖面广，只要电波涉及的地方都可以收到；对消费者的地区和群体的选择性强；具有较高的灵活性，内容可长可短，形式多样；制作简便，收费低；发布及时。

缺点：时间短暂，稍纵即逝；没有形象效果，给听众的印象不如视觉媒介深刻和容易理解；听众的注意力通常都不容易集中，对信息遗忘率高，需要反复提醒。

（四）电视广告

优点：电视是现代广告媒体中最有生命力的媒体之一；电视广告传播迅速、播放及时、覆盖面广、选择性强、收视率高、影响力大；宣传手法灵活多样、艺术性强，可使广告形象、生动、逼真、感染力强。

缺点：信息时效短，无法保存；信息量相对较小；广告费用较高。

（五）户外广告

户外广告主要包括路牌广告、招贴广告、条幅广告、霓虹灯广告、灯箱广告、空中广告、球场广告、公共场所广告、建筑物广告、农村地区墙体广告等。

优点：展示寿命长；注目率高；费用较低。

缺点：信息量有限；表现形式单一。

（六）车身广告

优点：可接触的消费者范围广泛；制作简单、成本低。

缺点：接触时间短；针对性不强。

（七）店面广告

优点：可造势，渲染气氛；所展示的信息对消费者的影响直接；总成本低。

缺点：传播范围有限；受到零售终端的制约。

（八）礼品广告

优点：吸引力强；可保存，寿命长；形式灵活多样。

缺点：单位成本较高；覆盖范围有限；信息量有限。

企业可将企业名称及企业经营范围、产品项目等信息附在赠品（台历、挂历、办公日用品，甚至小玩具、家庭用品等）上，借助消费者每天都能看到赠品的手段来提高本企业的知名度。

（九）电梯广告

优点：有效到达率高，干扰少；可与目标消费者进行高频率的沟通。

缺点：传播成本较高；传播内容有限。

（十）网络广告

伴随着信息技术及移动互联网的发展，以搜索引擎、社交网络、微博、微信、微信公众号、各种新闻资讯类消费者端、视频网站等形式出现的网络广告媒体层出不穷。

网络广告指利用网站上的广告横幅、文本链接、多媒体等形式，在互联网上刊登或发布广告传递到互联网用户的一种高科技广告运作方式。

优点：传播迅速、传播范围广；观众基数大、目标对象明确；不受时间地点限制，方式灵活；反馈及时，互动性强；可以分类检索，针对性强等。

缺点：公信力弱。

例如，淘宝直播除了通过线下广告，如公交站牌、地铁通道广告、建筑物 LED 展示屏等进行活动相关内容、参与明星的预告宣传外，还会利用其官方微博、微信等社交平台进行扩散式传播。另外，淘宝直播曾多次联合优酷、爱奇艺、芒果 TV 等视频网站，北京卫视、湖南卫视等电视台制作节目并进行同步直播。

三、选择广告媒体应当考虑的因素

无论是传统媒体还是新媒体，各种广告媒体都有其各自的特点、优势和缺陷，在传播效果、传播面及传播成本等方面也有差异。选择广告媒体应当考虑以下因素。

（一）产品性质

不同的产品对广告传播效果的要求是不一样的。

科技含量高的产品需要对产品进行专业化的说明，可以采用邮寄信函或在专业期刊上刊登广告的方式。一般生活用品适合选用能够直接向大众传播信息的媒体，如广播、电视等。例如，服装广告的重点是显示衣服的样式、颜色，最好是在电视或杂志等表现效果好的媒体上用彩色画面做广告，以增强美感。

（二）消费者接触媒体的习惯

企业选择媒体时要考虑消费者的生活习惯，要在消费者经常接触的媒体上做广告。

对儿童用品的宣传，宜选择电视；对妇女用品的宣传，可选用妇女喜欢阅读的杂志或电视，也可在妇女用品商店布置橱窗或展销点。

此外，还要注意栏目或节目选择。例如，电视节目分为时事要闻、影视音乐、财经、卫生、教育、体育等，目标群体喜欢看什么节目，就应该在哪类节目里做广告。同时，还要注意选择恰当的广告时间，因为不同的时间段，观看的群体不一样，广告播放的时间要与目标消费者观看的时间段同步。

（三）媒体覆盖的区域

企业选择媒体时，要使媒体覆盖区域与企业的销售区域保持一致。如果前者大于后者，会浪费广告资源；如果后者大于前者，会影响产品销售量。此外，适合全国各地使用的产品，可选择在全国发行的报纸、杂志、广播、电视等作为广告媒体；属地方销售的产品，可通过地方性报纸、杂志、广播、电视、霓虹灯传播信息。而在任何区域销售的产品，则均可以通过互联网广告进行传播。

（四）媒体成本

不同的媒体有不同的广告价格，选择不同的广告媒体时应该认真核算成本，以获得尽可能大的效益。成本核算，最主要的是要核算预选的几种媒体的每千人成本。

例如，美宝莲是一个大众化的品牌，所以在覆盖面最广的电视媒体做广告，可以让更多的消费者知道。宝洁的目标消费者也大多是大众消费者，因此它花巨资在覆盖面最广的央视黄金时段投放广告的行为也就不难理解了。而薇姿和理肤泉因为是在药房销售，卡诗和欧莱雅专业美发是在发廊销售，兰蔻等高端品牌只有在高档商店才有，网点都不像美宝莲那么多，在这种情况下，做大规模的、昂贵的电视广告既不合适也不合算。

（五）广告的送达率、接触频率和展露效果

进行媒体选择时，企业还要考虑广告的送达率、接触频率和展露效果。

广告的送达率指在特定的时间段内，特定媒体发布一次广告最少能覆盖的个人或家庭的数量。

广告的接触频率指在特定的时间段内，平均每个人或家庭接触广告的次数。

广告的展露效果指广告在媒体上对受众展露的程度。

广告的送达率、接触频率越高，展露效果越好，受众对广告就越熟悉，对产品的了解程度也就越高。

企业除了可以做广告媒体宣传，还可以通过参加展销会、展览会、博览会、订货会等来提高企业的知名度，也可以通过体验店、体验馆、展销中心等为消费者提供体验机会，给消费者以真切感受，其效果不亚于广告。

四、广告设计的原则

（一）真实性与艺术性相结合

广告应当宣传真实而不是虚假的内容，且应当具有艺术性，要给人以艺术享受。

知识拓展　　　　**广告语、广告曲、广告诗**

（一）广告语

押韵、短小精悍、朗朗上口的广告语易于传播品牌和让人记忆品牌。

例如，花店广告："送几束鲜花给你爱的人，尤其不要忘了你的妻子"；餐馆广告："请来本店用餐吧！不然你我都要挨饿了"；空调广告："本品在世界各地的维修工是最寂寞、最无聊的"；新书广告："本书包括10个短篇小说，我熬了许多夜晚才写出来，现以10元钱奉献给读者，即一个短篇才要1元钱"；理发店广告："虽然只是毫发技艺，但却是顶上功夫"；眼药水广告："滴后请将眼球转动数次，以便药水布满全球"。

又如，娃哈哈果奶的"甜甜的，酸酸的，有营养，好味道"；乐百氏的"27层净化"；高露洁牙膏的"我们的目标是没有蛀牙"；农夫山泉的"农夫山泉有点甜"；金嗓子喉片的"保护嗓子，请选用金嗓子喉宝"；百事可乐的"新一代的选择"；李宁运动产品的"一切皆有可能"；等等。这些成功的广告语不仅在语句上编排得当，而且还传递了产品价值，在消费者心中留下了深刻的印象。

再如，"蔚来，来自未来"，很容易让人联想到产品的科技感和领先性；宝洁公司曾经针对头皮屑较多的消费者推出"海飞丝"洗发水，其所使用的"头屑去无踪，秀发更出众"的广告词，强调了该产品的特色和亮点，精准地锁定了有该需求的消费者。

（二）广告曲

音乐跨越了文字的壁垒，让传播更加通畅、更加感人。

脍炙人口的广告曲能加速品牌的传播——首先，朗朗上口的广告曲生动介绍了

产品及其特点，给消费者留下了深刻印象。其次，优美的旋律和歌词令人能够快速记忆，并在不损害原有风格的情况下传播；最后，简单趣味的歌曲形式吸引了众多消费者真正参与到品牌传播共创之中，有趣的内容让重复本身变得不那么乏味。

例如，妙可蓝多选择《两只老虎》这首家喻户晓的儿歌，将其改编成妙可蓝多的广告歌曲："妙可蓝多，妙可蓝多，奶酪棒，奶酪棒，高钙又营养，陪伴我成长，真美味，真美味。"然后选择聚焦火力，将广告片在各大城市的分众电梯媒体上高频次滚动，并在央视及省级卫视频道反复传播，快速实现消费者心智占领，成为奶酪行业最容易被想到的品牌。

提到洗脑神曲，自然少不了蜜雪冰城的"你爱我，我爱你，蜜雪冰城甜蜜蜜……"该曲取自一首传唱已久的美国乡村民谣，配上简单粗暴却朗朗上口的歌词，成为2021年最流行的歌曲之一。蜜雪冰城的主要消费群体是学生、年轻打工人，主攻我国的三四线城市等下沉市场。蜜雪冰城基于品牌调性和流量的考虑，选择以抖音、B站为主要宣传阵地。2021年6月3日，蜜雪冰城选择在B站的官方账号首次发布主题曲MV，凭借着简单好记的歌词、活泼轻快的旋律、可爱的动画形象，受到了大多数人的关注，引发了消费者的热情。

（三）广告诗

青岛啤酒使用过一首广告诗："青翠纷披景物芳，岛环万顷海天长。啤花泉水成佳酿，酒自清清味自芳。"每句诗首字组成"青岛啤酒"，语言形象，韵味十足。

（二）社会性

社会性即广告应当符合社会文化和道德规范的要求。

例如，有一个啤酒品牌在我国香港曾经做了个广告："爱尔兰人都爱喝"，广告中的爱尔兰人头戴绿色的帽子，这对爱尔兰人来说没有什么，但是对中国人来说可是一种人格侮辱。不用说，这个广告很失败。

（三）针对性

针对不同的产品、不同的目标市场，广告要有不同的内容，采取不同的表现手法。

例如，佳美香皂在我国做广告说"太太洗完后很漂亮"，用同样的手法在日本做广告却不成功，因为日本人一般不直接赞美自己的太太漂亮。

又如，牙膏一般都是宣传能够洁白牙齿，但是有的国家却以牙齿越黑为越美，越黑越有地位，有些人甚至故意吃槟榔使牙齿变黑。所以，在这个国家宣传牙膏的美白效果的方式就不适用了。

（四）促销性

广告追求的首先是它要能够引起消费者对某一品牌的注意，其次是它要能够引起消费者的兴趣，再次是它要能够刺激消费者对该品牌的需求，最后是它要能够促使消费者做出购买行为。

五、广告策略

分众传媒创始人江南春曾说：好的广告要表明你的产品优势点在什么地方，跟你的竞争者的差异点在什么地方，是否符合消费者的痛点。它必须是三点合一，就是"消费者认、销售用、对手恨"。

（一）直接陈述

直接陈述即说明产品的特点和功效，向消费者阐述产品的种种特性。

例如，力士润肤露的广告词是"全新力士润肤露有 3 种不同的滋润配方和香味，充分呵护不同性质的肌肤……白色力士润肤露含有天然杏仁油及丰富滋养成分，清香怡人，令肌肤柔美润泽，适合中性和油性肌肤"。这则广告简单明了，将产品的特性和由此产生的功效一一准确阐述了出来，可以使消费者对这种产品有全面的认识。

又如，宝洁公司飘柔洗发露的广告文案是与演示图一并出现的，画面左边的图片是干枯难梳的头发，梳子因为放在干枯、打结的头发上而无法向下滑；画面右边的图片是柔顺易梳的头发，梳子因为放在柔顺的头发上，已经滑到了头发的底端；画面的中间是由左往右的箭头。广告的文案是"柔顺易梳的秘密，尽在新一代飘柔。它的领先滋润配方，让秀发体验意想不到的柔顺易梳的感受。全新自信，从头开始"。

（二）引用数据

引用数据可以令消费者对产品产生更具体的认知，因为翔实的数据远比空洞的、概念化的陈述更有力量。

例如，瑞士欧米茄手表的广告文案是这样的："全新欧米茄蝶飞手动上链机械表，备有18K 金或不锈钢型号；瑞士生产，始于 1848 年；机芯仅 2.5 毫米薄，内里镶有 17 颗宝石，配上比黄金还贵 20 倍的铑金属，价值非凡，浑然天成。"这样精确的描述，能使消费者对产品有更细致的了解，这里面的每个数字都使这则广告更具说服力。

（三）对比

对比是传达信息的重要方法。对比的基本思路是选择消费者熟悉的、与产品有相似或者相反特性的事物同产品特性并列呈现，突出产品的特点，从而准确点出最重要的事实。

例如，宝洁公司的电视广告最常用的典型方法有两个。一是"专家法"：首先，宝洁会指出观看者面临的问题以吸引观看者的注意；接着，便有一个权威的专家来告诉观看者有个解决的方案，那就是用宝洁产品；最后，观看者听从专家的建议，问题就得到了解决。二是"比较法"：宝洁将自己的产品与竞争者的产品相比，通过电视画面的"效果图"，观看者能很清楚地看出宝洁产品的优越性。

营销专家路长全先生讲过这样一个案例：沃尔沃卡车刚进入中国市场的时候，连续几年都卖不出去。这对于这个称雄全球市场的汽车品牌来说，无疑十分尴尬。后来有营销专家提示他们，沃尔沃卡车太贵，昂贵得让中国的个体运输户望而生畏！这下，他们如梦初醒，立即将广告语改为"沃尔沃卡车提供了一流的挣钱方案"，还将沃尔沃卡车和其他品牌的低价格卡车加以对比，并且帮目标消费者算账——买一款其他品牌的低价格卡车，初期投入是多少，一年的维护费用、使用费用是多少，每天能拉多少货、跑多少里程、挣多少钱，几年之后这辆车一共能带来多少收益，投入产出比是多少；相反，如果多花一些钱买一款沃尔沃卡车，尽管初期投入大一些，但它们载货量大、维护费用少，几年下来一共能带来多少收益，投入产出比是多少。通过这样的对比，消费者该如何选择就显而易见了。这个案例告诉我们：

要善于挖掘产品的功能、效用，并且通过恰当的对比引起目标消费者或者潜在消费者的注意，这样才能够有效地吸引消费者以促使其做出购买行为。

（四）以新颖取胜

构思要新颖，形式要不断创新。

例如，美国一家食品公司在底特律汽车城，竖起了高约 25 米、长约 30 米的巨型"面包"广告牌。当人们走近它时，不仅能听到轻音乐和介绍面包的声音，还能闻到一股"神奇混合面包"的香味，食欲立刻就被激发起来了。这家公司的面包销量因此陡增。

又如，纽约有位年轻人在闹市区开了家店，满怀信心地做起保险柜的买卖。但是，该店生意惨淡，成千上万的人从店前走过，却很少有人留意店里琳琅满目的保险柜。年轻人看着川流不息的人群，终于想出一个办法。第二天，他从警察局借来正在被通缉的罪犯的照片，把它放大好几倍贴在店铺的玻璃上，并且在照片下面附上一张通缉令。很快，来来去去的行人被照片吸引，纷纷驻足观看。人们看到罪犯的照片，产生了一种恐惧感，本来不想买保险柜的人也想买了，年轻人店里的生意好起来了。不仅如此，年轻人在店里贴的照片使警察局得到了价值非凡的线索，顺利缉拿了罪犯，年轻人受到警察局的表彰，媒体也对其做了大量的报道。这个年轻人毫不谦虚地把奖状、报纸一并贴到店铺的玻璃上，生意自然更加红火。

再如，新锐服装品牌蕉内的 TVC 广告《凉皮之夏》，让王一博在大漠开凉皮铺。这个广告巧妙地利用了品牌防晒产品与国民小吃的谐音梗，悄悄地给大众定下了心理锚点。通过突出"入口的凉皮"与"上身的凉皮"两者清凉透气、夏日必备的共同特点，激发消费者的感知记忆，从而将蕉内凉皮系列产品"凉感防晒"的亮点融入观众的心智。

（五）以利诱人

例如，瓜子二手车宣称"没有中间商赚差价"，意味着车主可以花更低的价格买到质量相同的车。

又如，美国西南航空公司曾做过一次"省钱"广告。美国西南航空公司是美国赢利最多、定价最低的航空公司，它以低于竞争者的价格扩大市场。因此，其竞争者通过刻画"登上西南航空公司飞机的乘客须掩上面颊"的形象，来嘲笑西南航空公司的定价有损乘客的形象。作为回应，西南航空公司的总裁亲自出演广告，他手举一只大口袋，大声地说："如果您认为乘坐西南航空公司的飞机让您尴尬，我给您这个口袋蒙住头；如果您并不觉得尴尬，就用这个口袋装您省下的钱。"广告中随即出现大量的钞票纷纷落入口袋，直至装满的画面。这则广告让消费者清楚地看到了西南航空公司提供的利益所在和服务优势——省钱！因此，广告播出后吸引了许多对价格敏感的乘客的关注。

（六）以情感人

广告要能以情感人，唤起消费者美好的联想，给消费者以美的享受。

例如，强生护肤霜、护肤膏等系列护肤品在上海销售时，打出了这样一则广告："除了妈妈以外，最爱护我的是强生"。

德芙巧克力在进行一系列广告策划设计的过程中，通过情境设置展现了其独特的丝滑口感及人们在吃巧克力的过程中的美好享受，为整个场景中融入了更多的情感，如爱人、朋友和家人的温暖等。各种元素充分融入其中，让消费者在观看的过程中感受到了情感的丰富及味觉的美妙。这些不仅帮助消费者充实了他们的生活，同时还为消费者带来一种情感上的满足。

泰康人寿曾连续 3 年在首都机场全部廊桥发布 1000 多块广告，累计消费者上亿人次，加深了公众对泰康人寿及所倡导的现代"新生活"的理解。"真情爱家，国泰民康"的广告赢得了公众的共鸣。此后，泰康人寿再次在机场发布悬挂式看板广告，广告直面人流，视觉冲击力强，"一张保单保全家"的口号深入人心，公众反响强烈。后来，泰康人寿在央视黄金时段发布了持续全年的"幸福时光"新版广告，激发了大众对幸福的思考和渴望。广告语"一张保单，一辈子的幸福"表达了让人们过上有保障而无忧虑的幸福生活的美好愿望。

由于公众信任度较低，广告易引起消费者的逆反心理，所以要求企业做的广告要减少功利色彩，多做一些公益广告，这样才能够博得消费者的好感。

例如，美国贝尔电话公司的电视广告也非常让人心醉。傍晚，一对老夫妇正在用餐，电话铃响了，老夫人去接。回来后，老先生问："谁的电话？"老夫人答："是女儿打来的。"老先生又问："有什么事？"老夫人答："没事。"老先生惊奇地问："没事？隔着几千公里打来电话？"老夫人哽咽着说："她说她爱我们。"两位老人相视无言，激动不已。此时旁白："用电话传递您的爱吧！"简单的几句广告语就给人们营造了一个如此温馨的氛围，把亲情的美好渲染得淋漓尽致。

（七）重视宣传企业的形象与特色

广告要宣传企业的形象与特色，帮助消费者认识企业，增强消费者对企业的信心与兴趣。

例如，厦门航空有限公司"人生路漫漫，白鹭常相伴"的广告语，不但简单易记，朗朗上口，而且以"白鹭"来指代厦门航空有限公司，起到了画龙点睛的作用。此外，厦门航空有限公司的白鹭徽标设计也让人记忆深刻。

夏威夷是著名的度假海岛，它别出心裁地提出"夏威夷是微笑的群岛"的广告口号，同时印刷了大量的招贴画，画面背景是灿烂的阳光、连绵的沙滩、湛蓝的海水，而占据画面主要位置的是一位美丽、天真、笑容满面、脖子上戴着花环的夏威夷少女，如此画面，不能不令人神往。

（八）名人广告

名人广告即在广告中聘请名人出演广告，这是企业常用的广告手段。

名人知名度高，拥有一大批崇拜者，影响力强，稍加宣传，就可使产品具有难以抵挡的吸引力。企业借助名人的名气和光环效应，可以迅速拉近与消费者之间的距离，带动崇拜名人的消费者对企业产品产生兴趣和信任。

例如，某运动品牌公司请著名的职业篮球明星乔丹在亚洲做广告，吸引了无数崇拜乔丹的亚洲球迷争相购买该公司的运动鞋。

又如，联想公司在其世界杯的广告中，选择巴西球星罗纳尔多作为形象代言人，提高了联想公司在全球的知名度。

案例	郎朗代言招商银行

招商银行与世界著名钢琴表演艺术家郎朗签订了"因您而变"品牌代言协议。郎朗代言的招商银行产品包括一卡通、信用卡及金葵花等。众所周知，郎朗出生在中国，但享誉世界，国际认同度非常高。另外，郎朗年轻富有活力，其演奏风格充满激情，与招商银行创新、领先的品牌个性相吻合。同时，郎朗作为联合国儿童基金会国际亲善大使，符合银行一直提倡的"社会责任"理念。郎朗的音乐才华与其热情奔放的表演形式相得益彰，使他成为成功的诠释者和年轻人心中的偶像，他的成名与成功是天才、勤奋与机遇的完美结合。也正是这种价值取向，让郎朗成为适合招商银行的品牌代言人。

但是，名人广告、名人代言是一把"双刃剑"，具有一定的风险性。如果产品与名人之间没有什么关联，在消费者心中建立不起紧密的联系，那么名人名气再大也不能实现有效传播。另外，如果名人做的广告代言过多，就会产生"稀释效应"，很难在消费者心中留下深刻印象，甚至会使消费者将产品相互混淆。当然，还有一个问题就是，有些名人是非多、绯闻多，可能导致"一荣俱荣，一损俱损""成也萧何，败也萧何"的结果，如果该名人名声日降，也将拖累产品的形象。

因此，企业使用名人代言广告时，要注意以下两点：第一，一定要考虑其与自己的定位是否一致或吻合，只有名人个性与品牌一致，其影响才能得到有效强化；第二，应注重名人自身的形象、亲和力、可信度、专业度、受欢迎程度等因素，名人的美誉度越高，其可信度就越高。

（九）植入式广告

植入式广告指企业将产品或品牌及其代表性的视觉符号甚至服务内容等，策略性地融入电影、电视剧或电视节目、报纸、杂志、网络游戏、手机短信，甚至小说之中，让消费者在不知不觉中对品牌或产品留下印象，继而达到营销目的。

在国外，植入式广告早已成熟。据统计，目前美国电影平均 30 分钟就会提供给观众一些植入式广告。相关的调查数据显示，美国电视剧有 75%的收益来源于植入式广告。

在国内，影视植入式广告在 20 世纪 90 年代初露端倪。例如，《编辑部的故事》不仅捧红了葛优、吕丽萍等一批演员，而且剧中的道具百龙矿泉壶一时间也是童叟皆知。成功的植入式广告，不仅不会影响观赏效果，还能在潜移默化间使制作方、品牌方实现双赢。又如，唯品会对电视剧《欢乐颂》进行了赞助，《欢乐颂》中 5 个主角的衣服大多是唯品会上出售的，消费者常常会去唯品会 App 搜同款，唯品会就把所有同款放进一个分类以便消费者购买。

（十）形象广告与公益广告

形象广告、公益广告是两种非商业性质的广告。

形象广告是以展示企业的精神风貌，树立品牌美好形象为目标的广告。

例如，某公司 2020 年春节的营销主题"新年不承让"既紧扣了新年这一时间节点，又表达了该公司的品牌精神。这个主题，帮助该公司在一大票同质化的春节营销里脱颖而出。

到了 2021 年，该公司又做了一个营销主题，叫作"心决事成"。过去，我们表达春节祝福时都会说"心想事成"。但是耐克说，光想是不够的，你必须下定决心去做，去行动起来，你才能事成，与"尽量去做"相符。

公益广告是品牌为社会公众利益服务的非商业性广告，是体现品牌对社会、对环境关爱的一种最有效的表达方式，可以提升品牌的形象。

六、广告效果评估

广告效果是指广告发布以后对受众所产生的影响。广告效果包括广告的传播效果、销售效果和社会效果 3 个方面。

（一）传播效果

广告的传播效果是指受众人数、受众对广告的印象及广告引起的心理效应。它并非直接以销售情况作为评估广告效果的依据，而是表现为受众对广告的注意程度、理解程度、记忆程度和反应程度。例如，受众对广告的注意程度越高，则表明广告信息传播效果越好；受众对广告的反应越强烈，则表明广告信息的传播效果越好。

（二）销售效果

销售效果即以销售情况直接评估广告的效果，但这种评估方法并不十分全面。这是因为销售增长除了受广告影响，还受其他众多因素的影响。这些因素既有产品本身的，也有来自外部的，而且这些因素的影响很难被一一分辨清楚。因此我们必须多方面考虑，才能公平而精确地评估出广告的真正效果。

（三）社会效果

广告不但要追求最佳的经济效果，而且要注重其社会效果。

第四节　公共关系

一、公共关系的概念

"公共关系"简称"公关"，又称公众关系，英文是"public relations"，缩写为 PR，是指企业采用各种交际技巧、公关宣传、公关赞助等形式来加强与社会公众沟通的一种活动。其目的是树立或维护企业的良好形象，建立或改善企业与社会公众的关系，控制和改变对企业不利的舆论，并且引导各种舆论朝着有利于企业的方向发展。

与广告相比，公共关系更客观、更可信，对消费者的影响更深远。如果企业的形象在消费者心目中较好，消费者会谅解企业的个别失误；如果企业原有的形象不佳，则任何细微的失误也会造成很坏的影响。因此，企业的形象被称为消费者感知服务质量的过滤器，企业必须树立和维护良好的公共形象。

二、公共关系的类型

公共关系的类型有服务性公关、公益性公关、宣传性公关、联谊性公关、名人公关、危机公关等。

（一）服务性公关

服务性公关是指企业向社会公众提供各类附加服务和优质服务，其目的是提高企业的知名度和美誉度，有利于获得消费者的好感。

例如，百货大楼派专车请农民进城购物、公交公司设"乘客意见奖"等。

在宝岛眼镜店，消费者总是可以享受免费用超声波清洗眼镜的服务，并且能学习到很多关于清洗和使用眼镜的小知识。这大大提高了消费者对宝岛眼镜的好感度，很多消费者也因此成为宝岛眼镜的消费者。本着"把视力健康带给每一双眼睛"的宗旨，宝岛眼镜走进高校，宣传眼科知识、普及用眼常识，并进行视力免费大普查，从而吸引了众多大学生消费者。

竞争是企业发展的动力，竞争者可谓无处不在、无时不有。但在竞争中，双方不要损人利己，要对事不对人，如果竞争双方相互拆台、相互中伤，最终只能两败俱伤，所以要"以和为贵，和气生财"。

例如，在美国纽约梅西公司的店堂里，有一个小小的咨询服务亭。如果消费者在梅瑞公司没有买到自己想要的产品，那么消费者可以去那个服务亭询问，里面的工作人员会指引消费者去另一家有这种产品的商店，即把消费者介绍到自己的竞争者那里。这种一反常态的做法收到了意想不到的效果——既获得了广大消费者的普遍好感，招徕了更多的消费者，又向竞争者表示了友好和亲善，从而改善了竞争环境。

（二）公益性公关

公益性公关是指企业举办各种公益性、赞助性活动，支持文化、教育、体育、卫生、社区福利事业，或参与国家、社区重大社会活动等形式，来塑造企业的社会形象，提高企业的社会知名度和美誉度，赢得消费者的信任和好感。

例如，招商银行曾经发起过"爱心漂流瓶"的活动，即微信消费者可以使用漂流瓶的功能来获取招商银行发出的漂流瓶，通过回复来获得积分，从而为患有孤独症的儿童提供相应的资助。活动期间，消费者每捞10次漂流瓶基本上就有1次能捞到招商银行的爱心漂流瓶，由此消费者的参与度非常高。招商银行的"爱心漂流瓶"活动提升了企业的公益形象。

又如，春节前后，网购使包裹量猛增，民营快递公司进入了"春节模式"，或放慢投递脚步，或服务网点停止收件。而中国邮政广大员工365天坚守岗位，用心服务每一天，确保全年邮政通信的畅通。节日无休、春节不打烊，为消费者提供正常的收寄服务，已经成为邮政员工工作的常态。每逢节假日，遍布全国的邮政网点照样开门营业；身披绿衣的邮递员在大年三十、新年第一天仍然坚守岗位，将邮件捎上浓浓的新春祝福送给阖家团圆的人们。各级邮政网点都在利用邮政主渠道优势，合理调配人力、运力资源，做到"不休网、不拒收、不积压"，全力保障消费者春节前和春节期间的寄递需求。中国邮政，春节无休，服务不停，有担当，有情怀，赢得了消费者的赞誉，树立了良好的形象。

赞助活动是通过免费提供资金、产品、设备、设施、服务等形式来传播品牌形象的活动。赞助活动有助于树立品牌热心社会公益事业、有高度的社会责任感等形象，有利于赢得人们的信任和好感。

例如，妙可蓝多赞助的活动形式多样，覆盖了综艺、节日活动、体育赛事、电影节等。

《偶像练习生》第二季，妙可蓝多作为该综艺的官方赞助商之一，为选手们提供饮料和零食；2018 年"中国女排粉丝节"，妙可蓝多作为该活动的赞助商之一，为现场观众提供饮料和礼品；2019 年上海国际马拉松，妙可蓝多作为赛事的官方饮料赞助商之一，为选手们提供饮料；《名人大侦探》第五季，妙可蓝多作为该综艺的官方赞助商之一，为选手们提供饮料和零食；2020 年 KPL 春季赛，妙可蓝多作为该赛事的官方饮料赞助商之一，为选手和现场观众提供饮料和礼品；2020 年北京国际电影节，妙可蓝多作为该活动的官方赞助商之一，为现场观众提供饮料和礼品。

（三）宣传性公关

宣传性公关是指企业利用各种宣传途径、宣传方式向大众宣传自己，其目的也是提高企业的知名度和美誉度。

企业可举办新技术或新产品介绍会、博览会和研讨会，也可举办各种招待会、聚餐会、晚会、游园和纪念活动，还可冠名各类研讨会、演讲会、论坛、高峰会、博览会、晚会等，通过这些活动吸引媒体关注，引导媒体主动宣传。这种宣传具有较高的可信度，容易为消费者所接受。此外，企业的重大纪念活动也是宣传品牌的绝佳机会。企业可以充分利用各种形式，将企业发展历史、庆典活动等制成录像、照片或光盘加以宣传，从而起到树立品牌形象、提高品牌知名度和美誉度的作用。

回顾全球大型公司成功塑造品牌形象的过程可以发现，它们最初的品牌形象的成功塑造都得益于媒体有利于自身品牌形象的宣传报道。这一规律在高科技领域表现得尤为明显。例如，微软、戴尔、康柏及思科等公司，最初都是通过在《商业周刊》《财富》等媒体上进行公关宣传而起步的。

案例　　　　　　三棵树加码冬奥战略，助力品牌升级

2022 年北京冬奥会是世界竞技体育的最高舞台，也是品牌形象展示的优质平台，这对于三棵树也是一次机遇。

在北京冬奥会"绿色、共享、开放、廉洁"的办赛理念中，"绿色"被排在第一位，而表层涂料是控制竞赛场馆有害气体排放的关键一环。三棵树作为 2022 年北京冬奥会和冬残奥会官方涂料独家供应商，以"中国时刻一起出色"的信念，积极响应绿色办奥理念，参与北京冬奥工程项目的建设。

为了将绿色环保与体育精神相结合，三棵树打造了涂料、保温、防水、地坪、辅材、施工"六位一体"的绿色建材一站式集成系统。在国家跳台滑雪中心"雪如意"建设中，三棵树针对场馆高寒特点制定的解决方案，达到了"全线净味"的效果。

三棵树先后签约平昌冬奥会首金获得者、短道速滑世界冠军武大靖和自由式滑雪世界冠军谷爱凌为其品牌代言人。接着又与素有夺金传统的中国短道速滑队签订合作协议，为全体队员定制了特别款的比赛头盔：图案自主设计，并喷涂具有绿色环保、低 VOC、光亮平滑特质的自主研发水性双组份聚氨酯工业涂料，同时采用特殊表面添加材料，以降低风阻。

在北京冬奥会倒计时 100 天之际，三棵树推出"凯旋装""决胜装""励志装"3

种纪念款产品，与消费者共同为运动员送上祝福，并启动"出色冰雪季，冠军品质家"主题直播促销活动，通过赠送限量冬奥纪念金章、短道速滑国家队纪念头盔，在消费者心目中加深"奥运品质"的烙印。从顶级赛事到冠军代言、金牌团队，三棵树用具有科技含量的产品和方案，传递出"绿色生活"的健康理念，让消费者通过冬奥与品牌产生广泛的情感共鸣。

此外，企业还可以通过接待消费者参观企业，或者实行开放日、参观日、纪念日等措施欢迎消费者参观，向消费者展示新的产品或服务项目，使消费者有机会更深入地了解企业。

延伸阅读

记者招待会

记者招待会又称新闻发布会，是企业为公布重大新闻或解释重要方针或策略而邀请新闻记者参加的一种公共关系专题活动。记者招待会是一种两级传播活动：企业将信息告知记者，再通过记者所属的大众传播媒体告知公众。它是企业传播信息、吸引新闻媒体客观报道、维护企业与媒体关系的行之有效的途径和手段。记者招待会一般具有以下特点：比较正规、隆重，规格比较高；记者可以就自己感兴趣的方面或所看重的角度进行提问，以便更深入地发掘消息；在深度和广度上，比其他新闻发布更具优越性；所耗费的成本比较高；对发言人和主持人的素质要求比较高。

展览会

展览会是一种以实物、文字说明、图片、模型、幻灯片、录像等形式展示企业成果，树立企业形象的公共关系宣传活动。展览会有如下特点：直观性，展览会是一种非常直观、形象的传播方式，它把实物直接展示在公众面前，给人以真实、观之有物的感受；复合性，展览会是一种复合性的传播方式，通常会同时综合运用多种媒体手段进行交叉混合传播，往往以实物展出为主，配以文字宣传资料、图片、幻灯片等，再加上动人的解说、优美的音乐、生动的造型艺术，具有很强的渲染力和吸引力；新闻性，展览会是一种综合性的大型活动，除了本身就能进行自我宣传，往往还能够成为新闻媒体追逐的对象，成为新闻报道的题材。通过新闻媒体的报道，展览会的宣传效应将大大提升。成功举办展览活动可以达到吸引公众的注意力和兴趣、实现企业与公众的双向沟通、有效展示企业形象的目的。

庆典活动

庆典活动是企业为庆祝某一重大事件而举行的一种公共关系专题活动。庆典活动的目的在于联络公众、广交朋友、增进友谊、扩大影响。庆典活动的类型有开幕典礼、周年纪念日活动、其他纪念日活动等。例如，2021年端午节期间，"五芳斋"为庆祝品牌100周年，在上海等地的地铁口投放大屏海报，覆盖面广且瞄准消费者营造了节日氛围。"五芳斋"还携其粽子制作技艺参加进博会，向世界展示文化魅力，展示国际化的品牌形象。其入驻的"有间国潮馆"主题快闪店、与王者荣耀联名的沉浸式峡谷主题快闪店配合线上的直播带货，线上线下两面开花，构建起多元化的传播链条。

（四）联谊性公关

联谊性公关是企业以实现一定的合作目标为宗旨，为了增进了解、加深感情、促进信息沟通和感情交流而开展的一种公共关系专题活动。

联谊性公关若按从低级到高级的运动发展规律来分析，一般可分为以下3个层次。

（1）感情型，即以联络感情为主要内容的活动。其形式主要有互致信函、互赠纪念品、出席庆祝活动等。这类活动以建立初步的良好形象，为以后的联络奠定较好的感情基础为目的。

（2）信息型，即以互相沟通信息为主要内容的活动。其形式为双方就所掌握的有关信息进行交流，如技术信息、合作信息、市场信息、产品信息、竞争信息等。这类活动能使各方建立合作伙伴关系，并共同获益。

（3）合作型，即以经济合作为主要内容的活动。这类活动是一种高层次的活动，是联谊性公关成果的最终体现，也是一种最具实质性的联谊性公关。

延伸阅读　　　　　　　　　　**宴请活动**

宴请活动是指企业为了庆祝一些值得纪念的日子、表彰庆功、答谢合作者支持等而举行的各种形式的宴会。

宴请活动根据不同的目的，主要可以分为以下几种不同的类型。

正式宴会，规格较高，要安排座次，席间有致辞、祝酒。

冷餐会，既以冷食为主，也可用热菜，客人可自由活动、自取食物。

酒会，也称鸡尾酒会或招待会，即以酒水为主，略备小吃，不设座椅，仅设小桌，客人可以随意走动，形式活泼，便于广泛接触或交谈。

茶会，即请客人品茶交谈，设茶几、座椅，不排座次，对茶叶、茶具有所讲究。

（五）名人公关

企业可以邀请名人参与相关的活动以产生"名人效应"，扩大市场影响。

例如，大学聘请著名作家、著名导演分别担任文学院和影视学院的院长，电影制作与拍摄邀请知名导演、知名演员参加，电视台邀请知名人士担任电视节目的主持人等都属于名人公关。

随着网络信息化和产业升级进程的加快，微博、微信等社交媒体的出现也为旅游服务机构的促销提供了丰富的手段。例如，旅行社邀请"旅游达人""旅游意见领袖"等参加不同主题的旅游路线，试玩后鼓励他们将旅游中的见闻及建议等以视频、漫画的形式创作成软文，发布在自己的微博和微信公众号上，借助他们的知名度，吸引消费者对旅行社的关注。

（六）危机公关

一旦危机来临，企业就必须迅速启动应急计划并开展危机公关。

首先，成立危机管理小组。危机不等人，企业要迅速建立危机管理小组，制订或审核危机处理方案及其方针和工作程序，尽快控制形势。危机管理小组应以企业决策层为中心，并吸收部分公关专家、技术专家和新闻宣传专业人士。小组成员的选择不仅应考虑其个人素质和才能，如视野开阔、处事冷静、决策迅速、表达清楚，还要考虑他们个人在组织中的地位、身份，以及他们对企业和企业所在行业与环境的了解程度。

其次，确定新闻发言人，尽快传递企业消息，妥善处理企业与舆论界的关系。

再次，尽快调查并公布事件真相，澄清事实。危机发生之后，企业应迅速抢救受害公众，降低危机影响程度，并在将最新情况告知公众的同时，尽快查明危机根源。如果是企业自身的原因，企业应勇于承担责任，向公众道歉；如果是其他因素所致，企业也应将事实告知公众，以减轻企业自身的压力。此时，邀请权威技术机构介入，对危机事件的真相进行调查与论证，能提高信息的可信度，对于减少谣传、寻求媒体与公众的理解尤其有好处。

最后，提出危机的解决方案和补偿方案，亡羊补牢。

第五节　销售促进

销售促进又叫营业推广，是指企业运用各种短期诱因，鼓励消费者和分销商购买、分销企业的产品的促销活动。

一、销售促进的特点

（一）即期效果显著

销售促进运用利益刺激的促销方法，会使消费者产生机不可失的感觉，进而迅速采取购买行动。因此，一般来说，企业只要选择合理的销售促进方式，就会很快收到成效，而不会像广告和公共关系那样需要经历很长一段时间才能奏效。

（二）非降价策略

销售促进的激励措施是以特定的产品为对象，由于时间、事件等而暂时改变了产品的相对价格，如采取价格优惠活动等。一旦时间过去或事件结束，产品的价格就会恢复到正常水平。

二、销售促进的形式

销售促进的形式主要有 3 类，即以消费者、分销商、推销人员为促销对象。

（一）针对消费者的销售促进形式

针对消费者的销售促进形式有非价格促销与价格促销两种。

1. 非价格促销

非价格促销，指不以价格手段来达到销售促进的目的，如免费试用、免费服务、奖金或奖品、买赠与满赠等。

（1）免费试用

为打消消费者对产品质量的顾虑或产品所能带来的利益的怀疑，企业可以采取免费试用的方式，促使消费者下定决心购买产品。

免费试用是敦促潜在消费者购买或使用一种产品的最有效的手段，是让潜在消费者迅速认同并且使用产品的最有效的方式。在买方市场中，"上帝"变得精明、挑剔，这种免费试用其实是"欲擒故纵，先予后取"。

例如，中法合资上海达能公司为吸引长期消费者而向上海市民馈赠了 10 万瓶达能酸奶。许多市民品尝后，感觉不错便长期购买。

当然，免费试用是成本最高的促销手段。因此，这种方法一般用在一种全新的名气不大，需要且值得花一些代价去促销的产品上；或者是确信一种产品有轻易被接受和认同的优势，只要消费者试用就会产生购买意向。否则，如果试用的产品在性能上与其他同类产品并没有明显的区别，或者其本身品质一般，那么采取免费试用的促销方式不仅可能会徒劳无功，还可能会白白耗费资金。

（2）免费服务

免费服务指企业为消费者提供无须付费的服务，目的是使消费者对企业的其他产品或服务产生购买兴趣。

例如，电器商店为购买者提供免费送货上门、免费安装、免费调试，皮革行除免费为消费者保修服务外，还免费为消费者在夏季收藏皮夹克，从而吸引了对服务要求甚高的消费者前往购买。

又如，酒楼看准每年有 5 万对新人办婚礼的市场，而竞相推出免费服务——有的免费代送宾客，有的免费提供新婚礼服、化妆品、花车及结婚蛋糕……谁的免费服务招数高，谁的生意就兴隆！

（3）奖金或奖品

奖金或奖品指向消费者赠送与所购买的产品相关联的奖金或礼品的活动，其目的也是使消费者对企业的其他产品或服务产生购买兴趣。

例如，商家许诺消费者每次购买都可获得若干积分，积分累计到一定数额就可以兑换奖品；或消费者可收集赠品印花——消费者每次购买时，商家会给予其一张印花，集满若干张后可兑换某些产品。有家餐厅将消费者每次用餐的账目记录在案，餐厅将纯利的 10%，按消费者总账目金额的一定比例向消费者发放奖金。这项"利润共享"的奖励措施提升了消费者的忠诚度，使得餐厅经常消费者盈门。

又如，消费者收集若干个饮料瓶盖，或积累一整套标志，即可兑换一定数量的现金或产品，企业正是借此鼓励消费者购买该种饮料。口香糖刚问世时，销路不畅，后来企业规定消费者收集一定数量的口香糖糖纸就可以换得一个小礼品，从而打开了市场。

另外，还有一种"自动给付"的兑现形式，即消费者购买一种产品后可以自动享受以优惠的价格购买另一种产品的权利。由于这个优惠价格一般等于批量采购的进货价格，因此提供这一优惠时，商家无须为此多付出任何代价。

（4）买赠与满赠

买赠即购买就赠送，指商家为所销售的产品设定一个价格，同时赠送其他产品或者服务等，目的也是使消费者对产品产生购买兴趣。

例如，城市绿洲图书专营店为实付满 388 元的前 30 名消费者送价值 128 元的枕头书礼盒，提高了直播间图书销量。又如，刘××向粉丝专属发放福利，购买 49 元的《富爸爸财商伴我成长》即赠送价值 198 元的"小白财商课"在线课程及财商记账本，刺激潜在消费者形成物超所值的心理。

满赠有两种常见的形式：一种是"满××元，送××赠品"，如航空公司推出"里程奖励"活动,对乘坐航空公司班机的乘客进行里程累计,当累积到一定公里数时,就奖励若干里程的免费机票等。另一种是"满××元,加××元赠送××赠品"。当选择第二种满赠方式时,额外添加的金额必须是消费者可以"忽略"的,可设置为不超出支付产品的 10%的价位,否则容易让消费者产生不值得的感觉,从而打消购买的念头。

选择赠品的注意事项为:不要选择次品、劣质品作为赠品;要选择消费者需要的赠品,如果赠品是消费者用不着的,那么这件赠品也就没有任何吸引力;提供的赠品需要有足够的价值,否则无法吸引消费者;赠品必须比销量最好的竞争者的赠品的价值高;在危机公关等情况下,也可考虑不计成本的赠品活动以挽回企业形象。

2. 价格促销

价格促销指采用价格刺激手段来达到销售促进的目的的形式,如价格折扣、以旧换新折扣、优惠券、特价等。

（1）价格折扣

价格折扣指企业为了鼓励消费者提早付款、大量消费,或鼓励需求低谷时的消费,或鼓励消费者接受相关功能而采取酌情降低价格的策略。

常见的价格折扣形式有现金折扣、数量折扣、季节时点折扣等。

① 现金折扣

现金折扣是对即时付账的消费者给予的价格减让。例如,本来消费者可以在 30 天内付清货款,如果消费者当天便能付清货款,企业就会给予消费者 2%的折扣。

② 数量折扣

数量折扣是给予进行了大量消费的消费者的价格减让,包括累计数量折扣和一次性数量折扣两种形式。

累计数量折扣即规定消费者在一定时间内购买产品若达到一定数量或金额,则按总量给予其一定折扣,其目的是鼓励消费者经常向企业购买,成为长期消费者。

一次性数量折扣即规定消费者如果一次性购买某种产品达到一定数量或购买多种产品达到一定金额,则给予其折扣优惠,其目的是鼓励消费者大批量购买,促进产品多销、快销。

例如,足球赛套票平均每场的价格低于单场票价,城市公园和博物馆推出的通用年票平均每次的价格低于单次门票的价格。又如,迪士尼主题公园一天的价格为 79 美元,连续 10个工作日内去迪士尼的价格共 243 美元。若没有批量折扣价,10 天的门票价格应为 790 美元。也就是说,较之 1 天的参观浏览价,10 天的门票有 69%的折扣。

满减与满返是数量折扣的一种形式。满减,即购买一定金额的服务后,可以从价格里减去一部分金额,如"满 300 元减 50 元;满 500 元减 100 元"。满减的核心目的是增加销售量。满减设置的最低标准一般至少要 2 项及以上的产品组合才能实现,通过这种方式可以促进消费者购买更多的产品。满返是指"满××元,返××",返的是价值××的优惠券或机会。满返促销比满减、满赠的效果略差,因为消费者能享受到的利益需要二次消费才能得到。这样会让消费者考虑是否还会有下次消费,从而造成犹豫心理,使消费行为受到影响,特别是一些返的内容还可能设置有消费额度,如"满 299 元,返 50 元店铺优惠券",这 50 元店铺优惠券需要满 300 元才能使用,这种情况可能会直接打击消费者的购物热情。因此,满返的内容要有吸引力，且尽量不设置实现条件。

③ 季节时点折扣

季节时点折扣是对购买消费淡季或低谷的产品的消费者提供的价格减让。

例如，冬天到了，对购买夏季使用的产品提供折扣；夏天到了，对购买冬季使用的产品提供折扣。

北京音乐厅推出"开场打折"的措施，即无论什么音乐会，也无论是日场还是夜场，只要一到开场时间，如果还有余票，售票大厅便会自动打折售票。这项措施吸引了大量对价格敏感的消费者（只要少看那么一小会儿，就可以获得折扣，这对于他们来说很划算），音乐厅的上座率因此大幅度提高。

（2）以旧换新折扣

以旧换新折扣是指消费者在购买新产品时，如果把同类旧产品交给商店，就能抵扣一定的价款，这里旧产品起着折价券的作用；如果消费者没有旧产品，新产品就只能按原价购买。

例如，一台笔记本电脑的标价为4200元，消费者以旧电器折价400元购买，则只需要付3800元。

以旧换新的优点是能在一定程度上消除旧产品形成的销售障碍，以免消费者因为舍不得丢弃尚可使用的旧产品而不买新产品；以旧换新实际上是变相降价，但能避免直接降价带来的副作用，从而提高一个非知名品牌产品在市场上的竞争力。

以旧换新的缺点与难点是如何对旧产品进行折价。一般来说，对旧产品的折价需要考虑以下因素：如果新产品定价高，销售利润高，旧产品的折价幅度可大些；如果同类竞争产品也在搞促销活动，那么折价幅度可大些；反之，可以小一些；可根据回收产品的新旧程度确定折价标准；回收的产品应尽可能地加以利用，以降低促销成本。

（3）优惠券

优惠券指企业印发的给予持有人购买产品时一定减价优惠的凭证。由于能够得到减价优惠，优惠券对价格敏感的消费者有很强的吸引力。

有时候，生产厂商会直接降低产品价格将其销售给分销商，附加条件是分销商也要降低零售价格。但是，分销商不一定会按承诺降价，而会自己独享生产厂商降价的好处。所以，生产厂商更愿意采用向消费者发放优惠券的降价方式，这样能够确保消费者得到实惠，从而增加销售量。

在美国，人们周五下班后就纷纷走进商店采购。而在前一天，许多商店已经在报纸上刊登了减价广告和优惠券，消费者如被优惠券所涵盖的产品吸引，可将优惠券剪下来，持券购买该产品便可获得相应的优惠。

例如，美国一家公司为了让它的咖啡打入匹兹堡市场，向潜在消费者邮寄了一种代金券，消费者每购买一听咖啡凭代金券可享受35%的折扣，每听咖啡中又附有一张折价20美分的代金券。这样，消费者就会不断地被这种优惠刺激，从而对该产品保持长久的兴趣而购买。

案例	飞猪旅行启动百亿补贴计划

　　2020年9月8日，飞猪旅行宣布启动百亿补贴计划，首期从酒店产品开始，覆

盖全国百城十万家酒店，国庆前将进一步覆盖交通出行、景区乐园等，以刺激旅游市场复苏，提振大众出游信心，帮助商家积累客户资产。消费者在飞猪旅行上预订酒店时，即可看到标有"百亿补贴"的酒店及价格，位置主要集中在一、二线城市。不少一线城市核心商圈的五星级酒店价格，甚至在原有折扣的基础上再打对折，实现不同星级、不同类型的酒店、民宿、公寓全面覆盖。

（4）特价

特价指在短期内通过直接降价，以特别优惠的价格吸引消费者，促进销售。

特价促销的优点：资金快速回笼，降低了亏损的风险。

特价促销的缺点：赚的钱少了；降低了服务的形象和档次；持币待促，消费者会觉得产品过一阵子将又有特价而等待时机。

策划特价促销活动时，一般需要体现出价格的前后对比、活动时间及服务项目等，让买家可以清楚地看到优惠，进而促进销售。

特价促销的活动时间以 1～2 周为宜，要考虑消费者正常的购买周期，若时间太长，价格可能难以恢复到原位。同时要给出明确的特价到期倒计时提醒，使买家有紧迫感。

总的来说，价格促销的优点是能吸引消费者的注意力，对消费者具有很强的视觉冲击力；有利于增加产品的短期销售量；价格促销容易操作和控制。当然，价格促销也有缺点，如产品的利润率会明显下降；如果频繁使用，促销效果就会大打折扣，从而对品牌产生很大的负面影响；折价促销只能达到短期内增加销售量的目的，不能从根本上解决销售不畅的问题，而且如果时机选择不当，可能会出现销售量增加而利润下降的现象；容易造成虚假的市场繁荣，误导企业的决策；批发商、消费者的过量购买，会影响以后的销售。此外，每一种价格促销形式都有其优势和劣势，企业需要根据促销目标及产品定位选择合适的价格促销形式。

（二）针对分销商的销售促进形式

1. 购买折扣

为刺激、鼓励分销商购买甚至大量购买本企业的产品，企业会对第一次购买的分销商和购买数量较多的分销商给予一定的折扣优惠，购买数量越多，折扣越低。

2. 功能折扣

功能折扣是企业给某些批发商或零售商的一种额外折扣，促使他们愿意执行某种营销功能（如推销、储存产品）。

例如，移动通信公司通常会给予其指定代理商一定的功能折扣，因为这些代理商会帮助公司推销其业务，并向消费者提供更多的产品。

又如，如果经销商同意参加企业的促销活动，则企业卖给经销商的货物可以打折。

再如，对分销商为产品销售所做的各种促销工作，如刊登地方性广告、布置专门的橱窗等，企业会给予其一定的折扣。

3. 免费产品或赠送礼品

企业还可提供免费产品给达到一定购买数量的分销商，也可向其赠送一些礼品。

4．资助

资助是指企业为分销商提供陈列产品的支持、支付部分广告费和部分运费等。例如，协助举办展示会、样品展览会，协助制作产品目录及印刷宣传单，邮寄广告，提供临时周转资金援助，提供店面广告、橱窗广告、灯光广告所需的用具及资金，提供样品目录、手册、广告赠品等。

5．奖励

奖励是指企业对有突出成绩的分销商给予奖励，以激励业绩突出者加倍努力，取得更好的成绩，同时激励其他分销商积极促进销售。

例如，雀巢饮料在上海推销时，为了激励分销商，采取的手段是向全市推销点赠送 10 箱雀巢柠檬茶叶咖啡，条件是收到礼品的商店要张贴广告。商店面对价值数千元的广告赠品，自然乐意推销，雀巢饮料就此打开了销路，成功入驻上海市场。

6．经营指导

经营指导是指企业派出经营、销售顾问，为分销商进行经营诊断，找出问题，提出改进意见，提供各种培训服务；提供各种相关的商业情报，对经营、管理、财务等人员进行培训及教育，对进货、产品管理、库存管理、销售、售后等问题给予指导，协助分销商举办各种促销活动。

（三）针对推销人员的促销形式

以推销人员为目标对象的销售促进形式的目的是鼓励其开拓新市场，包括鼓励推销人员推销某种新产品、促使他们增加销售量等。针对推销人员的销售促进形式主要有以下几种。

推销奖金——对销售额达到一定等级的推销人员给予奖励。

推销竞赛奖——组织销售竞赛，给优胜者以精神或物质方面的奖励，如表彰、奖金、休假、免费旅游机会等。

红利提成——按销售额或所获利润给予推销人员提成。

三、销售促进的控制

销售促进是一种促销效果显著的促销方式。但是，如果使用不当，不仅达不到促销的目的，反而会影响销售量，甚至会损害企业形象。因此，企业必须对销售促进加以控制。

首先，销售促进应当针对产品的性质、消费者的接受习惯等因素选择合适的方式。

其次，销售促进应当确定合理的期限，期限不能过长，也不能过短。因为期限过长会使消费者习以为常，这会减弱销售促进效果，甚至会让消费者产生疑问和不信任感；期限过短会使消费者来不及享受销售促进的好处，达不到最佳的促销效果。

最后，销售促进忌弄虚作假。

课后练习

一、判断题

1．绝大多数的消费品，由于其标准化程度较高、价格低廉、市场覆盖范围广，通常采

用广告和销售促进形式。 （　　　）

2. 广告内容由于受企业控制而使公众信任度较低。 （　　　）

3. 广告效果往往受资金、策划、创意、设计、制作、发布时间的制约。 （　　　）

4. 一般来说，只要选择合理的销售促进方式，就会很快收到明显的成效。 （　　　）

5. 销售促进应当确定合理的期限，期限不能过长，也不能过短。 （　　　）

二、选择题

1. 儿童智力玩具一般宜选择（　　　）作为广告媒介。

　　A. 报纸　　　　　　B. 广播　　　　　　C. 电视　　　　　　D. 杂志

2. 高质量的广告应当遵循一定的设计原则，以下哪一项不是其设计原则？（　　　）

　　A. 真实性　　　　　B. 社会性　　　　　C. 感召性　　　　　D. 复杂性

3. 营业推广具有（　　　）等特点。

　　A. 艺术性强　　　　B. 刺激性强　　　　C. 在短期内采用

　　D. 可信度高　　　　E. 见效迅速

4. 公共关系的明显作用是（　　　）。

　　A. 提高产品质量　　　　　　　　　　B. 美化企业形象

　　C. 增进与公众的沟通　　　　　　　　D. 维护企业声誉

5. 广告的作用有（　　　）。

　　A. 大范围地进行信息传播和造势

　　B. 创造知名度

　　C. 激励消费，促进购买

　　D. 塑造和改进公司形象，促进公司的士气增长

三、填空题

1. 促销的作用是：传递信息、_____、_____、稳定销售。

2. 促销组合由_____、_____、公共关系、销售促进组成。

3. 公共关系的类型有：_____、_____、宣传性公关、联谊性公关、名人公关、危机公关等。

4. 选择广告媒体应当考虑的因素有：产品性质、消费者接触媒体的习惯、_____、_____、广告的送达率、频率和展露效果。

5. 根据广告的内容和目的，广告可分为_____、_____、提醒式广告。

四、简答题

1. 人员推销的优缺点分别是什么？

2. 人员推销的基本流程是什么？

3. 广告设计要遵循哪些原则？

4. 广告策略有哪些？

5. 销售促进的特点与形式分别是什么？

6. 针对消费者的销售促进形式有哪些？

第十二章

互联网营销

视频导学

引例：**董明珠直播带货**

格力电器董事长兼总裁董明珠在 2020 年不到两个月的时间里就做了 5 场直播，带货金额达 178 亿元。

2020 年 4 月 23 日晚，董明珠开启了直播首秀，虽然她在直播前信心十足，但过程并没有如想象般顺利。由于网络卡顿等，首场直播销售额仅为 22.53 万元，这与她的预计目标相距甚远。于是她带领团队进行全程复盘，经过半个月的沉淀后，董明珠再次开启直播。这次她吸引了 1600 万名快手受众，开场仅 30 分钟，3 个产品销售额共破 1 亿元，3 小时成交额达 3.1 亿元。2020 年 5 月 15 日晚，信心倍增的董明珠乘胜追击，现身京东直播间，当晚取得了 2 分钟销售额破亿元、8 分钟销售额破 2 亿元、1 小时销售额达 4.28 亿元的成绩，直播总销售额突破 7.03 亿元。

在 2020 年 6 月 1 日的直播中，董明珠再次寻求突破，以"新生活、新饮食、新呼吸"为主题推介格力的新产品，这次直播使格力收获了 65.4 亿元销售额，再次刷新了纪录。而在 2020 年的"6·18"直播大促当天，格力更是实现了百亿元销售额。董明珠在接受媒体采访时表示，做直播同样是为经销商探路，希望他们能把线上线下结合起来，逐步体验线上销售的感觉。

随着互联网技术的发展和社交网络的兴起，互联网营销作为适应网络技术发展的新兴营销策略，越来越受到企业的重视。

第一节　互联网营销概述

一、互联网营销的定义

互联网营销指借助网络、通信和数字媒体技术等手段来实现企业营销目标的活动。

随着互联网技术的发展和社交网络的兴起，以及移动互联网的应用层出不穷，通过互联网开展营销活动，如新媒体营销、视频营销、社群营销等越来越受到企业的重视，尤其是以微信和微信公众号、微信小程序等为代表的新媒体营销，以及短视频营销、直播营销等更是风生水起。

二、互联网营销的优点

（一）营销空间无限

其互联网突破了市场在空间上的限制。一般来说，任何东西只要被放到互联网上推广，就意味着在全球范围内全面、全部地开放，不会受到地域的制约，商业机会成倍增加。

（二）营销时间全天候

互联网上的市场提供的是"36524"式服务，也就是说一年 365 天、一天 24 小时面向消费者，不会像实体店那样在时间上有所限制。这对于工作比较繁忙的人来说，无疑是非常方便快捷的。

（三）营销成本低

互联网市场造就了许多虚拟商店，它们不需要实体店面，省却了租金、装饰装潢、雇员等资金投入，其成本大大低于实体店面的成本。互联网不受时间和空间限制的特性能使企业和消费者双方均以最低的成本进行最大限度的沟通交流。企业无须对电子版本的产品目录、说明书等进行印刷、包装、储存和运输，只需将产品的信息输入计算机系统并上传至互联网，消费者就可自己查询，无须设专人寄送数据，这就大大节约了营销费用，降低了营销成本。

（四）营销方式新

互联网营销具有交互性和纵深性，它不同于传统媒体的信息单向传播，而是信息互动传播。互联网可以展示产品目录，链接资料库提供有关产品信息的查询服务，可以让企业和消费者进行双向沟通，可以让企业收集市场信息、进行产品测试与消费者满意度调查等。企业利用互联网可以将大量的信息发布到网上，供消费者随时随地根据自己的需求有选择地了解有关信息。也就是说，互联网营销的运用使企业的营销进程加快、信息传播更快。此外，互联网营销可提供产品信息、收付款服务、售后服务等，是一种全过程的营销渠道。

（五）网络广告信息量大、成本低

首先，传统媒体是自上而下的单向信息输出，而融入互联网后的媒体形态则是以双向、多渠道、跨屏等形式进行的内容传播与扩散。

其次，纸质媒体是二维的，而网络广告是多维的，它能将文字、图像和声音有机地组合在一起，传递多感官的信息，让广告受众如身临其境般感受产品或服务。

再次，网络广告的载体基本上是多媒体、超文本格式文件，广告受众可对其感兴趣的产品信息进行更详细的了解，有很强的互动性、趣味性。

最后，与传统的广告媒体相比，互联网传播速度快、信息容量大，不受时间和空间的限制，广告成本低，并且对广告受众具有较强的选择性和针对性。

案例	网上保险

保险公司为了吸引和方便投保人购买保险，面对新的市场情况和技术情况，开始以网上保险等形式来提供服务。网上保险是指保险公司利用互联网和电子商务技术来支持的保险营销行为，实现网上投保，因此也称保险电子商务。网上保险的优势主要表现在以下几个方面。

　　首先，网上保险不受时间和空间的限制，不但拓宽了保险业务的展业时间和展业空间，而且使保险公司有可能全天候地与全球任意一个营销对象进行联系。

　　其次，保险公司可以在网上向全球宣传、介绍本公司以提高知名度，投保人则可以浏览多家保险公司及其产品的信息，从而进行多角度、多层面的比较和选择。

　　再次，网上保险可以简化交易过程——对投保人而言，只需动动鼠标和键盘就可轻松完成投保，使用网上银行转账交付保费免去了去银行取现金之苦，省时省力；而对保险公司而言，网站后期的维护成本远远低于设立营业网点的销售成本和广告宣传成本。

　　最后，网上保险可使投保人与保险公司保持适当的距离，免除投保人与代理人打交道的烦恼，有效地避免了由信息缺失或失真造成的盲目投保和易受误导的现象，使投保人能够在基本无外力影响的情况下自主选择保险，避免了人情投保、从众投保等不成熟的消费现象。另外，网上保险还最大限度地避免了第三者的知悉和传播，加强了隐秘性。

三、互联网营销的缺点

　　第一，当消费者缺乏上网设备、上网能力时，互联网营销就会遇到困难。

　　第二，如果网站界面和技术对消费者不友好，那么消费者在操作时就会不知所措。

　　第三，网上信息多如牛毛，因而网络广告注目率不高，要引起消费者的兴趣也不容易。

　　第四，互联网营销可能存在一定的安全问题。网上的虚假信息、黑客侵入、盗号病毒、窃取口令、窃取隐私信息、冒充网站等都让消费者忐忑不安。因此，企业开发的网站需要从技术和投入上保证服务的安全性。

　　第五，互联网营销可能会让消费者与企业之间缺乏信任感，这是由在虚拟的世界里双方互不见面造成的。

　　第六，网上购物过程往往单调乏味，不如消费者亲临实体商场，既可以切身体验，也可闲逛作为消遣。

第二节　新媒体营销

　　新媒体是以新技术为基础，通过计算机、手机等终端，借由数字网络传播来提供信息的一种媒体形态，包括了网络媒体、移动媒体，数字电视、数字报刊，以及数字化的传统媒体等。基于新媒体平台进行营销的活动被称为新媒体营销。

　　新媒体营销的出现对于企业来说，无疑是增加了一个接近用户的工具。新媒体营销的渠道包括但不限于门户网站、搜索引擎、社会化媒体、社交网络服务平台、微博、微信、知乎、今日头条、哔哩哔哩、抖音、快手、小红书、58同城、大众点评、穷游网等。任何人或企业只需要在新媒体平台上注册一个账号，就可以随时随地通过这些平台发布信息。

　　例如，"五芳斋"通过官方网站、微博入驻、自媒体、微信公众号等多端融合，构建"五芳斋"融媒体传播链条，多端联动对内容进行传播。

一、搜索引擎营销

搜索引擎营销就是企业网站通过改变自身在搜索结果页面中出现的位置，利用搜索引擎推广产品或服务的营销活动。

搜索引擎营销的基本思想是让消费者发现信息并通过搜索引擎进入网站、网页，再进一步了解所需要的信息。其主要方法包括搜索引擎优化、付费排名及付费收录等。其优点是利用很少的关键词就可以将企业信息呈现给公众。

互联网的用户数量之多，每天对搜索引擎的使用次数以千万计。因此，获得靠前的搜索引擎排名，就意味着企业系统的信息可以翻倍地呈现给公众。

二、论坛营销

论坛营销就是企业利用论坛这种网络交流的平台，通过文字、图片、视频等方式发布企业的产品和服务的信息，从而让目标消费者更加深刻地了解企业的产品和服务，最终达到宣传企业的品牌、提高企业市场认知度的目的。

发展良好的论坛通常会有固定的会员，这些会员经常会在论坛中互相交流，好的或坏的消息都会被迅速传播。当然，论坛的专一性比较强。例如，汽车之家只发布与汽车有关的内容，而豆瓣则针对文艺青年进行图书、电影等的推广。因此，企业发布有关的营销信息时，一定要有针对性，但不要发纯粹的广告，否则易引起论坛会员的反感。

三、博客营销

博客营销即通过博客网站或博客论坛服务于博客作者和浏览者，利用博客作者个人的知识、兴趣和生活体验等传播产品信息的营销活动。

博客营销分为以下两类。

一类是在博客服务提供商里面开账号，如新浪博客、网易博客、腾讯博客等。企业利用这些博客服务提供商比较容易扩大营销的渠道和范围，营销成本较低。

另一类是自己搭建博客网站，建立自己的品牌形象和社会影响力，这样企业对消费者反馈信息的处理也会更加快捷。但自建博客网站对原创性和个人风格的要求较高，且内容需要经常更新。

博客营销以博客文章的价值为基础，每篇博客文章表现为一个独立的网页，对内容数量和质量有一定的要求，因而构思一篇好博文，需要花费很多时间与精力。另外，受众较少且难以形成广泛传播，这是博客营销的瓶颈之一。

四、微博营销

微博即微型博客，是新媒体时代的重要平台之一。

（一）微博的特点

第一，微博的内容限定为 140 字左右，内容简短。微博平台本身采用了多媒体技术，用户可以以文字、图片、视频、音频等形式发布内容。

第二，信息共享便捷迅速。用户可以通过各种连接网络的平台，任何时间、任何地点即时发布信息，其信息发布速度超过传统纸媒及网络媒体。

第三，无论内容多么复杂的微博都能被一键转发，这使得微博能在短时间内很快达到惊人的转发量。

第四，微博的信息是通过博主的粉丝来扩散的，容易通过裂变式传播产生广泛的影响力。

上述四大特点使得微博成为一个便于操作、成本低、传播力度大、能兼容多种应用、利于与用户产生密切社交关系的优良营销平台。

（二）微博营销的优点

微博营销是指企业以微博作为营销平台，利用自身创建的微博账号或联合其他的微博账号，设计与网友的互动博文，让网友主动关注、评论、转发，参与企业的营销活动，从而达到营销的目的。

微博营销的优点如下。

首先，操作简单。只需要简单的构思，就可以完成一条信息的发布，信息发布便捷。

其次，互动性强。能与粉丝即时沟通，及时获得用户反馈。

再次，成本低。微博营销的成本比博客营销或论坛营销的成本低多了。

最后，针对性强。微博作为一种社交媒体，能够把品牌运营者与广大粉丝凝聚在一起，让企业的营销活动变得更为个性化、精准化。

总之，借助微博的诸多特点，企业可以很好地利用这一平台开展品牌传播、用户关系管理、市场调查与产品开发推广、危机公关。当然，由于一条微博文章只有几十个字，传播力十分有限。另外，由于微博里新内容产生的速度太快，所以如果发布的信息粉丝没有及时关注到，就很可能会被淹没在海量的信息中。

五、微信营销

微信，英文名为"WeChat"，是腾讯公司推出的一款免费的手机应用程序。它不仅能够快速地发送文字、图片、表情、语音、视频，还能够实现多人语音对讲和位置共享等，也可以跨通信运营商、操作系统平台使用，具有零话费、跨平台沟通、显示实时输入状态等特点。不同于 QQ 从 PC 端起家，微信有天然的移动互联网的基因，主要立足于智能手机等移动终端。微信自问世以来，紧紧围绕即时通信的核心功能，通过不断地丰富和完善该功能，已经发展成为集沟通、社交、媒体、营销、工具等五大功能于一身的平台化产品。

（一）微信营销的优点

微信营销是一种以微信用户为基础，利用微信用户数据和微信用户社群，立足于微信公众平台的新型企业互联网营销方式。

微信营销的优点如下。

首先，微信的受众精准。微信账号只有用户自己搜索并通过验证才能相互发送信息。微信用户关注的往往都是自己感兴趣的信息，因此通常没有抵触情绪。利用微信可以对消费者进行一对一、有针对性的消息推送。

其次，微信的用户体验较好。微信支持的传播形式不局限于文字，还可以发送视频、图片、名片、位置、表情及进行视频聊天和实时对讲等。另外，微信还有朋友圈、公众号、微信群等功能。

再次，微信的营销成本低。微信上的大部分功能是免费的，如发送即时消息、申请个人或企业微信公众号、发布微信朋友圈等。另外，一些附加功能也是收费很低的，相对电视广告每秒几十万甚至上百万元的费用，微信营销的运营成本极低。

例如，作为国内最具口碑的餐饮连锁服务机构之一，海底捞是较早试水 O2O 营销的餐饮连锁服务企业之一，用户一关注海底捞火锅的微信公众号，就会收到一条关于发送图片可以在海底捞门店等位区现场免费制作、打印美图照片的消息。通过微信，用户可预订座位、要求门店送餐上门，甚至可以在商城选购底料。用户想要外卖？简单，输入送货信息，用户就可以坐等美食送到嘴边！当然，其设计的菜品图案也是让人看着就要流口水。最后加上线下优质的服务配合，用户同时还可以享受"微信价"，这怎么可能没有吸引力？据悉，海底捞每日通过微信公众号收到的订餐量高达 100 万单。

（二）微信公众号营销

企业可以自行定位自己公众号的内容、服务，将产品信息以文字、图片、视频、H5 等方式植入，并推送给每一位关注公众号的用户；而用户也能够通过企业公众号有针对性地体验、享受企业服务，产生对企业公众号的依赖性。由此，企业与用户之间的联系更加紧密，营销目标更加明确，互动更加有效直接。企业立足于公众号进行的营销，相较于下载 App，简单的一个"关注"让营销活动更加便利；但同时，企业要想真正获取用户的心，也需要付出更多心思，因为"取消关注"对用户来说更简单。

企业利用微信公众号开展营销活动有两种方法：第一种方法是和有影响力的微公众号合作，借助它们的平台影响力来达到自己的目的，这种方法的好处是节省时间、节约人力成本等，但是宣传效果如何，企业无法控制；第二种方法是创建自己的微信公众号，专人运营，这种方法虽然会增加企业的人力成本，但是可以提升企业在微信平台上的品牌影响力，及早进入微信营销领域也可以使企业抢占先机。

案例　　　　　　　　**万达影院的微信营销**

用户关注万达影院的微信公众号，就可以轻松实现在线预订、在线选座、查询热映影片和待上映影片等信息，实现足不出户轻松预订。试想一下，你和朋友在附近吃饭时突然想看电影了，便可掏出手机订票、订座位，吃完就可以不慌不忙地过去，不用排队，不用担心没票，也不用担心座位不好。

万达影院的微信公众号还会不定期地针对会员做一些活动，以增强其黏性。例如，关注微信公众号可"一分钱"看电影（限场次），还可送可乐、爆米花等。对于影院而言，其闲时会有很多空位，不如拿出来回馈会员。这种回馈带来了非常理想的效果，使万达影城的微信渠道日均出票数明显增多。

（三）微博营销与微信营销的区别

首先，微博是电脑端和移动端并存的，而微信则主打移动端。因此，微博在多终端的通用性上会更胜一筹，能够给用户提供更加统一的体验，在一定程度上适宜开展连贯性的营销活动。

其次，微博主打发布信息，微信主打交流。微博更像是广场，所有人不管认识与否都可以聚集在这个平台上；微信是圈子，是一个典型的熟人社交平台，只有朋友才能进入这个圈子。所以，微博便于开展陌生化的营销活动，而微信则更便于开展熟人营销活动。

最后，微博适合曝光，微信适合推送。微博有媒体属性，更适合曝光，以及维护公共关系和媒体关系；微信则适合信息的定向推送及用户关系的维护。

案例　　　　　　　**北京故宫博物院的新媒体营销**①

北京故宫博物院是我国最大的古代文化艺术博物馆之一。近些年来，故宫抓住机遇积极开展新媒体营销，将传统文化丰富、有趣、生动地传递给公众，拉近了故宫与公众的距离，获得了极好的口碑。不仅其文创产品销量节节攀升，更促使越来越多的年轻人愿意主动走进故宫，感受中华文化的博大精深，其成功的营销经验值得其他博物馆学习和借鉴。北京故宫博物院新媒体营销策略主要包括如下方面。

1. 网站营销

网站是服务机构在虚拟网络上的门面，是网络用户了解服务机构的便捷渠道，通过建设网站，可以树立良好形象，与公众进行良好互动。官方网站是故宫文化及产品传播的窗口，通过这个窗口，故宫发布权威信息，介绍故宫的历史、文物收藏和古建筑等相关内容。为扩大官方网站的知名度和增加客流量，故宫采取进入渠道多元化策略，通过百度、360搜索等搜索引擎，用户都可以搜索到链接。故宫于2010年开设的淘宝店迎合了市场的需求，不仅通过B2C平台在线销售故宫文创产品，也达到了传播故宫文化的目的，吸引了大批"粉丝"，让更多人爱上了中国传统文化。几年来，故宫通过网站建设打破了知识封锁，促进了资源实时共享，达到了提高知名度、方便公众了解故宫文化、拓宽经济来源等多重效果。

2. 微博营销

故宫的微博营销主要有"故宫博物院"和"故宫淘宝"两个平台，两个微博以完全差异化的风格向公众传递信息与互动。其中，"故宫博物院"作为官方微博，主要发布故宫博物院内的展品、风景、文物和文化知识，风格以正统稳重为主。"故宫淘宝"主要服务于"故宫淘宝"网店，以诙谐调侃的风格进行传播。两个微博每日都会发博，以姐弟相称并经常互动。

3. 微信营销

故宫建立了很多官方微信号，其中"淘宝故宫""微故宫"两个微信号依然以一个诙谐、一个正统的风格进行内容传播。"微故宫"是其"粉丝"量最大、运营最好的微信号，运营人员创作了大量原创的内容，并通过表情包的形式对故宫最新文创产品以新奇有趣、富有创意的标题进行推送，其推送基本上都有"10万+"的阅读量，对微信用户产生了良好的营销效果。此外，故宫与知名自媒体"黎贝卡"两次合作，"黎贝卡"负责设计和在公众号推广，故宫负责生产制造和提供销售平台，两者共同推出"故宫·异想"系列，其产品一经推出就被热抢。

4. App营销

故宫自成立新媒体公司以来，共开发了9款App，如游戏类"皇帝的一天"、向

---

① 赵伟晶. 北京故宫博物院新媒体营销策略[J]. 经营与管理，2019（7）：90-92.

导类"故宫"、文化类"胤禛美人图"等。通过 App，故宫从多角度诠释传统文化和藏品，达到了极好的宣传效果。例如，故宫出品的第一款应用"胤禛美人图"，从书画、陶瓷、工艺美术等方面对古代宫廷生活进行 360 度还原，用户通过滑动手指就可以全方位欣赏 App 内展示的藏品，并查看相关背景知识。该 App 使用户在体验清朝华丽宫廷的同时，进一步了解了清代历史，所以一上架就受到了"粉丝"们的喜爱和疯狂下载，并获得了"Apple Store 2013 年度中国区优秀应用奖"。故宫 App 还以其良好的触感和交互体验带给人们直观感受，全方位传播了故宫文化。例如，游戏类"明帝王图""皇子的课表""太和殿的脊兽"等更使故宫的用户和受众年轻化；向导类"故宫"则因其专业的语音导览和逼真的虚拟场景引起了消费者游览的兴致，进一步提升了故宫的知名度。

5. 视频营销

故宫通过视频营销，很好地达到了与公众沟通、宣传故宫传统文化形象的目的，其中纪录片和直播是故宫主要采用的营销形式。例如，2016 年出品的《我在故宫修文物》，作为给故宫 90 周年的献礼，重点记录了故宫许多稀世珍奇文物的修复过程，详细展示了故宫文物修复者的匠心精神。该片一经播出迅速走红网络，引发了爱国青年在新媒体上的热烈讨论，豆瓣评分高达 9.3 分，并被各大媒体争相报道，成为一次绝佳的视频营销。此外，随着互联网的发展，故宫将其持续多年面向公众的讲座《故宫讲坛》延伸到线上，通过网上分享满足线上人群对故宫文化知识的需求，同时又因为线上直播可以点赞、打赏、评论，与观众进行良好的互动，拉近了与公众之间的距离。

延伸阅读　　　　　社群营销

随着移动互联网的发展，网络社交购物市场越来越受到各方平台和资本的青睐，是未来发展的一片蓝海。社交网络具有三大特性：一是传播速度快；二是情感共鸣强，一则消息一旦抓住用户的痛点，引发其共鸣后便会形成病毒式传播，一个话题性事件引爆网络后很可能会引起全民讨论，瞬间点燃整个网络；三是黏性强，以微信、微博等主导的社交网络平台将目标用户群聚集在一起，通过互动运营、情感营销增加用户对企业的好感，而这种好感不仅会影响社群成员本身，还会通过社交网络发散性地影响社群成员周围的人。

社群营销是基于社群形成的一种新的营销模式，企业可利用互联网超强的传播效应，借助社群成员对社群的归属感和认可度为其带来良好的互动体验，增强社群成员的黏性和归属感，从而让社群成员自觉传播品牌，达到企业的营销目的。

例如，故宫在线下开设景点周边纪念店，在线上开设淘宝店，利用微信、微博等新媒体进行宣传，传播率高、互动性强、粉丝增长快，且宣传成本低。

又如，年糕妈妈是基于微信公众号营销的典型"母婴类内容+精选特卖"的平台，目前该公众号粉丝量已超 1000 万。年糕妈妈已成为优质母婴产品集合地。

再如，小米让米粉通过微博、微信、论坛等多个小米社群来参与讨论，让粉丝参与产品开发和传播，不断激发和满足粉丝的需求，不断升级产品，保持粉丝参与热度并实时响应粉丝反馈，打造极致的服务体验，将米粉的需求落实到位。同时，小米也让消费者觉得自己是主人，给他们家的感觉，让他们有更强的归属感，从而在短短几年内获得巨大的成功。

第三节　视频营销

在信息大爆炸的新媒体时代，普通的文字和图片类信息已无法满足人们对资讯内容的获取需求。此时，视频凭借其独特的优势——时间短、内容新潮，迅速抓住了人们的眼球。

视频营销是将视频与互联网结合，既有电视短片感染力强、内容形式多样、创意新颖的优点，又有互联网营销的互动性、传播速度快、成本低廉的优势的营销活动。视频营销的表现形式有纪录片、宣传片、直播、微电影和短视频等。

一、短视频营销

短视频是指在互联网新媒体上进行传播的视频内容，它将文字、图片、语音和视频融合，生动形象地向用户传递内容，一般视频时长为几十秒到几分钟。

短视频营销是企业利用短视频来开展企业的营销活动。

（一）短视频营销的特点

短视频营销的特点主要有以下几个方面。

1. 目标精准

短视频平台利用大数据向用户推荐适合的内容和产品，帮助企业从海量的用户中筛选出其潜在的消费者，将广告信息准确地传递给他们，实现精准营销。

2. 互动性强

用户可通过点赞、评论、关注、转发等平台功能与发布视频方或其他用户进行互动。

3. 传播度极高

在短视频平台上，每一位用户都是一个传播点，可以随时随地观看并分享短视频，所以某些爆款视频能够在短时间内被大量转发，传播速度快、范围广。

4. 传播效果好

短视频拍摄可使用美颜、视觉特效等功能，这使得视频更有吸引力，更容易引发用户情感共鸣。这是传统的文字、图片等宣传方式无法实现的，所以传播效果好。

5. 性价比高

短视频营销性价比高，不仅可以连接消费者与企业品牌，实现企业信息的传播，也容易让消费者接受并进行二次传播。可见，短视频营销是新媒体时代进行营销宣传强有力的武器。

（二）短视频营销的方式

1. "病毒式"

短视频的"病毒式"营销主要有两种类型：一种主要依赖于用户的第三方分享，用户在看到引起共鸣的短视频以后，自发评论、转发及分享到其他社交平台，进而实现多次传播。另一种则是通过吸引人的固定主题或相同背景音乐，进行相似但内容不相同的视频录制，内容虽不同，但标题和音乐却能在第一时间迅速得到用户的关注。以上都是引发短视频"病毒式"营销的条件。

2. 植入式

消费者对单纯的广告有天然的抵触心理，且都会选择跳过。紧随情怀故事性的广告内容之后，植入式的短视频营销取得了不错的成效，但硬性植入出现的方式比较直接，并不考虑观众的感受，亲和力比较差。而商家把广告语和产品顺其自然地植入短视频内容中，或搞笑或感动，并不会让用户反感，相反会让其不知不觉产生体验的意愿和兴趣，潜移默化地接受营销信息。

二、直播营销

网络直播具有直观、快速、表现形式好、内容丰富、交互性强、不受地域限制、受众可划分等特点，还可以随时为受众提供重播、点播服务。同时，随着生活节奏的加快，人们的精神需求越来越高，人们愿意对直播内容进行付费观看等。此外，直播不仅可以带动线上销售，同样能为线下门店导流，而且还可以进一步增强受众黏性，让品牌的内涵更为丰满地呈现在受众面前。因此，基于网络直播的特点及受众的消费意愿，利用网络直播来进行营销的方式受到了众多市场主体的青睐与重视，直播营销模式应运而生。

（一）直播营销的概念

直播营销是指直播间通过有吸引力的直播内容来吸引流量，并将流量最大化地转化为销量，从而实现营销目的的活动；也指相关企业或者个人以直播间为载体通过直播平台进行营销活动，以达到带货产品销量增加或者品牌形象提升的目的。

以某女装店铺为例，该店铺每天早晨 8 点直播，深夜 12 点左右下播。在这个时间段内，店铺主播会按照左下方购物袋内的链接顺序试穿衣服，进行搭配。受众可以通过发送弹幕与主播交流，了解更多信息。受众只需点开购物袋，找到相应的链接即可便捷交易。该直播间还会以发放淘金币、优惠券以及抽奖赠送随机小礼物为手段吸引受众、活跃气氛。淘金币和优惠券可用于抵销部分交易金额，所以一发放就会瞬间被抢空，这大大活跃了直播间的氛围。

直播营销作为一类新型的营销手段，具备流量聚集能力和销售能力，成为众多企业选择的销售手段。例如，2020 年 4 月 15 日上午 8 点 30 分，麦当劳官方在 bilibili 平台开始了炸鸡吃播首秀，麦当劳中国首席执行官张家茵也来到直播现场。张家茵一出场，直播间热度瞬间飙升。张家茵不仅在直播间里讲述了新品炸鸡的研发过程，还向受众解释了为何叫"5G"炸鸡，以及研发部门是如何根据国人的口味偏好进行调配的。为了真实展现新品炸鸡，张家茵现场开吃，一边吃一边介绍口感和味道——"它多汁、入味，咬起来又脆又香，总之就是超赞、超好吃！"这为麦麦脆汁鸡增加了信任背书。同时，张家茵在直播间里谈吐风趣、平易近人，常与受众互动，一改人们对 CEO 的高冷刻板印象，让受众能看到麦当劳的诚意及认真的态度，从而提升了麦当劳的品牌形象。

> **案例** **美宝莲纽约直播2小时卖出1万支口红**
>
> 　　伴随着天猫商城和淘宝网的手机App不断完善、更新直播功能，品牌通过直播卖货变成了电商常态。虽然现在打开直播网站看到品牌聘请公众人物直播已经很寻常，但敢在直播上第一个高调"吃螃蟹"的品牌是美宝莲纽约。
>
> 　　美宝莲纽约就在新品发布会中请来了某位演员助阵，并全程配合淘宝视频直播。从堵车途中与观众闲聊、到后台补妆时与观众分享自己的美妆小技巧，该演员的每个赶场细节都被收录进了直播镜头中，从而营造出极强的现场感。同时，还有另外50位美妆"网红"与该演员同步直播，从50个视角、以自己不同的解说方式向观众展示后台化妆师为模特化妆的全过程。这场直播带来了超过500万人次的观看量和超过1万支口红的销售量。

（二）直播营销的优点

　　直播营销的优点体现在：直观地展示产品，打破时空限制，具有很强的互动性，参与门槛低、成本低，广告植入隐蔽性强。

1. 直观地展示产品

　　直播营销配有主播的解说演示，主播从质量、使用过程、使用效果等方面将产品全方位地介绍给受众，并且可以将试吃、试玩、试用等过程直观地展示在受众面前。也就是说，直播间的受众基于视频能更全面地了解产品，直播视频既不能剪辑，也不能经过后期的修图等，所以直播提供了立体和逼真的产品，展示了一个完全真实的过程，增强了受众的信任感。

　　例如，淘宝直播是国内较大的电商平台，它将线上营销从"图文时代"升级到了"直播时代"，从"产品与人的对话"衍生为"人与人的对话"，使得参与到消费环节中的人、货、场被重构。在互联网技术的强势推动下，淘宝直播能够对产品进行更全面的展示，可以视频、语音方式将产品信息传播给受众，为受众带来更优质的感官体验，在短时间内引起受众的关注，激发其购买欲望，从而实现营销效果最大化。

2. 打破时空限制

　　能够到现场购买产品或观看产品发布会的受众毕竟有限，而直播能够让不能到现场的受众同步了解相关进展。直播营销突破了时间、地域与人数的限制，能够使更多的受众同时异地参与其中。即便当时错过了直播，受众也可以通过直播平台的回放功能重看直播。

　　例如，商家可以根据不同的直播主题进行场景搭配，或者直接将线下商场"搬进"直播间，将普通的卖货直播间变成"品牌沟通+体验"的直播间。

　　过去，作为大件产品，房产、汽车、家具被视为"线上绝缘体"，但直播推动了它们的线上销售。例如，贝壳网、链家等房屋中介平台运用VR技术，向受众360°展示了房屋实况，并实时解读房屋的各项信息，让不能实地看房的受众心里有了底，让隔空买房成为可能。

3. 具有很强的互动性

　　相较于传统媒介和其他自媒体形式，网络直播最大的优势是互动。主播介绍完产品之后，就会进入和受众互动的环节。这时，主播可以向受众询问他们对产品的感受和看法，并积极回答受众的疑问，充分了解其需求；受众可以通过实时评论与主播进行实时互动，对于自己不明白的地方可以随时询问或者参与主播发起的活动，也可以向主播发表自己的看法，只要愿意，还可以直接送礼物。

另外，受众在购物时一般都有社交需求，传统的网上购物则缺少了相互交流、相互分享的乐趣，受众往往只能独自浏览网页挑选产品。直播营销具有社交媒体的互动性，受众不仅可以与主播，还可以与其他受众进行互动交流。直播营销能使受众身临其境，很好地满足受众的社交需求。

由于直播营销的互动性，对于商家来说，可以免费获取受众的反馈信息，从而及时完善产品，根据受众的反馈和需求第一时间调整产品设计及营销策略，以达到更好的营销效果。主播可以通过受众的实时评论来把握受众心理，即时针对受众心理调整营销策略，以促成购买。受众在直播间里提出的疑问可以得到主播的及时回答，从而能更深入地了解产品。

4. 参与门槛低、成本低

网络直播门槛低、所需要的设备简单、操作简易，通过相应的网络直播平台审核，便能开通直播间。尤其是随着互联网的发展，网络带宽越来越高，无论是流量资费还是直播设备的价格都越来越亲民，只需要一部手机，就可以开启直播，而且几乎随时随地都可以直播。

直播营销最大限度地融合了视频营销、社区营销、口碑营销、事件营销的特点，商家只需要一部手机，就可以进入淘宝、抖音、快手等直播平台随时随地进行直播，营销成本大大降低。与传统营销方式相比，直播营销成本低主要体现在以下 3 个方面。

首先，广告费用低。传统营销方式往往需要聘请著名艺人代言，聘请著名艺人拍摄宣传照、广告宣传片。直播营销则不一定选择著名艺人直播带货，也无须制作宣传广告，直播过程就是宣传、展示、推荐产品的过程，并且形式生动活泼、贴近生活，效果更佳。商家也可以将直播视频推送给受众或者是社交平台，相比于传统的广告投放，直播营销的成本更低。另外，以往商家要举行产品发布会，要选址、租场地，还要接待媒体嘉宾等，不仅花费巨大，而且传播的受众范围也比较局限。而直播营销不用租场地、招待媒体，会场布置也可简单化，甚至可以将商场、生产车间"搬"进直播间。只要架上一部联网的移动终端设备，打开直播软件，就可以进行直播。

其次，场地费用低。传统营销方式需要寻找地段好、人流量大的场地开店，店租费用不菲，如果在卖场中心开展促销活动，还需要支付摊位费。而直播营销则不需要寻找特别好的场地，仅需支付较少的场地费用，甚至不需要支付场地费用。

最后，产品流通费用低。传统营销方式下，商家都需要建立一条完整的供应链，建立和管理供应链及团队需要付出较大的人力、物力、财力。在直播营销模式下，商家可直接将产品从生产工厂发送到受众家中，减少了大量的中间环节，节省了流通成本。

5. 广告植入隐蔽性强

与传统广告植入不同，直播营销中的广告植入，是通过在和谐、娱乐的氛围中给受众留下印象，使受众主动关注，并希望拥有相关产品。例如，携程借助一个常旅游的主播，将该主播在旅途过程中的见闻以直播的形式展现在受众面前，并在直播过程中以隐蔽的方式穿插主播使用携程 App 的画面，从而增进了受众对携程的了解。

直播这种带有仪式感的内容播出形式，能让一批具有相同志趣的人聚集在一个空间，使情绪相互感染。如果商家能在这种氛围下做出恰到好处的推波助澜，其营销效果则是四两拨千斤。

案例　　　　　　　　　　**林依轮直播营销**

2019 年 9 月，林依轮开始在淘宝直播上带货，刚开始直播时只有两万多粉丝。自 2020 年 3 月起，他在淘宝直播新开的明星专属排名赛赛道上斩获第一名。2021年天猫"6·18"大促上，他取得淘宝直播主播排行总榜的第五名，明星排行榜、食品主播榜第一名的好成绩。

（一）提供有吸引力的产品

2020 年，所属行业为"吃货力荐"的林依轮直播间占比最大的产品分类为零食/坚果/特产，其次是粮油米面/南北干货/调味品、咖啡/麦片/冲饮、水产肉类/新鲜蔬菜/熟食、保健食品/膳食营养补充食品。饭爷是林依轮在 2014 年创建的一款辣椒酱品牌，品牌旗下还拥有饭爷辣酱和饭爷小蜜产品系列。其中，饭爷辣酱已成功推出松露油杏鲍菇、佐饭香牛蘑王、鲜椒香辣、落花生香酥脆 4 种口味。饭爷辣酱是林依轮精心研制出来的，食材也非常考究，十分受吃货们欢迎。

在经营好美食品类后，林依轮直播间不断尝试推出家居家纺、生活电器、个护清洁等许多新品类。因为林依轮个人比较注重保养，在直播间看到粉丝们提及保养护肤相关的问题，应粉丝的需求，林依轮直播间拓展了护肤和保养品类，保养品、护肤品也成了直播间的爆款。

（二）搭建有吸引力的消费场景

"食物+餐具，讲解+现煮现试吃"是林依轮直播间最明显的特征。林依轮经常在直播间一边讲解一边教做菜，让消费者有身临其境之感。在直播间里，林依轮会穿着围裙，在案前教"粉丝"怎么用他推荐的厨具、调料做菜，带着大家"云烹饪"，做一些宫保鸡丁意面、番茄牛腩等家居菜品，试吃直播间里推荐的风味小吃、方便菜等。所以，在林依轮直播间销售火锅餐厨具和火锅食材时，林依轮不是坐在桌子前一件一件地口播产品，而是与助理们直接在直播间吃起热气腾腾的火锅，一边聊着天一边推荐产品，其乐融融的热闹景象和烟火气息让"粉丝"们看了都忍不住纷纷下单。

（三）讲解生动形象，突出产品特色亮点

得益于多年的美食节目主持经验，林依轮在直播推荐产品时总是能准确并生动形象地说出产品的特色和亮点，让消费者在最短时间内记住这个产品。林依轮在介绍产品时，会一开始用一句话重突出产品的具体亮点，直接触达消费者需求。比如在直播助理端出一盘蒸熟的贝贝南瓜放到他面前时，他是这样形容的："南瓜的甜、板栗的香、红薯的粉糯"，一句话就将贝贝南瓜的亮点和特色展现出来了，而且非常生动形象容易理解，让受众能瞬间记住贝贝南瓜，并联想到其美味程度。在开始介绍天海藏梅菜扣肉时，林依轮是这样概括的："肥瘦相间，一级的五花肉，非常的香，而且里面的梅菜不牙碜，就是没有乱七八糟的味道"，重点突出五花肉的品质佳及没杂味，打消消费者的疑虑。

课后练习

一、判断题

1. 互联网营销指借助网络、通信和数字媒体技术等手段来实现企业营销目标的活动。

( )

2. 互联网不受时间和空间限制的特性能使企业和消费者双方均以最低的成本进行最大限度的沟通交流。 ( )

3. 互联网营销可提供产品信息、收付款服务、售后服务等，是一种全过程的营销渠道。

( )

4. 互联网营销可能存在一定的安全问题。 ( )

5. 微博便于开展陌生化的营销活动，而微信则更便于开展熟人营销活动。 ( )

二、选择题

1. 互联网营销的优点有（ ）。

A. 营销空间无限 B. 营销时间全天候 C. 营销成本低 D. 广告信息量大

2. 互联网营销的形式包括（ ）等。

A. 新媒体营销 B. 社群营销 C. 直播营销 D. 微信营销

3. 短视频营销的特点主要有目标精准、（ ）。

A. 互动性强 B. 传播度极高 C. 传播效果好 D. 性价比高

4. 直播营销的优点体现在：具有很强的互动性、（ ）、广告植入隐蔽性强。

A. 所见即所得 B. 打破时空限制 C. 参与门槛低 D. 参与成本低

5. 新媒体营销的渠道包括（ ）等。

A. 门户网站 B. 搜索引擎 C. 微博、微信 D. 快手、小红书

三、填空题

1. _____是指企业或者个人以直播间为载体通过直播平台进行营销活动。

2. 微博是电脑端和移动端并存的，适合曝光，主打发布信息，而_____则主打移动端，适合推送，主打交流。

3. 社交网络具有三大特性：传播速度快、_____、黏性强。

4. _____是指在互联网新媒体上进行传播的视频内容，它将文字、图片、语音和视频融合，生动形象地向用户传递内容，一般视频时长在几十秒到几分钟之间。

5. _____是将视频与互联网结合，既有电视短片感染力强、内容形式多样、创意新颖的优点，又有互联网营销的互动性、传播速度快、成本低廉的优势的营销活动。

四、简答题

1. 互联网营销的缺点有哪些？

2. 什么是新媒体营销？

3. 微信营销有哪些优点？

4. 短视频营销有哪些特点？

5. 直播营销有哪些优点？

实训

实训1　××企业成功营销案例分享

实训内容

（1）客观全面地分享一家企业市场营销的成功经验。

（2）分享的内容可以是专题案例（如目标市场营销战略、市场竞争战略、产品策略、定价策略、分销策略、促销策略等），也可以是综合案例（贯穿市场营销的战略与策略，不求面面俱到，但求典型有效）。

实训组织

（1）教师布置实训任务，指出实训要点和注意事项。

（2）全班分为若干小组，各组确定本组的实训内容。

（3）可以通过实地调查来收集相关资料和数据，也可以使用第二手资料。

（4）小组内部充分讨论，认真分析研究，形成分享报告。

（5）小组需制作一份10分钟左右演示完毕的PPT文件，并在课堂上进行汇报，之后其他小组可质询，台上、台下进行互动。

（6）教师对每个小组的分享报告和课堂汇报情况进行即时点评和总结。

实训2　××企业市场营销案例分析

实训内容

（1）客观全面地介绍一家企业进行市场营销的做法。

（2）分析并评价该企业进行市场营销的做法的得与失。

（3）为该企业的市场营销提出改进意见或建议。

实训组织

（1）教师布置实训任务，指出实训要点和注意事项。

（2）全班分为若干小组，各组确定本组的实训内容。

（3）可以通过实地调查收集相关资料和数据，也可以使用第二手资料。

（4）小组内部充分讨论，认真研究，形成分析报告。

（5）小组需制作一份10分钟左右演示完毕的PPT文件，在课堂上进行汇报，之后其他小组可质询，台上、台下进行互动。

（6）教师对每个小组的汇报情况进行即时点评和总结。

实训 3　××企业市场营销策划

实训内容

（1）调查分析××企业的市场营销环境。

（2）提出××企业的市场营销战略。

（3）制定××企业的市场营销组合策略。

实训组织

（1）教师布置策划任务，指出策划要点和注意事项。

（2）全班分为若干小组，各组确定本组的实训内容。

（3）可以通过实地调查收集相关资料和数据，也可以使用第二手资料。

（4）小组内部充分讨论，认真分析研究，形成策划报告。

（5）小组需制作一份 10 分钟左右演示完毕的 PPT 文件，在课堂上进行汇报，之后其他小组可质询，台上、台下进行互动。

（6）教师对每个小组的汇报情况进行即时点评和总结。

延伸阅读

[1] 苏朝晖. 客户关系管理：建立、维护与挽救[M]. 北京：人民邮电出版社，2022.

[2] 苏朝晖. 直播营销[M]. 北京：人民邮电出版社，2023.

[3] 苏朝晖. 品牌管理：塑造、传播与维护[M]. 北京：人民邮电出版社，2023.

[4] 苏朝晖. 电商客户关系管理[M]. 北京：人民邮电出版社，2024.

参考文献

[1] [美]菲利普·特科勒, [美]凯文·莱恩·凯勒, [新]洪瑞云. 营销管理（亚洲版）[M]. 5版. 吕一林, 等, 译. 北京：中国人民大学出版社, 2010.

[2] [美]菲利普·科特勒, [美]加里·阿斯特朗, [新]洪瑞云, 等. 市场营销原理（亚洲版）[M]. 何志毅, 等, 译. 北京：机械工业出版社, 2006.

[3] 杜鹏, 樊帅, 廖婧萍. 市场营销学[M]. 北京：机械工业出版社, 2023.

[4] 陈守则. 市场营销学[M]. 北京：机械工业出版社, 2022.

[5] 郭国庆. 市场营销学通论[M]. 9版. 北京：中国人民大学出版社, 2022.